LA MORALE DANS LE DRAME

L'ÉPOPÉE ET LE ROMAN

LIBRAIRIE FÉLIX ALCAN

AUTRES OUVRAGES DE M. LUCIEN ARRÉAT

Une éducation intellectuelle. 1877, 1 vol. in-18. . 2 fr. 50

Journal d'un philosophe. 1887, 1 vol. in-18 . . . . 3 fr. 50

Mémoire et Imagination. 1904. 1 vol. in-18 de la *Bibliothèque de philosophie contemporaine*, 2e édition. . . . . 2 fr. 50

Psychologie du Peintre. 1892. 1 vol. in 8° de la *Bibliothèque de philosophie contemporaine* . . . . 5 fr.

Les Croyances de demain. 1898. 1 vol. in-18 de la *Bibliothèque de philosophie contemporaine*. . . . . 2 fr. 50

Dix années de Philosophie. (Aperçu des principaux travaux publiés, 1891-1900). 1 vol. in-18 de la *Bibliothèque de philosophie contemporaine*, 1901. . . . . 2 fr. 50

Le Sentiment religieux en France. 1903, 1 vol. in-18 de la *Bibliothèque de philosophie contemporaine*. . . . . . . 2 fr. 50

Physiologie de l'Art, par G. Hirth. 1 vol. in-8 de la *Bibliothèque de philosophie contemporaine*, traduit de l'allemand et précédé d'une introduction par L. Arréat, 1892. . . . . . 5 fr.

La Vue plastique, fonction de l'écorce cérébrale, par G. Hirth. 1 vol. in-18, avec 34 planches photographiques, traduit de l'allemand par L. Arréat, 1893 . . . . 8 fr.

Les Localisations cérébrales en psychologie. Pourquoi sommes-nous distraits ? par G. Hirth. 1 vol. in-12, traduit de l'allemand par L. Arréat, 1895 . . . . 2 fr.

ÉVREUX, IMPRIMERIE DE CHARLES HÉRISSEY

LA MORALE

DANS

LE DRAME

L'ÉPOPÉE ET LE ROMAN

PAR

LUCIEN ARRÉAT

TROISIÈME ÉDITION REVUE

Avec une préface nouvelle.

PARIS

FÉLIX ALCAN, ÉDITEUR

ANCIENNE LIBRAIRIE GERMER BAILLIÈRE ET Cie

108, BOULEVARD SAINT-GERMAIN, 108

1906

PRÉFACE

L'homme est un être moral, parce qu'il est un animal social. Cette vérité n'est pas nouvelle. L'existence de la plus infime tribu exige une action commune, par conséquent un ensemble de commandements et de défenses. Les mêmes besoins ont fait naître la société avec la moralité.

L'histoire des mœurs est inscrite dans les codes, dans les monuments des relations religieuses, juridiques et économiques. Elle est inscrite aussi dans les œuvres littéraires, qui sont une source d'information considérable. L'économie et le droit représentent certaines formes de notre adaptation au milieu politique, et, par le moyen de la société, au milieu physique. Le drame reproduit plutôt la vie qui est sous ces formes : les actions dramatiques imaginées par les poètes sont des expériences fictives, si je peux dire, qui répètent, en les interprétant, celles de la vie réelle.

Les systèmes de morale sont également des interprétations. Mais les idées qui sont à l'école matière spéculative, elles sont vécues dans le roman et au théâtre. Le drame participe à la fois de la vie du monde et de la philosophie. Ses créations semblent donc propres entre toutes à éclairer la critique des systèmes édifiés par les philosophes, en même temps qu'à illustrer la formation et le développement de la moralité même.

Sur cette remarque se fonde cet ouvrage.

Si nous avions à rechercher de plus près quelle relation existe entre la morale des philosophes et celle de la vie, entre la morale construite et la morale pratiquée, nous dirions que le héros d'une philosophie est une abstraction qui ne se trouve que dans les livres, que l'individu agissant, et de chair et d'os, ne personnifie jamais aucune doctrine ou y échappe toujours par quelque endroit. Ni le stoïque pur, ni le chrétien pur, ni le pur kantien, ni le froid utilitaire, n'existent véritablement. Ils sont des exemplaires fabriqués ou proposés par nos théories, non des figures prises au milieu de nous. Nulle discipline idéale ne prend l'homme tout entier.

Le personnage du drame n'est pas non plus ce héros abstrait; mais il y confine, en même temps que l'individu agissant et réel demeure son modèle. Le poète, si inconscient ou indifférent qu'il soit, taille ses personnages en un relief voulu et choisit les circonstances qui lui permettront de les dessiner d'un trait précis. Il emprunte à l'histoire ou à la légende telles aventures qui ont remué le monde ou ému l'imagination des hommes, ou bien il invente une action qu'il jettera sur le canevas de la vie vulgaire. Dans tous les cas, il dispose les faits à dessein de faire ressortir un caractère qui l'intéresse ou une solution qui satisfait son jugement. Lui-même il est de son temps, il est imbu des opinions qui le gouvernent, et il prête donc un certain sens aux données qu'il met en œuvre. En créant, il institue une véritable expérience morale, et il a permission d'en conclure comme il lui plaît. Il suffit que l'action soit bien conduite, l'expérience bien faite. L'admiration des âges en décide; elle reste acquise à des ouvrages et à des littératures dont le génie est grandement différent.

Le dramaturge, le romancier travaillent en définitive sur une masse d'observations positives. Il leur faut créer des figures vivantes, du *possible*. Leur observation personnelle de la nature humaine intervient sans cesse pour contrôler et quelquefois contredire leur propre doctrine ou leur sensibilité morale. Puis ils ont affaire au public, lequel les juge avec son sens commun, qui est aussi le produit d'expériences communes. Toutes les lois de leur art les ramènent forcément aux conditions de la vie.

Telles sont les considérations que je soumis jadis à M. Littré en lui offrant ce travail, dont j'abandonnais la fortune à sa haute décision. Elles lui parurent justifier l'emploi qui est fait ici des analyses du drame, un riche tribut trop négligé jusqu'alors des moralistes. Mais je dois, à ce propos même, une explication à mes lecteurs.

Le sous-titre que portait cette étude, *Critique des idées de la morale par le moyen de l'épopée, du théâtre et du roman*, quand elle parut dans *La Philosophie positive*, en indiquait nettement le dessein. La première édition en volume, publiée sous le titre nouveau que garde l'ouvrage, n'y apportait aucun changement au fond. Mais je crus devoir, dans la seconde, élargir mon texte et donner le pas à l'évolution de la morale sur la critique des idées, à quoi l'ordre historique eût mieux convenu que le plan que j'avais d'abord suivi. De là, un défaut de composition et un apparent désordre dans la suite des chapitres. Il eût fallu aujourd'hui, pour y remédier, refondre tout l'ouvrage, l'enrichir peut-être de nouveaux exemples et en rajeunir quelque peu l'érudition. Différents motifs me déterminent à le laisser comme il est; toute page a sa date, qu'on ne change point. Libre au lecteur de n'y voir que des études discursives, s'il ne lui plaît pas d'accorder son attention au développement continu de l'idée maîtresse.

Un des chapitres ajoutés à la seconde édition, le chapitre septième, a été supprimé dans la présente. Il était hors-d'œuvre, et j'ai eu l'occasion d'en reprendre le sujet en d'autres écrits. Déjà, dans le *Journal d'un philosophe*, j'avais fait remarquer que si la moralité n'est pas la fin de l'art, elle reste du moins une des conditions du plaisir dramatique. Il me suffira de rappeler ici cette formule, qui a été accueillie avec faveur; elle résume sans doute assez exactement les rapports toujours discutés de la littérature avec la morale.

Je m'aperçois d'ailleurs, en relisant ces pages, qu'il s'y trouvait bien des germes qui ont levé heureusement depuis. Ainsi j'avais pris dès lors une position franche entre ce qu'on appelle de nos jours le *moralisme* et l'*amoralisme*. Il m'avait paru que les besoins sociaux, d'un côté, les tendances psychologiques, de l'autre, suffisent à expliquer l'origine et les états successifs de la moralité; je n'avais vu, dans les plus hauts exemples de vertu morale, que le déploiement de qualités positives et connaissables. Faute de quoi, le terrain se dérobe sous nos pas et toute théorie demeure en l'air. Peut-être n'est-il pas nécessaire, pour établir solidement cette vérité, d'entasser des volumes de dialectique.

Et puis, comment ne pas sourire de la prétention des gens d'école à changer le cours du monde, et peut-être aussi le cœur de l'homme, selon qu'ils ont arrangé d'une certaine façon dans leur cervelle les événements moraux? Qu'il nous plaise à nous, philosophes de cabinet, d'invoquer l'altruisme ou l'égoïsme, la volonté de puissance ou la sympathie, l'utilité ou le bonheur, le plaisir du risque ou l'impératif catégorique, nous n'aurons modifié pour cela ni l'individu humain ni les conditions de l'existence. Nos doctrines restent dans l'abstrait; la vie réelle, la vie vécue ne les connaît pas. L'aspect social des phénomènes moraux ne saurait se confondre, d'autre part, avec leur aspect psychologique. Les sociétés se transforment continuellement, et une partie de la morale avec elles. Selon les temps et les lieux, l'obligation se déplace et suit les lois ; invariable est le mécanisme intérieur qui l'assure, mais l'objet du devoir change. Hormis quelques principes généraux, qu'il s'agit toutefois d'interpréter, l'action et les faits restent nos maîtres. Et c'est pourquoi les véritables révolutionnaires en morale, ce ne sont pas les théoriciens, mais les hommes d'entreprise.

Parmi ces derniers il convient sans doute de classer les grands conducteurs d'âmes ; et je ne voudrais pas que l'on forçât ma pensée. Mais il reste vrai que la principale tâche du philosophe est de comprendre les situations qu'il résume sous ces termes généraux, devoir, remords, sanctions, etc., et c'est à quoi la présente étude s'efforce de contribuer. Du point de vue où nous sommes, les œuvres littéraires valent vraiment et surtout par leur signification dans l'ensemble des événements humains. Les purs lettrés auront donc quelque profit à nous lire. Je souhaite d'avoir leur suffrage aussi bien que celui des philosophes. Si ce livre reste encore bien imparfait, il n'est pas, je crois, sans avoir gardé son utilité et sa nouveauté.

L. A.

Paris, septembre 1905.

LA MORALE DANS LE DRAME

L'ÉPOPÉE ET LE ROMAN

CHAPITRE PREMIER

LES SOURCES DE NOTRE ACTIVITÉ MORALE

Émotions conservatrices. — Emotions sympathiques : l'amour et les sentiments tendres; l'amour fraternel (conte égyptien des *Deux frères*) ; l'amitié (*Nisus et Euryale*) ; la pitié; la sympathie. Nature mixte de la sympathie (la prière de *Priam;* le fabliau de la *Houce partie*). — Extension de la sympathie humaine avec la croissance des sociétés (*la Chanson de Roland* comparée à l'*Iliade*). — Émotions intellectuelles; idée de justice La composition pécuniaire (la *Saga de Nial*) ; le talion, forme primitive de la pénalité. État idéal et états sociaux.

Au premier regard jeté sur l'ensemble des œuvres littéraires, le progrès moral apparaît avec évidence. Les poètes, d'un siècle à l'autre, n'ont plus le même langage, ou ils ne choisissent plus les mêmes fables. Eschyle, Sophocle, Euripide, ont fait parler la langue d'un temps cultivé aux personnages fournis par la légende d'un âge barbare. Ils leur ont prêté des sentiments qui ne s'accordent guère avec les actes que la tradition leur attribuait. Ce contraste du fond et de la forme se retrouve jusque dans nos drames les plus récents qui sont tirés de l'histoire, et il nous révèle le progrès accompli, du jour de l'événement, mythique ou réel, à celui de la création poétique. La sensibilité d'Euripide, au point de vue de la vérité brute, ne serait pas moins déplacée dans le rôle d'Hippolyte ou de Ménélas, que la tendresse de Racine dans le rôle d'Oreste ou de Pyrrhus; le poète de *Ruy-Blas* n'a pas moins défiguré l'Espagne de Charles II, que Racine n'avait travesti la Grèce de Thésée.

Ce n'est pas assez pourtant de constater le progrès moral. Il faut en reconnaître les formes, les moyens, les circonstances. D'une manière générale, on peut le dire, ce progrès a consisté dans l'éducation des passions. Celle-ci s'est faite par une action, lente et continue, de l'être intelligent que nous sommes par le cerveau, sur l'animal que nous sommes aussi par les viscères. Elle a modifié la valeur relative de nos émotions fondamentales, sans en changer la nature ; elle en a nuancé les gestes, les cris, l'expression en un mot. C'est pourquoi certaines figures, marquées le plus fortement, ont pu reparaître sur la scène, sans que le poète eût besoin d'effacer leur vieux nom pour nous y intéresser. Phèdre, Médée elle-même, ne sont-elles pas de tous les temps ? Roland a les passions d'Achille, et il en aurait le caractère, si des sentiments nouveaux ne déterminaient sa volonté.

Je me propose de montrer les grandes époques et les crises singulières de cette éducation, selon les races et les milieux. Je voudrais seulement, avant d'entrer dans le détail de mon sujet, remonter aux sources de l'activité morale, aux émotions qui ont fait l'homme agissant et social, et rappeler, le plus brièvement possible, quelques faits connus.

Il semble que deux instincts prédominent dans le monde tumultueux et violent où s'agite l'homme des temps barbares. Il n'a souci que de se nourrir et de reproduire son espèce. Mais son égoïsme s'est élargi jusqu'à produire certains sentiments d'intérêt commun, ou même de commune sympathie ; son instinct brutal de la conservation s'est adouci sous l'influence croissante des sentiments qui dérivent de l'amour.

L'amour lui-même s'est affiné au courant des siècles. L'Adam et l'Eve d'avant l'histoire n'ont pas été ce beau couple de l'Eden, que le poète regarde dormir sous « un dôme fleuri qui faisait pleuvoir des roses [1] ». La famille ne s'est pas constituée au premier jour, et la filiation, on le sait, est restée longtemps au hasard.

Déjà, écrit Saint-Marc-Girardin [2], dans les antiques légendes de l'amour conjugal, cet amour arrive à être un devoir, sans cesser d'être une passion capable de dévouement. Quelles meilleures épouses que Pénélope ou Alceste? Les Grecs du VIe siècle n'étaient pas cependant si loin des âges où la filiation demeurait incertaine, pour en avoir perdu tout souvenir. Hérodote mentionne que chez les Lyciens elle s'établissait encore par la mère ; d'après Polybe, les Locriens auraient également, à l'origine de leur colonie, suivi le principe de la parenté utérine. Des peuples asiatiques très voisins gardaient des coutumes religieuses rappelant même la promiscuité primitive. « Le caractère remarquable de la civilisation hellénique, depuis ses origines légendaires, écrit Giraud-Teulon [3], est celui d'une réaction morale contre les cultes et les principes sociaux de l'Asie. La guerre de Troie est une expédition entreprise sous le prétexte officiel de venger l'affront fait au lit

[1] Milton. *Paradis perdu*, liv. VI.

[2] *Cours de littérature dramatique*, tome IV.

[3] *Les Origines de la famille*. Genève, Cherbuliez; Paris, Sandoz, 1874, chap. I, § 4. (*Note.*)

conjugal. » Eschyle, dans les *Euménides*, fait soutenir par Apollon et Minerve le principe de la descendance paternelle, « la cause du père ». Euripide sent toute l'importance d'assurer la légitimité des enfants, et il ne se lasse pas de répéter qu'il n'est pas bon qu'un homme ait plusieurs femmes.

La fidélité conjugale n'était sans doute pas moins recommandée dans la littérature plus ancienne de l'Egypte, et le conte populaire des *Deux frères* [1] en flétrit la violation. L'impudicité est dans ce conte à la charge de l'épouse, comme dans l'histoire de Joseph. Quelque mille ans avant Proudhon, le narrateur laisse à la femme l'initiative de la débauche, et réserve à l'homme le sens juridique.

Deux frères, donc, Anepû et Bataû, habitaient aux champs. L'aîné avait une maison et une femme; le cadet demeurait chez son frère et y faisait service. Un jour qu'ils étaient tous deux à labourer, fort contents de leur ouvrage, l'aîné dépêcha son cadet au village, pour en rapporter des semences. Le cadet trouva la femme de son frère assise à se peigner. Il lui dit : « Debout! Et donne-moi des semences, que je retourne aux champs. » Elle lui dit : « Va, ouvre le grenier, prends toi-même ce qui te plaira, de peur que ma coiffure ne se défasse en chemin. » Le jeune homme prit une grande jarre, la chargea de blé et d'orge, et sortit sous le faix. La jeune femme lui dit : « Combien de choses as-tu sur l'épaule? » Il lui dit : « Trois mesures d'orge, deux de blé, en tout cinq mesures, voilà ce que j'ai sur mon épaule. » — « Quelle est donc la force qui est

[1] Rédigé par le scribe Enna, il y a trois mille ans, pour amuser l'enfance de Séti II. Voy. Jules Soury. *Etudes historiques sur les religions, les arts, la civilisation de l'Asie antérieure et de la Grèce.* Paris, Reinwald, 1877.

en toi? fit-elle. Or j'ai vu ta vigueur chaque jour. » Elle se leva, le saisit et lui dit : « Viens, reposons ensemble une heure durant. Pare-toi, je vais te donner de beaux vêtements. » Le jeune homme entra en furie comme une panthère du Midi, et elle fut remplie de crainte. « Mais tu es pour moi comme une mère ! Mais ton mari est pour moi comme un père ! Il est mon aîné, c'est lui qui me fait exister. Oh ! la chose abominable que tu m'as dite, ne me la répète plus ! Moi, de mon côté, je ne la répéterai à personne et je ne la ferai pas courir dans la bouche des gens. » Il reprit sa jarre, et s'en fut aux champs.

La femme accuse le frère innocent, qui se mutile dans l'excès de sa douleur. La suite de l'histoire se perd dans le merveilleux du mythe osirien.

L'amitié fraternelle éclate surtout dans ce conte. L'amitié entre adolescents a été parée aussi des plus belles fleurs de la poésie. L'épisode gracieux de Nisus et d'Euryale, qui nous en offre, dans la littérature romaine, un modèle si touchant [1], aurait pu se rencontrer dans celle des nations slaves. Les *pobratim* de la Serbie ou du Montenegro jurent de combattre l'un à côté de l'autre dans les guerres pour leur douce patrie, et de venger celui qui tombera le premier. Ces unions se forment d'ordinaire entre jeunes gens du même sexe ; mais elles se forment quelquefois entre un jeune homme et une jeune fille, et l'homme doit protection à sa sœur d'adoption, sans que jamais un autre sentiment puisse se mêler à ce dévouement fraternel.

Sans doute ce sentiment plus puissant, quoiqu'il se

[1] *His amor unus erat,*

dit Virgile. *Enéide. IX*, 182.

taise, ne reste pas inactif, et l'on sait quels mensonges délicats retiennent souvent la pure amitié d'aller se fondre dans le courant plus large de l'amour. Ces affections que nous venons de voir seraient donc essentiellement des « sentiments tendres », et comme des états faibles de l'amour, que le poète colore, quand il les veut peindre, d'un reflet de la passion originale. Ce que nous nommons la sympathie en serait le plus faible état. L'amour est une manière de l'égoïsme, a-t-on pu dire; mais il s'aime dans autrui jusqu'au sacrifice entier de soi, tandis que la sympathie, autant qu'elle enferme de tendresse, n'est jamais si désintéressée.

Bain [1] explique la sympathie par le pouvoir que possède notre intelligence de se substituer, en quelque sorte, à la condition d'autrui, et de nous faire une « idée » des peines de nos semblables, qui nous porte à agir comme le ferait cette idée si les peines ou les plaisirs affectaient notre personne même. « La pitié, avait écrit déjà La Rochefoucauld [2], est souvent un sentiment de nos propres maux dans les maux d'autrui, et une habile prévoyance des malheurs où nous pouvons tomber. »

Vauvenargues disait [3], au contraire, que la pitié n'a pas besoin d'être excitée par un retour sur nous-mêmes, comme on le croit. « Pourquoi la misère ne pourrait-elle sur notre cœur ce que fait la vue d'une plaie sur nos sens?... L'impression des nouveautés ne prévient-elle pas toujours nos réflexions? Notre âme est-elle

[1] *Les sens et l'intelligence*, IIe partie, chap. I, § 3 (trad. Cazelles). Paris, G. Baillière, 1874.

[2] 272. Edit. Didot l'aîné. 1815.

[3] XXXVIII. Edition du *Panthéon littéraire*.

incapable d'un sentiment désintéressé? » Assurément, répliquerais-je, la vue d'une plaie nous cause une sensation pénible, mais elle est de dégoût, et notre premier mouvement est d'en détourner les yeux; de même le sang gluant sur la peau nous est si désagréable, que nos mains cherchent à se nettoyer de cette souillure. Ce n'est jusque-là qu'une émotion de notre sensibilité, et il faut, pour qu'elle devienne pitié, qu'elle traverse un milieu supérieur de réflexions et de sentiments [1].

Il est rare que la pitié, dont l'expression est si franche dans les poètes grecs, ne soit pas accompagnée d'une réflexion personnelle qui la rend peut-être plus éloquente. Sophocle fait dire à Thésée, accueillant l'infortuné Œdipe, ces beaux vers : « Je n'ignore pas que comme toi, j'ai été élevé sur la terre étrangère, que j'y ai subi, plus que personne, des épreuves où ma vie était en jeu. Aussi je ne refuserai jamais de travailler au salut d'un étranger malheureux comme je te vois aujourd'hui. Je sais que je suis homme, et que le jour de demain ne m'est pas plus assuré qu'à toi. » Et encore dans Sophocle : « Sauve-moi, dit Philoctète à Néoptolème, aie pitié de moi, en considérant à combien de hasards et de vicissitudes sont exposés les mortels, dans

[1] Un exemple plus intéressant est celui du mouvement spontané d'étendre les bras, qu'on exécute pour soutenir une personne qui tombe. — La vue d'un corps qui tombe provoque le sentiment pénible de la perte d'appui, qui doit s'accuser, en beaucoup de cas, par un mouvement des bras et des mains, qu'une représentation idéale immédiate vient transformer en une action secourable. — Il arrive que, étant debout sur le bord d'une rivière, la fuite de l'eau cause un vertige subit, auquel on échappe en se rejetant machinalement en arrière, en sens contraire du courant. — J'ai connu un vieillard qui élevait les bras en l'air et s'éloignait en hâte, quand il voyait tomber un enfant. — Un chien se met en arrêt, ou se sauve, si le chasseur fait une chute. — Il y aurait là matière à une discussion intéressante. En tous cas, le premier temps de l'action est marqué par des gestes, par des cris, par des contractions musculaires diversement localisées, qui sont des effets purement réflexes.

(Cette note de la 1re édition trouverait une réponse dans le beau travail de M. Charles Richet sur les *Réflexes psychiques*, in *Revue philosophique*, mars, avril et mai 1888.)

la prospérité comme dans l'adversité. Quand on est hors du malheur, il faut se représenter et craindre les revers [1]. »

L'habileté du suppliant est d'évoquer dans l'esprit d'autrui l'image d'une infortune pareille à la sienne, ou qui pourrait frapper un être cher. Priam, venant racheter le cadavre d'Hector, commence par émouvoir le barbare vainqueur en lui parlant de Pélée : « Divin Achille, souviens-toi de ton père qui est de mon âge et qui touche au seuil de la vieillesse. En ce moment peut-être ses voisins lui font la guerre, et il n'a personne pour le secourir dans un si pressant danger. Mais, comme il sait que tu vis encore, il se réjouit au fond de son âme, et tous les jours il espère te voir revenir d'Ilion. Moi, pauvre infortuné, j'avais aussi des fils vaillants... Eh bien ! le cruel Mars me les a presque tous ravis. Un seul me restait... c'est pour racheter son cadavre que je t'apporte ces riches présents. O Achille, crains et respecte les dieux, prends pitié de mon sort en songeant à ton vieux père, et pense que j'ai fait ce qu'aucun mortel n'a fait sur cette terre : j'ai porté à mes lèvres la main du meurtrier de mon fils [2] !... » Ces poètes grecs ont si bien dit, qu'on ne saurait jamais mieux dire.

Voici pourtant un nouvel exemple, pris à notre vieux fabliau de la « Houce partie [3] ». Un riche bourgeois, ayant marié son fils unique à une fille noble, leur abandonne imprudemment tout son bien. Devenu vieux, sa bru dédaigneuse veut le chasser de la maison ; il n'ob-

[1] Je suis, pour *Sophocle* et *Euripide*, la traduction de M. Pessonneaux ; pour *Eschyle*, celle de M. Pierron.

[2] Ce morceau est emprunté à la traduction de Bareste.

[3] OEuvre du trouvère Bernier, dans la langue du XIIIe siècle. Ch. Aubertin, *Choix de textes*, etc. Paris, Belin, 1883.

tient de son fils que d'emporter la housse de son cheval pour se couvrir en hiver. Son petit-fils, un garçon de dix ans, a pitié du vieillard et le sauve par une ruse. Etant allé prendre la housse, il la coupe en deux moitiés, et répond aux reproches de son père qu'il lui réserve l'une pour le temps où il aura, à son tour, reçu son bien.

> Je vous partirai autresi
> Comme vous avés lui parti.
> . . . .
> Si le lessiés morir chétif,
> Si ferai je vous, se je vif.

Instruit par cette leçon, le fils ingrat reconnaît ses torts envers le vieillard, et il les répare.

La sympathie, on le voit, reste dans la dépendance de sentiments étrangers, qui la renforcent ou la réveillent; par l'adjonction de ces sentiments elle peut s'étendre aussi à un plus grand nombre de personnes. Sous la qualification générale de « sentiments sympathiques » il importerait donc de réserver le groupe des « sentiments tendres », car ils se distinguent bien comme fait d'instinct, irréfléchi [1], et portant, en quelque sorte, la marque psychologique de l'amour.

A mesure même qu'elle s'étend, la sympathie prend la forme d'un devoir, et elle relève d'une idée plutôt que d'un sentiment. Notre conduite envers nos semblables est déterminée, en certains cas, par un sentiment affectueux qui a été transformé en une obligation pour

[1] « S'il y a, écrivait La Rochefoucauld, un amour pur et exempt du mélange de nos autres passions, c'est celui qui est caché au fond du cœur, et que nous ignorons nous-mêmes. » (69, *même édit.*) Ce grand moraliste a vu le quelque chose de spontané qui est dans la tendresse comme dans l'égoïsme. Mais il était le peintre des sentiments égoïstes, conservateurs, et il en cherchait les traces dans nos sentiments sympathiques plus complexes. La Rochefoucauld peint « l'homme égoïste »; Vauvenargues peint « l'homme sympathique »; Pascal avait peint, mais non pas exclusivement, « l'homme intellectuel ».

d'autres motifs. L'hospitalité antique était un devoir de ce genre. Lorsque Télémaque vient à Sparte avec le fils de Nestor, dans l'espoir d'apprendre de Ménélas quelques nouvelles de son père, l'intendant du palais hésite à recevoir les jeunes gens. « Renvoyer des hôtes ! s'écrie Ménélas. Oublies-tu que c'est en mangeant le pain des hommes hospitaliers que nous sommes venus jusqu'ici ? » Ménélas est bon, et le retour qu'il fait sur lui-même provoque sa bienveillance pour ces étrangers qu'il ne connaît pas encore. Dans le fait, l'hospitalité était devenue une règle de l'âge héroïque ; elle était commandée par la religion et les mœurs ; Ulysse s'asseoit sur la cendre du foyer d'Alcinoüs, afin de le forcer à l'accueillir. De même nos pratiques de bienfaisance ne sont pas toujours accompagnées de véritable pitié. L'or sans la pitié n'est que l'aumône, arrachée à l'indifférence de plusieurs par un commandement extérieur. Il arrive qu'on donne à manger au pauvre qui a faim, pour goûter sans mélange le plaisir d'un bon repas. Il y a bien des degrés dans la pitié, parce qu'elle est faite, je le répète, de tendresse et d'égoïsme.

Aristote observait que nous avons plutôt pitié de ceux que nous connaissons, de ceux qui nous ressemblent par l'âge, le caractère, les habitudes, le rang, la naissance ; ils nous montrent mieux que leur malheur pourrait aussi nous frapper. « Tout ce que nous craignons pour nous-mêmes excite notre pitié, quand les autres en sont victimes. » Les malheurs passés, qui nous laissent à l'ordinaire assez indifférents, nous touchent au théâtre, parce que le poète les place près de nous, comme sur le point d'arriver[1]. En effet l'habi-

[1] *Rhétorique*. liv. II, chap. VIII.

tude de la vie commune, des périls courus ensemble, fortifie la sympathie ; elle est une qualité sociale. La race, la couleur, la religion, la caste, ont été la source de sentiments, de préjugés, qui ont disposé les hommes différemment les uns à l'égard des autres. Les caractères qui font deux nations très dissemblables en rendent les individus moins secourables ; à plus forte raison, ils ne laisseront pas naître l'idée générale d'une « humanité » dont les parties seraient jointes et solidaires.

Ainsi l'extension de la sympathie suit la croissance des sociétés. Elle a été, nous dit Espinas [1], le ressort des sociétés animales qui ont annoncé les nôtres. On sait les conclusions de ce savant auteur. Une société animale est pour lui, déjà, « une conscience vivante, un organisme d'idées ». La sympathie serait la source de la conscience collective ; nulle société normale dépassant la famille ne serait née, sans les relations sympathiques des jeunes animaux entre eux. La famille est bien la condition prochaine de la peuplade, mais la cohésion des tamilles et les probabilités pour la naissance des sociétés seraient inverses.

Dans l'espèce humaine, la question du couple naturel, du groupement familial, est nécessairement liée à celle de la possession. « Ce que les Romains, remarque Giraud-Teulon [2], entendaient par *familia*, ne réveillait ni l'idée de génération, ni celle de parenté physique, et ne signifiait rien autre chose que la propriété. » On disait *gens* aux temps primitifs, on a dit *familia* aux

[1] *Les Sociétés animales*. Paris, G. Baillière, 1878. — *Section IV* et *Conclusion*.

[2] *Ouvrage cité*, chap. V.

temps historiques ; la *tribu*, qu'on supposait venir des familles, aurait au contraire précédé la *gens;* une série de fractionnements, et non d'aggrégations, aurait enfin conduit à la cité. Cette doctrine est bien vraisemblable. Elle a le mérite d'expliquer, par une connivence de nos premiers et plus profonds instincts, le progrès qui fit passer les peuples arrivés depuis à une haute culture, du régime de la promiscuité et de la tribu indivise, à celui de la propriété et du mariage.

La cité antique, au moins chez les Hellènes et les Latins, fut le premier groupe considérable, et elle devint l'instrument des groupes plus élevés. Elle fut la réunion des *gentes*, qui étaient, écrit aussi Fustel de Coulanges [1], la famille ayant atteint l'extrême développement que l'ancien droit privé lui permettait d'atteindre. Cette association familiale, si compliquée, se brisa donc, se perdit ; mais cela arriva seulement après qu'il s'était produit, par son moyen, des habitudes, des sentiments, des idées, capables de soutenir les relations d'un autre ordre qui en découlaient. On s'éleva peu à peu à la notion d'une société civile ayant pour éléments, non plus des groupes, mais les individus. Ce fut enfin dans le vaste empire dont Rome était la tête que s'élabora l'idée de l'Etat, tel que nous le comprenons encore [2], et le génie latin réussit à créer un organisme à la fois solide et souple, que la Barbarie vint démembrer, sans en tuer pourtant l'esprit.

Notre épopée française est, comme la grecque, du

[1] *La cité antique*. Paris, Hachette, 1878, liv. II, chap. x, et *passim*.

[2] Ceci n'est vrai qu'en gros. D'ailleurs la contradiction de Spencer sur ce point (Voy notamment *L'individu contre l'Etat*. Paris, Alcan, 1885) provient d'un vice radical de sa conception sociologique, très nettement relevé par A. Angiulli dans son beau livre. *La filosofia e la scuola*. Napoli, Anfossi, 1888, — III, pag. 321 et suiv., 334 et suiv.

commencement d'un monde ; seulement ce nouveau monde est héritier de l'idée romaine. C'est pourquoi la *Chanson de Roland* [1], bien inférieure à l'*Iliade* dont elle n'a ni la variété d'accent, ni les grâces de détail, lui est pourtant supérieure par la pensée qui la remplit, par la notion profonde d'une utilité sociale. Des sentiments tout personnels occupent le cœur de l'homme homérique; il ne contracte de lien qu'avec tel ou tel dieu, et par un acte individuel ; le sentiment d'une obligation morale astreignant les hommes à obéir à un gouvernement lui est tout à fait étranger ; il ne connaît pas de *loi :* νόμος n'est pas un mot homérique [2]. Le monde de la *Chanson* est autre. Roland, le preux, est baron chrétien ; il ne bouderait pas si longtemps sous sa tente pour un injure personnelle, comme fait le cruel Achille, et il ne repousserait pas la belle prière du vieux Phénix. Son point d'honneur est plus haut placé. Ulysse, il est vrai, reste fidèle à la cause des Grecs, et Hector défend noblement Troie. Toutefois Roland a le sentiment d'une obligation politique plus large, plus compréhensive, qui est étrangère à l'*Iliade*, et qui le prend tout entier.

La *Chanson* nous montre, en effet, des nations diverses unies dans une même pensée religieuse sous la main de Charlemagne. Elles restent pourtant divisées en dessous, et la pensée qui les unit contre les païens n'est pas plus capable de les retenir dans une communauté définitive, que la sympathie éveillée par le péril commun ne put fonder un accord durable entre les villes grecques, armées un moment contre les Perses. Rome,

[1] Je suis l'édition de Léon Gautier,

[2] Grote. *Histoire de la Grèce* (trad. de Sadous), tome II, chap. vi

d'ailleurs, en recevant dans ses temples les dieux des peuples vaincus, avait préparé leur réunion sous un principe plus large que la parenté du sang et de la race. Le christianisme donna à ce principe une formule précise; mais il enferma son idéal social dans les limites de la croyance. Dans la *Chanson*, la croyance est intolérante. Si Charles offre la paix à l'émir, c'est à la condition qu'il acceptera la foi du Christ. « Reçois la loi que Dieu nous donne à croire, lui dit-il, deviens chrétien et sur l'heure je t'aimerai. 3597-98. » Et le poète met cette dure parole dans la bouche du grand empereur :

Pais ne amur ne dei à paien rendre, — 3596.

La race et la foi religieuse, il en faut convenir, bornent souvent aujourd'hui nos sympathies. Une guerre fait naître entre deux peuples une longue inimitié. Le sentiment d'un bien et d'un mal commun à toute l'espèce humaine n'a pas jeté encore dans nos consciences des racines assez profondes. Du moins il y a germé; quelques esprits d'élite se sont enhardis même à considérer un bien et un mal pour la nature animale tout entière, dans l'ordre infini de l'univers. Mais bornons à présent notre horizon. Restons dans l'étude des faits sociaux, qui seule peut donner quelque fondement à ces vues inductives touchant l'économie générale des mondes.

La grande ouvrière de notre histoire morale, c'est l'intelligence. Dans l'intelligence même, le premier rôle appartient à la tendance logique : elle a produit notre logique morale; seule elle marque les actes du caractère de la justice[1]. « Je rends hommage, chantait Euripide, au dieu qui régla notre existence, auparavant désordonnée et sauvage, d'abord en nous dotant de l'intelligence, ensuite en nous donnant la langue, messagère des paroles, interprète de la pensée, et ces fruits destinés à notre nourriture, sur lesquels il verse du haut des cieux l'humide rosée qui nourrit les productions de la terre et arrose son sein[2]. »

Les hommes comprennent volontiers l'ordre moral sous la figure d'une compensation des actes, d'une équivalence matérielle. Dans le monde homérique, l'idée de justice confine à la notion de mesure, de balance. On y aperçoit clairement qu'elle a son origine intellectuelle, comme le voulait Littré[3], dans notre pouvoir de distinguer et de comparer, dans notre sentiment simple de la ressemblance et de la différence. Le meurtre paye le meurtre ou est compensé par une satisfaction pécuniaire. Dans la *Saga de Nial*[4], qui peint l'Islande gothique et païenne du xe siècle (ces deux états sociaux très distants sont comparables), le wehrgeld est en vigueur. Thiolstof a été tué : le frère de la victime reçoit les présents du frère du meurtrier, et ils se séparent bons amis.

[1] Les sociétés, écrit un adversaire de la théorie darwinienne, Ludovic Carrau, « ne purent se perpétuer que grâce à la conception et à la pratique de la justice. La sociabilité, la sympathie, concoururent sans doute à l'œuvre : mais, selon nous, leur importance fut secondaire, leur développement lent et tardif. C'est la raison, non la sensibilité, qui fit de l'homme un être moral et vraiment social ». *Etudes sur la théorie de l'évolution aux points de vue psychologique, religieux et moral*. Hachette, 1879. 5e *étude*, p. 205.

[2] *Les Suppliantes.*

[3] *De l'origine de l'idée de justice*, in *La science au point de vue philosophique* Paris, Didier, 1873. Littré y dit en substance que le juste est de la nature du vrai, aussi distinct de l'utile que le vrai l'est lui-même ; que la justice, au fond, a le même principe que la science ; et que l'assentiment, commandé des deux parts, s'appelle ici démonstration, et là devoir. — C'est bien cette opération intellectuelle qui fonde l'obligation; mais c'est toujours, il ne faut pas l'oublier, l'*émotion* qui fournit la matière du devoir.

[4] Voy. un article de M. A. Geffroy, *La Saga de Nial*, in *Revue des Deux Mondes*, 1er novembre 1875.

La langue populaire de notre moyen âge abondait de ces proverbes, que nous répétons avec des mots différents :

A tel méfait, tel gueredon,

ou

Qui mal pourchasse, mal lui vient.

Le talion a été la forme primitive de la pénalité, et il réalise, si je peux ainsi dire, cette équation de la justice barbare. Le chœur des *Choéphores* en appelle aux Parques vénérables : « Que l'outrage soit puni par l'outrage ! Ce cri vient d'éclater ; la justice réclame sa dette, que le meurtre venge le meurtre ; mal pour mal, dit la sentence des vieux temps. » Sénèque le Tragique applique le talion dans son Tartare, auquel il ne croit plus : « Chacun souffre ce qu'il a fait : le crime retombe sur son auteur, et le coupable donne l'exemple de son propre châtiment [1]. » Cette forme gouverne le monde brutal des drames de Shakspeare. Et n'est-ce pas la même justice sommaire que Dumas fils invoquait, délibérément, contre la femme adultère? Sans doute le drame ne posait cet état sauvage que pour l'opposer à la lâcheté des mœurs et préparer la solution du divorce. Mais il est remarquable que la conscience révoltée, écartant d'un coup tous les tempéraments de la loi, revienne ainsi à cette logique rigoureuse. Le talion reparaît aux heures violentes de l'histoire et dans les situations extrêmes du drame [2].

[1] Quod quisque fecit, patitur : auctorem scelus
Repetit, suoque premitur exemplo nocens.
(*Herc. fur.* 35-36.)

[2] Voyez le monde des insectes! L'abeille laborieuse, nous dit J. Pérez, tente quelquefois de dérober le miel dans une ruche étrangère. « Saisie par une foule irritée, tiraillée par tous ses membres, elle est traînée sur le tablier, obligée

Une idée composée guide le juge moderne dans la répression des délits et des crimes. La peine qu'il applique est « punissante » ; elle sanctionne la loi et garantit la morale. Il a fallu parcourir un long chemin pour venir à cette forme savante. L'idée d'un dommage moral, ou même d'une souillure spéciale provenant du crime, et que certaines cérémonies religieuses doivent effacer, paraît étrangère encore au monde homérique. La loi n'y est pas dégagée des cas particuliers. Si les rois prononcent dans une dispute, c'est Thémis qui dicte leurs sentences, et ces sentences, ou « thémistes », sont des solutions singulières que ne lie entre elles aucune conception générale.

Toutefois, remarque Sumner Maine [1], comme la répétition des mêmes cas devait rappeler fréquemment les mêmes sentences, ces « thémistes » conduisirent au régime fixe de la coutume. La *Saga* que j'ai citée tout à l'heure montre déjà les éléments d'une institution juridique. Elle témoigne du passage de la composition pécuniaire à une pénalité offrant le caractère de la punition.

Quelle que soit la théorie de la peine, elle garde toujours, jusque dans nos lois modernes, la même forme égalitaire. Mais les lois ont pris, dans leur ensemble, une marque nouvelle, par cet effort incessant de l'intelligence à concevoir un état idéal supérieur aux états politiques actuels. Cet idéal ne saurait d'ailleurs être placé hors de la réalité. La justice, au sens le plus large de ce mot, se réalise par le moyen des fins sociales, tou-

de dégorger le miel dérobé, qu'une abeille reprend trompe à trompe, exécutée enfin sans pitié. Tel est le sort de toute pillarde dans une forte ruche. » *Les abeilles*. Paris, Hachette, 1889, p. 85.

[1] *L'Ancien Droit* (trad. Courcelle Seneuil). Paris, Guillaumin et Durand, 1874, chap. I.

jours changeantes, qui sont les objets concrets, historiquement saisissables, du devoir.

On me pardonnera de ne pas donner ici un plus grand développement à ces remarques préliminaires. L'analyse de nos émotions fondamentales sera continuée dans les chapitres qui suivent ; elle forme, en quelque sorte, le canevas de ce livre, et je ne veux pas m'exposer à des redites. J'entre maintenant au cœur de notre sujet. Nous allons voir, à travers les siècles, la moralité se faire, la morale se construire : c'est un grand spectacle, digne de nous attacher.

CHAPITRE II

LES FINS DU DEVOIR

Fins pratiques du théâtre grec : durée de la famille (l'aventure d'*Oreste*) ; sainteté de la sépulture (l'*Antigone* de Sophocle, les *Suppliantes* d'Euripide). — Episodes du *Mahabharata* et du *Raghou-Vança*. Le *Livre de Ruth*. — Triomphe de la cité et de la race (l'*Iliade*, les *Perses* d'Eschyle, les *Romanceros*, le procès de *Ganelon*). — Distinction, à partir des stoïciens, entre le droit et la loi, entre la justice et son moyen utile. — La vertu comme énergie disponible (Sénèque le Tragique, Corneille et *Polyeucte*, le théâtre espagnol). — L'idéal humain (*don Carlos* de Schiller).

Manger à sa faim, posséder la femme de son choix, s'assurer la jouissance des biens qu'on a acquis, femmes et enfants, pâturages et bétail, satisfaire à ses passions bonnes ou mauvaises et à son besoin de mouvement, combattre chaque jour pour sa sûreté ou pour son orgueil, c'était le souci de l'homme barbare, et c'est celui de l'homme civilisé. Les passions violentes ont pris, au cours du temps, ces formes adoucies, plus utiles à l'individu et à l'espèce : amour dans le mariage et dans la famille, libre dévouement de l'amitié, esprit municipal, patriotisme, amour de l'humanité. Le besoin d'exister en a fait vouloir les moyens ; il a produit les fonctions sociales, que déjà nous pouvons étudier dans les chants des premiers âges.

Bien faire, dans le théâtre grec, est une expression précise, concrète. La formule qui prescrit d'obéir aux dieux et d'être juste, y signifie : remplir telle obligation, faire telle chose, pour un résultat déterminé. Le développement de la société s'est effectué par un travail de l'intelligence, concluant sans cesse, de l'expérience de la vie, à des institutions qui ont pour effet de régler et d'assurer le cours de la vie.

L'une des fins principales,dans la tragédie grecque, est la durée de la famille. Le devoir de continuer la race fait l'intérêt de l'aventure d'Oreste. Son action est louée sans réserve dans Homère [1]. Euripide représenta, dans une tragédie qui est perdue, l'aventure d'Alcmœon, presque pareille à celle du fils de Clytemnestre. Amphiaraüs, l'un des alliés de Polynice, avait ordonné à son fils Alcmœon, non seulement de venger sa mort sur les Thébains, mais encore de punir la trahison de sa mère, complice du meurtre de son époux. Pour obéir à cet ordre, et après avoir obtenu, comme Oreste, la sanction de l'oracle de Delphes, Alcmœon tua Eriphile, sa mère ; mais la redoutable Erynnis lui infligea un long et terrible châtiment.

Quelle scène sévère, dans les *Choéphores*, quand Oreste et Electre invoquent l'appui de leur père assassiné, dont ils préparent secrètement la vengeance ! « Alors, dit Oreste, les humains fonderont en ton honneur de solennels banquets. Si tu nous abandonnes, tes mânes resteront sans gloire dans les fêtes où s'allument les gras bûchers des morts... Entends ce dernier cri que je t'adresse, mon père ! Vois tes deux enfants debout près de ta tombe : prends pitié de ta fille, de ton fils : ne laisse point s'éteindre en nous la race des Pélopides. C'est ainsi que tu vivras encore malgré le trépas ; car les enfants, monument glorieux, sauvent de l'oubli un père qui n'est plus,

[1] *Odyssée*, I, 40 et XI, 461.

pareils à ces morceaux de liège qui font surnager le filet et l'empêchent de se perdre dans l'abîme. »

Son devoir oblige à ce point la conscience d'Oreste, qu'un dieu le mène et arme sa main. « Il fallait à ce tombeau des honneurs, gémit sourdement le chœur d'Eschyle... La Parque forge le poignard et l'aiguise; Erynnis, la déesse dont le temps révèle la puissance, la déesse aux profonds desseins, ramène un fils dans la maison paternelle, et le sang jadis versé est payé à son prix. »

La croyance religieuse prêtait en effet une nouvelle force à la famille. Il fallait, selon la croyance antique, que le père eût des enfants mâles pour continuer son culte et arroser son tombeau de libations : sinon le mort errait malheureux et malfaisant. « O cher époux, s'écrie le chœur des *Troyennes* d'Euripide, tu n'es plus et ton ombre erre privée de la sépulture et de l'eau lustrale. » Sur les bords du Styx, parmi les mânes que repousse le sévère nocher, Enée rencontre l'infortuné Palinure, son pilote, que le vent a arraché du gouvernail et jeté à l'eau. Palinure le supplie de le prendre dans sa barque pour passer le fleuve infernal : Enée lui promet un tombeau et les honneurs funèbres [1].

Cette croyance a dû exercer un grand empire sur l'esprit des hommes. La sainteté de la sépulture est toujours recommandée dans le théâtre grec. L'*Antigone* [2] et *les Suppliantes* en témoignent. Créon a

[1] *Enéide*, VI.

[2] C'est l'avis de Jules Girard. Il combat l'interprétation forcée de l'*Antigone*, donnée par Hegel et renouvelée par Böckh, — d'après lesquels le motif de cette admirable tragédie serait l'opposition de la famille et de l'Etat, des lois de la religion domestique, que méprise Créon, et des lois générales, que méconnaît Antigone. Il observe justement que l'idée d'une telle opposition n'est point une idée grecque ; que la constitution de l'Etat est sortie chez les Grecs de la religion de la famille, et en a gardé toujours l'empreinte. Dans *Antigone*, même

défendu qu'on inhumât le corps de Polynice ; il n'était pas de plus terrible châtiment. La courageuse Antigone se révolte contre cet ordre barbare, et tente de rendre à son malheureux frère les derniers devoirs ; les gardes la surprennent et la livrent à la colère de son oncle.

CRÉON

Polynice est mort en ravageant cette contrée ; Etéocle, pour la défendre, combattait contre lui.

ANTIGONE

Qu'importe ? Pluton veut que les lois soient les mêmes pour tous.

CRÉON

Mais le crime n'a pas droit au même traitement que la vertu.

ANTIGONE

Qui sait si ces maximes sont admises chez les morts ?

CRÉON

Certes, un ennemi ne devient pas un ami, même après sa mort.

ANTIGONE.

Moi, je suis faite pour m'associer à l'amour et non pas à la haine.

Ces belles paroles annoncent chez Sophocle un sentiment moral supérieur. Les tragiques, vivant à une époque où les prescriptions anciennes n'exerçaient plus le même empire sur les esprits, les présentent comme le motif nécessaire de l'action qu'ils mettent en scène ; mais toute leur œuvre a pris de leur philosophie morale un accent nouveau.

la religion de l'Etat est affaiblie ; au lieu que, dans *lse Sept* d'Eschyle, c'est un « conseil » qui interdit le tombeau à Polynice, ici c'est Créon, qui représente plutôt l'arbitraire du pouvoir. — *L'Hégelianisme dans la critique savante en Allemagne*, in *Revue des Deux Mondes*, 1er janvier 1877.

Dans *les Suppliantes* d'Euripide, la sainteté de la sépulture emporte des effets politiques. La même religion qui oblige les membres d'une famille consacre les liens de la cité. Les veuves et les mères des sept chefs viennent supplier Thésée d'arracher leurs cadavres aux Thébains, afin qu'elles puissent les inhumer dans la terre d'Argos. « Je ne ressens aucune frayeur, mon fils, dit Ethra à Thésée, à te conseiller de faire sentir la force de ton bras à ces hommes violents qui prétendent priver les morts de la sépulture et des honneurs funèbres, et de réprimer les impies qui foulent aux pieds les lois de toute la Grèce : car ce qui fait toujours le salut des Etats, c'est le respect constant des lois. » Thésée accède enfin à la prière de ces suppliantes, il va réclamer les corps à Créon, et il leur rend les devoirs suprêmes.

Ce même Créon, dans *Œdipe à Colone*, essaye de ramener le vieillard à Thèbes ; il voudrait que cette ville possédât sa dépouille. Œdipe réclame la protection de Thésée ; il le conduit dans le bois consacré aux redoutables Euménides, où sa destinée est de mourir, pour lui faire connaître la place de son tombeau, qui servira d'éternel rempart à Athènes contre ses ennemis thébains. Dans la tragédie précédente, Euripide, à l'exemple de Sophocle, engageait les enfants d'Argos à une reconnaissance éternelle envers Athènes, à cause de la générosité de son roi ; Minerve y intervient elle-même pour exiger le serment « que jamais les Argiens ne porteront la guerre dans ce pays et que, si d'autres peuples l'attaquent, ils les repousseront par la force des armes. »

Ainsi les poètes athéniens faisaient servir ces antiques histoires à l'intérêt particulier de leur ville, et lui cherchaient des alliés.

Le devoir de continuer la famille était imposé par les lois des Hindous, comme par celles des Grecs et des Latins. Je trouve, dans le *Mahabharata*, un épisode singulier. Un brahme, plongé dans la pénitence, voit en songe ses aïeux suspendus dans une caverne, les pieds en haut et la tête en bas ; ils se plaignent à lui que leur postérité va s'éteindre. Leur unique descendant s'occupe d'austérités et néglige de se choisir une épouse pour engendrer des fils : « Aussi nous voici, comme des malfaiteurs, sans protection de celui qui doit nous protéger, suspendus ici dans une caverne par l'extinction de notre postérité. » L'ascète leur donne sa promesse de se marier. Un personnage merveilleux lui présente sa fille, et il l'épouse suivant les rites enseignés par les Védas[1].

« Comment se fait-il, demande dans le *Raghou-Vança*[2] le roi Dilîpa à un saint anachorète, qu'enveloppé ainsi par la pensée d'un gourou, fils de Brahma, mes joies ne soient pas enchaînées l'une à l'autre sans que des chagrins ne les séparent? Cependant, malgré tous les diamants qu'elle produit, la terre avec ses îles ne me donne aucun plaisir, faute de voir un fils semblable à moi, né de celle-ci, ta fille. Sans doute, voyant qu'après moi ils doivent manquer de mets funèbres, mes ancêtres n'en mangent plus au gré de leurs désirs et ne s'attachent, dans la cérémonie du çrâddha, qu'à se ménager des provisions pour l'avenir ! Dans cette pensée qu'après moi il sera difficile pour eux d'étancher leur soif dans cette eau que j'offre maintenant à leurs mânes, mes aïeux, sans doute, ne la boivent plus qu'attiédie par leurs soupirs ! »

[1] *Le Mahabharata* (trad. H. Fauche), *l'Astika*, tome I.

[2] Le *Raghou-Vança*, chant 1er, in *Œuvres choisies de Kalidasa*, trad. par H. Fauche. Paris, Lacroix, etc., 1865.

Même devoir chez le peuple juif. L'intérêt du charmant conte de *Ruth* est dans le pieux souci auquel obéit la jeune femme.

Noémi, veuve d'Elimélech, a perdu ses deux fils, mariés à des femmes moabites. Ses brus ne lui ayant pas donné de postérité, Noémi se décide à quitter le pays de Moab pour retourner en Israel, où est le bien d'Elimélech. La jeune Ruth, l'une de ses belles-filles, s'attache à elle et refuse de l'abandonner. « Ne me presse point de te quitter, lui dit-elle, et de m'éloïgner de toi. Car où tu iras, j'irai ; où tu t'arrêteras, je m'arrêterai ; ton peuple sera mon peuple ; tes dieux seront mes dieux ; où tu mourras, je mourrai et serai ensevelie. N'importe ce que me fera Yavéh, n'importe ce qu'il ajoutera, la mort seule me séparera de toi. »

Les deux femmes partent donc. Ruth s'emploie pour gagner la subsistance, et vient à glaner sur les terres de Booz. Noémi se rappelle que ce Booz est leur parent ; elle conseille à sa bru de s'aller offrir à lui, la nuit venue, après s'être parée et parfumée. Il s'agit, pour Noémi, d'avoir une famille, de garder à la race d'Elimélech sa place au soleil ; elle entrevoit une chance de réaliser son désir, elle la risque. Toute l'histoire porte sur ce fait, que Booz, parent du défunt, est de ceux que la coutume autorise à faire revivre la famille, menacée d'extinction par la mort de ses membres mâles, en s'unissant à la veuve de l'un d'eux. L'enfant né dans le mariage aura pour père légal, non le nouveau mari, mais le défunt.

Le riche et bienveillant Booz accueille la prière de Ruth ; il usera de son « droit de rachat », et en supportera les charges. Il existe bien un parent plus proche ; mais celui-ci refuse d'acheter la terre d'Elimélech et renonce publiquement à son privilège, dont il déclarait d'abord vouloir profiter, dès qu'il apprend de la bouche du quinquagénaire, qui y met de la malice, la venue de la jeune veuve : il lui faudrait l'épouser, et donner des enfants au mort, s'il achetait son bien. Ruth ne se montre pas moins dévouée que Booz est généreux ; cet homme sage ne voit dans la démarche hardie de la jeune femme qu'une dernière preuve de piété filiale. Elle ne s'occupe encore, en se mariant, que de l'intérêt de sa belle-mère, et le peuple répète, en effet, quand elle a engendré de Booz : « Un fils est né à Noémi ! »

La date récente de ce livre [1], où l'on reconnaît la main d'un écrivain délicat et les mœurs d'une société très régulière, en fortifie pour nous l'enseignement, loin de l'affaiblir. Il nous introduit chez des peuples dont la souche n'est pas la nôtre, et qui n'ont pas eu les mêmes destinées. L'intérêt de la famille, chez eux comme dans les cités grecques ou latines, se rapporte en somme à l'intérêt de la race ; les sentiments sympathiques s'emploient ici à la grande fin de la conservation. C'est la race qui doit triompher ; on l'exalte en des chants pieux ou guerriers, sous les portiques des temples, sur la scène des théâtres. L'homme, qui est périssable, veut au moins faire durer les sociétés où il a mis le plus pur de son sang et de son âme.

La passion de la victoire vivifie l'œuvre entière des Grecs. Sans doute les poètes athéniens ont en vue la domination particulière de la ville de Minerve. Mais l'Iliade a été le prologue héroïque de la longue guerre

[1] Le *livre de Ruth* ne paraît pas antérieur au IVe siècle avant notre ère. Voy. une conférence de Maurice Vernes, in *Bulletin du Cercle Saint-Simon* (*Société historique*), 30 avril 1886.

des Hellènes contre les Asiatiques, et l'émotion des guerres médiques est restée vibrante dans *les Perses* d'Eschyle. Si toutes les nations sont entre elles rivales et ennemies, le caractère qui établit la grande nationalité n'est cependant pas le même. Le Grec repoussait dans les Perses le Barbare. Les *Romanceros* espagnols chantent le triomphe de la Croix sur le Croissant. Jeanne d'Arc maudit, dans l'Anglais, l'envahisseur, sans détester le chrétien. Le soldat moderne défend sa patrie comme l'homme défend sa dignité et sa liberté personnelles, et la lutte sauvage pour l'existence, qui faisait le fond de la haine de race et de la haine religieuse, est tempérée enfin par des sentiments d'un ordre plus élevé.

Je reviens à la *Chanson de Roland*. Léon Gautier est trompé par son zèle, quand il assigne le Paradis pour but aux héros de la Chanson. Certes, la fin qu'ils poursuivent est au contraire toute politique; leur but est de faire triompher l'empire de Charlemagne. Si la religion seconde leurs efforts par ses promesses, l'intérêt chrétien est d'abord ici-bas; ces rudes barons, on le sent de reste, sont vivants, et ils combattent pour les biens terrestres. La lutte décrite par le vieux poète est bien engagée entre l'islamisme et le christianisme, entre Mahomet et Apollon, d'une part, et le Christ de l'autre; mais il nomme avec amour la « dulce France » ; il rêve d'appuyer sur elle la chrétienté, comme les poètes espagnols rêveront plus tard de restaurer la foi catholique par l'épée d'Aragon et de Castille.

Chrestientet aidiez à sustenir, — 1129,

dit l'archevêque Turpin à ses braves; et, après les avoir confessés, il ajoute plaisamment :

Pour votre pénitence, vous frapperez les Païens.

Ces barons ne distinguent pas, d'ailleurs, le droit de la foi.

> Païen unt tort et chrestien unt dreit. — 1015.

Et le droit qu'ils entendent se confond avec son moyen utile, qui est l'établissement de la chrétienté temporelle.

Le procès de Ganelon met cela en pleine lumière. La tenure de ce procès, remarque Léon Gautier, est toute germanique. L'épreuve judiciaire précède la condamnation. Thierry, frère du duc Geoffroy d'Anjou, se porte garant de l'accusation et la soutient les armes à la main contre Pinabel, qui s'est présenté pour le champion de son parent Ganelon. Le vrai point du débat est de décider s'il y a eu vengeance ou trahison. Ganelon prétend que Roland l'a offensé, lui a fait tort, et qu'il en a tiré vengeance légitime :

> Vengié m'en sui, mais n'i ad traïsum — 3778.

Thierry proteste que Ganelon a trahi. La vengeance serait excusée; mais la trahison constitue le crime. Dans ce débat, qui est privé et personnel, intervient l'idée d'offense publique : la trahison de Ganelon a causé la mort des douze pairs et compromis l'intérêt commun, la cause nationale.

Le combat judiciaire, c'est la querelle privée, réglée par un cérémonial qui est la figure d'un état légal. Les tragiques ont écrit à une époque où cet état légal était depuis longtemps sorti de l'expérience. Ils n'en reconnaissent pas moins l'importance du progrès accompli. Euripide, le poète aux subtiles harangues, prête à Jason se justifiant auprès de Médée cet argument, peu efficace contre la jalousie de l'amour trompé : « D'abord tu habites la Grèce au lieu d'un pays barbare; tu as appris à connaître la justice et à préférer l'action des lois à l'enploi arbitraire de la force. »

Dans *les Euménides* d'Eschyle, l'Aréopage et Minerve soustraient Oreste au châtiment. Oreste a obéi à la loi du foyer antique, qui armait le fils contre la mère coupable. La loi nouvelle est désormais fondée. On ne se fera plus justice soi-même, on ne frappera plus, comme l'ordonnait la religion domestique ou l'intérêt de la victime. « Que jamais, pour venger le meurtre, un meurtrier ne se dresse en courroux dans Athènes ! que l'intérêt de l'Etat l'emporte dans les cœurs !... la cause de la justice triomphe. » On aperçoit ici le passage du droit domestique au droit civil, et de la vengeance privée à la peine prononcée par un tribunal d'État[1]. Ce tribunal punira les actes que la loi atteint, mais la conscience sera à chacun son juge intérieur, à la fois plus délicat et plus sévère.

Les philosophes grecs virent parfaitement que la loi est une moyenne, qu'elle ne saisit que les cas ordinaires et ne peut employer que des formules générales, dont l'application aux cas particuliers n'est pas exacte. Ils comprirent que le juste légal (τὸ νόμιμον δίκαιον) est plus borné que l'honnête (τὸ ἐπιεικές). La tâche de l'honnête, dit Aristote[2], est de redresser la loi, quand elle se

[1] Le droit criminel athénien conserva la trace de la tradition primitive. Deux tribunaux connaissaient du crime de meurtre: l'Aréopage et les Ephètes. L'Aréopage connaissait du meurtre prémédité et prononçait la mort ; les Ephètes (conseil de chefs de famille), du meurtre non prémédité, ainsi que du meurtre couvert par une excuse de la loi. La fonction de ceux-ci était, avant tout, de réconcilier les parties et d'amener les parents de la victime à recevoir le prix du sang; s'ils prononçaient l'exil, c'était dans le but de soustraire le coupable à la vengeance privée. Ainsi la loi athénienne désarmait la vengeance privée, soit en l'amenant à recevoir le prix du sang, soit en se substituant à elle au nom d'un principe supérieur. — Dareste. *Esquisse du droit criminel athénien*, in *Journal des Savants*, oct. 1878.

[2] *Ethic. Nic.*, liv. V, ch. x. — Platon, *Le Politique*.

trompe. Platon et Aristote font donc le départ de la pénalité et de la conscience, de la loi et de l'opinion ; mais, comme il a toujours répugné à l'esprit grec de séparer le droit de la loi, ils ont incliné malgré cela à faire dépendre la morale de la législation. La tragédie ne s'attarde pas dans cette contradiction; elle donne toujours au devoir un sens précis. Le mot de justice, dans la langue des anciens poètes, n'est pas un mot abstrait : il recouvre l'ensemble des obligations qui importent à l'individu, à la famille et à la cité.

La vertu demeure, pourrait-on dire, la haute leçon du drame. Elle n'y est du moins jamais sans emploi. C'était une comparaison familière aux stoïciens, qu'un archer ne se propose pas tant d'atteindre au but où il vise que d'apprendre à bien viser et de devenir un bon archer. Le théâtre de cabinet inscrit sous le nom de Sénèque le Tragique semble être cette comparaison mise en exemple ; l'action véritable s'y passe en un échange de maximes. « Celui que tu vois malheureux, tu sais qu'il est homme, » dit un interlocuteur de l'*Hercule furieux*. « Celui que tu vois fort, réplique l'autre, ne dis pas qu'il est malheureux[1]. »

Que servirait pourtant de devenir bon archer, pour tendre son arc contre le vent ? Mais la vertu étant ainsi posée pour elle-même, on reconnaît que la philosophie a cette fois creusé à fond la distinction entre le juste et l'utile, entre le droit et la loi. Le stoïcisme résigné, qui convient dans la Rome de Néron, prendra un jour les armes, sera militant ; Marc-Aurèle dirigera la flèche vers un but, et la doctrine inspirera l'action.

[1] — Quemcunque miserum videris, hominem scias.
— Quemcunque fortem videris, miserum neges.
463.64.

La qualité la plus estimée des sauvages, c'est la force ; dans leurs croyances, le privilège d'une vie future est d'ordinaire accordé aux hommes de courage, tandis que les lâches périssent sans retour[1]. A leurs yeux, les lâches sont les méchants, et les braves sont les bons : le courage est la première vertu pour l'existence de la peuplade. L'homme cultivé sait aussi le prix de la force. Il nous plaît de lire que Duguesclin tuait des loups, quand il ne donnait pas la chasse aux Anglais. Nous faisons toujours quelque alliance entre les qualités corporelles et les qualités morales, et nous prenons plaisir à les voir s'essayer.

Les jeux sanglants du cirque procuraient aux spectateurs l'émotion du danger et une sorte de jouissance musculaire. De même l'exercice de la vertu nous intéresse, rien que pour le spectacle. Nous aimons, au théâtre, une certaine gymnastique morale, et cette dépense furieuse de vertu, que provoque, par exemple, le point d'honneur dans les drames espagnols.

Dans un drame de Lope de Vega[2], emprunté à une romance héroïque, se trouve une situation extraordinaire. Le comte Henri, accusé d'avoir joui de l'infante, reçoit du roi l'ordre de l'épouser, et, comme il est marié, de tuer d'abord sa femme. La comtesse accepte sans tremblement cet affreux arrêt ; que dis-je ? elle s'en réjouit même : « O Jésus !... c'est là ce grand secret, ce fatal mystère ? Je croyais que c'était la mort d'Henri

[1] J.-A. Farrer. *Some Savage Myths and Beliefs*, in *the Gentleman's Magazine*, ann. 1877, vol. 240.

[2] *La Fuerza latimosa* (*Amour et honneur*, dans la traduction de Eugène Baret), Lope épargne au comte le meurtre et sauve la comtesse. Dans la romance, le comte Alarcos est le coupable, et l'horrible tragédie s'achève. — Dans un drame moderne, de Tamayo y Baus et Guerra y Orbe, *la Rica Hembra*, une dame renonce au page qu'elle aime et épouse l'amiral de Castille, à qui, ne le connaissant pas, elle a jeté le nom de bâtard, et qui l'a souffletée, « afin qu'on ne puisse pas dire qu'un autre que son mari a osé mettre la main sur sa figure ».

qu'ordonnait le roi... Je ne pleure point de douleur, c'est la joie qui fait couler mes larmes, c'est de voir le comte, mon seigneur, élevé à un si haut rang... — 2e journée, scène v. » C'est à la fois la situation d'Alceste, qui meurt pour son époux, et d'Iphigénie, qui est dévouée au couteau par une superstition barbare. Mais l'Alceste d'Euripide a un moment de faiblesse, elle s'effraye de Pluton fixant sur elle ses yeux bleuâtres ; elle fait enfin jurer à Admète qu'en échange du sacrifice qu'elle lui fait de la vie, le plus précieux des biens, il ne donnera jamais une marâtre à ses enfants. Iphigénie regrette la lumière du soleil, maudit la fatale Hélène et se plaint des dieux ; son courage ne s'élève qu'à la pensée de la gloire des Grecs et de la ruine d'Ilion, qui dépendent de son holocauste. Je ne veux pas comparer de trop près ces héroïnes, ni disputer si le sentiment chevaleresque est sublime ou contre nature. Je remarque seulement comme la vertu antique est pratique et s'emploie de préférence au service d'une cause.

Non pas que l'héroïsme du théâtre espagnol soit un stérile exercice. Les poètes ont senti, au contraire, en cet héroïsme un élément de puissance, une énergie disponible ; à l'occasion, ils la tournent contre le Maure. Cet honneur si jaloux fait noble lignée et sait se dépenser pour son roi.

Le théâtre de Corneille est de la même école militante. Corneille dédaigne les fins, et exerce la vertu ; la gymnastique de l'âme est son spectacle. Son héros se plaît à la lutte ; il s'y prépare, se frotte d'huile comme les athlètes. Voyez Pauline ; elle se trouble d'abord à la pensée de revoir Sévère :

Moi! moi ! que je revoie un si puissant vainqueur !

Elle se dit femme, et faible. Au fond du cœur, elle préfère Sévère à Polyeucte. Mais sa vertu est assurée :

. . . . . Elle vaincra sans doute.
Ce n'est pas le succès que mon âme redoute.
Je crains le dur combat et ces troubles puissants
Que fait déjà chez moi la révolte des sens.
Mais, puisqu'il faut combattre un ennemi que j'aime.
Souffrez que je me puisse armer contre moi-même.

(Acte I, scène IV.)

Pauline est l'épouse accomplie. Elle vient à peine d'épouser Polyeucte, par condescendance pour son père, et elle n'est donc pas encore mère. Il n'est pas besoin que son devoir d'épouse soit fortifié par le devoir maternel ; ni les suggestions du politique Félix, ni l'apparent mépris de Polyeucte ne l'en pourront détourner. Euripide n'eût pas manqué de louer la fidélité conjugale pour la bonté de l'institution et pour l'intérêt des enfants ; il eût remonté aux faits qui sont le fondement du devoir. Corneille est d'une autre philosophie ; sa Pauline est vertueuse pour la cause de la vertu.

Dans la tragédie d'*Horace*, la plus passionnée de son théâtre, le poète dirige nécessairement l'action vers son but historique, qui est le triomphe de la cité de Romulus ; mais ce qui lui plaît davantage, n'écrivant plus avec l'esprit romain de Tite-Live, c'est la lutte stoïque ; dans cette aventure, il trouve matière à discipliner les âmes. Horace reprend en ces termes Curiace, que trouble le violent amour de Camille :

Le sort qui de l'honneur nous ouvre la barrière
Offre à notre constance une illustre matière ;
Il épuise sa force à former un malheur
Pour mieux se mesurer avec notre valeur ;

Et comme il voit en nous des âmes peu communes,
Hors de l'ordre commun il nous fait des fortunes,

(Acte II, scène III.)

Je ferai encore une remarque sur Polyeucte. Sa vertu est guidée vers une joie divine, vers un but étranger à la terre. Et ce sont pourtant des motifs humains qui rendent l'action attachante pour nous. Ce Polyeucte brisant les autels des dieux ne lutte pas proprement pour la liberté de conscience, et il s'en faut de peu qu'il ne devienne petit et ridicule ; mais il reste héroïque, il est plein de cette ferveur qui fait les martyrs de toutes les causes, et il montre la vertu de tous les héros de la liberté de conscience. Du reste, cette fin divine que poursuit le martyr chrétien, elle exige le triomphe terrestre de la foi du Christ ; l'action de Polyeucte serait indécise et froide, si le grand fait social du Christianisme n'apparaissait pas derrière. Ainsi l'utilité de l'action est toujours présente, et la flèche tirée au ciel par l'archer rencontre en chemin la cible où elle se fixe. Nous sommes des vivants, et nous combattons pour la jouissance de la vie.

Nous avons pourtant élevé plus haut nos cœurs. Être plus que des citoyens ou les croyants d'une foi, être des hommes, c'est notre désir, notre chimère. Les poètes modernes ont essayé de faire passer dans la pratique cette « charité pour le genre humain », dont parlait la sagesse de Cicéron.

A cette idée correspond, si j'ose dire, une justice plus juste. Homère, qui admire tant Hector, promène avec Achille son cadavre autour du bûcher de Patrocle ; le poète de Roland ne blâme pas le grand Charles d'occire tous les Sarrasins qui refusent le baptême. Mais si nous passons brusquement à Schiller, le point de vue a changé complètement. Dans son *don Carlos*, l'amitié se sacrifie, nous dit-il, [1] et l'amour est sacrifié ; ce double sacrifice est offert à un intérêt supérieur, à un idéal. Schiller a tenté, il le déclare lui-même, « de transporter dans le domaine des beaux-arts des vérités qui doivent être les plus sacrées de toutes pour quiconque veut du bien à l'espèce humaine, et qui, jusqu'à présent, n'ont été que du domaine de la science , de les animer de lumière et de chaleur, et de les montrer introduites, comme des mobiles actifs et vivants, dans l'âme de l'homme et y soutenant une lutte énergique avec la passion [2] ».

L'idéal humain est exprimé, dans le *don Carlos*, en un beau langage. Ces devoirs de la tragédie antique, sainteté de la sépulture, durée de la famille, triomphe de la cité, ont fait place à ces devoirs nouveaux, dont la formule est plus générale : liberté religieuse, liberté de penser, indépendance relative des individus dans la nation, solidarité des peuples dans la grande politique. Mais nous allons retrouver le drame de Schiller en étudiant l'obligation morale : cette étude nous fera voir sous un autre aspect les mêmes événements historiques.

[1] Traduction Régnier (collection Hachette). *Théâtre*, Tome II, 8e *lettre.*

[2] *Ibid. 10e lettre.*

CHAPITRE III

L'OBLIGATION MORALE

L'obligation religieuse. — La conscience, pouvoir actif et original (*Antigone* de Sophocle). — Passage d'un état de conscience à un autre, et d'une morale théologique à une morale métaphysique. Dédoublement de la morale dans le stoïcisme (*les Nuées* d'Aristophane, et Sénèque le Tragique. — *Oreste* et *Hamlet* : analyse du drame de Shakspeare). — Les jugements antérieurs, les émotions (Emilie de *Cinna*, Cornélie de *Pompée*). — Schiller corrige Kant (Posa de *don Carlos*). — Caractère positif du commandement moral (le *Tell* de Schiller). — L'homme fin de Kant et l'homme naturel de Rousseau. — Les sentiments organisés dans le droit.

Les poèmes homériques nous montrent Thémis assise à côté de Zeus. Elle dicte aux juges leurs sentences. Les ordres établis par la coutume ont pénétré dans la conscience de l'individu ; mais il les transporte à un pouvoir supérieur qui est censé les avoir établis et qui est chargé de les garder. L'homme primitif accepte ce qu'il voit, comme fait l'animal ; pas plus que l'enfant, il ne s'émeut guère de l'invisible, de ce qui est et agit sans se montrer [1]. Il bâtit plus tard son monde moral sur le modèle du monde extérieur ; il ne conçoit une action soutenue ou périodique, qu'en supposant l'existence d'une personnalité dont cette action est l'œuvre.

Les tragiques grecs sont déjà bien loin d'Homère. Ils

[1] Bernard Perez. *La psychologie de l'enfant. Les trois premières années.* Paris, Alcan, 1888. — 4e édit. chap. VI, p. 96.

sont membres d'une cité qui a des lois écrites, et ces lois répondent, dans leur esprit, à l'idée d'une obligation confondant l'autorité de la religion avec celle de la coutume. Mais en même temps la conscience intervient comme pouvoir actif et original. Ainsi, dans l'*Antigone* de Sophocle : « Connaissais-tu, demande Créon avec colère, la défense que j'avais faite ? — Je la connaissais, répond la vaillante sœur de Polynice ; pouvais-je l'ignorer ? elle était publique. — Et cependant tu as osé transgresser cette loi ? — C'est que Jupiter ne l'a pas publiée ; c'est que la justice, qui habite avec les dieux infernaux, n'a point imposé aux hommes de pareilles lois. Et je ne pensais pas que tes décrets eussent assez de force pour faire prévaloir la volonté d'un mortel sur les lois des dieux, qui ne sont pas écrites, mais immuables, car elles ne sont ni d'aujourd'hui, ni d'hier, elles existent de toute éternité, et personne ne sait quand elles ont pris naissance. »

Dans le cas particulier d'Antigone, il ne s'agit que de la sainteté d'un devoir domestique. Toutefois les expressions du poète portent plus loin : ces lois immuables, non écrites, représentent maintenant ce qui est acquis à la conscience. Les obligations dictées par les dieux, l'homme les sent en lui ; il s'y appuie pour résister à l'injustice, pour discuter les nouvelles lois et les nouveaux ordres.

On devine ici le passage d'un état intellectuel à un autre, et d'une morale théologique à une morale métaphysique. Les agents surnaturels qui peuplaient le monde s'évanouissent. Dans les *Nuées*, le bonhomme Strepsiade s'écrie avec surprise, aux leçons de Socrate, — que ce n'est donc pas, comme il l'avait cru jusqu'ici, Jupiter qui fait pleuvoir en pissant dans un crible ! Chez ces incrédules, Aristophane, Euripide, la conscience s'érige en pouvoir indépendant ; elle apparaît comme ouvrière du droit, et maîtresse de se régler elle-même.

Le personnage de l'Injuste, dans *les Nuées*, se définit — le raisonnement appliqué à contredire la justice et les lois ; il se flatte de renverser en un moment tout ce que dira le Juste : « Et d'abord je soutiens qu'il n'y a pas de justice. — Il n'y a pas de justice ? — Non ; où est-elle ? — Chez les dieux. — Si la justice existe, comment Jupiter n'a-t-il pas péri, lui qui a enchaîné son père ?... [1] » Aristophane fait un crime à Socrate de ce raisonnement, λόγος, qui est en train de changer la religion et les idées reçues ; ce terrible railleur des nouveautés démocratiques a pourtant plus de hardiesse que pas un. Mais le génie grec est peureux d'appliquer sa métaphysique ; la loi de l'Etat reste chose sainte, et, si on la corrige, c'est à la faveur de subtiles fictions légales. Il faut venir aux temps troublés qui suivirent la mort d'Alexandre, pour voir s'accuser, dans l'épicurisme et le stoïcisme, cette querelle féconde du droit et de la loi, qui a retenti jusqu'à nous.

L'homme se retranche alors dans sa conscience. Il n'estime guère plus les lois que pour la sécurité et les loisirs qu'elles procurent au sage. Sénèque le Tragique ne se lasse pas de maudire l'âge de fer où la violence remplace la règle [2]. La peur fait taire les juges [3]. Cette plainte revient toujours dans ses vers.

Le stoïcisme théorique dédoublait, en quelque façon, la morale. Il distinguait entre la vertu, qui est l'objet de la conscience, et les fins sociales, qui sont le motif

[1] Traduction de Artaud.

[2] « Pro jure vires esse. » *Hipp.* 544.

[3] « Jus est in armis, opprimit leges timor. » — *Herc. fur.* 253.

de la loi; par suite il n'attribuait pas la même source à l'obligation qui vient de la conscience et à celle qui découle de la loi. Il cherchait, avant Kant, à dégager un « impératif catégorique ». Le bien, dans cette grande doctrine, est ce qui nous sollicite à agir, ce qui est conforme à notre nature. Cette conformité, il est vrai, ne peut jamais être établie que par un jugement dont la vie fournit les termes ; la seule expérience, les stoïciens l'accordent à l'occasion, nous a appris à connaître ce qui est bon, ce qui est honnête : on n'a rencontré nulle part, dit Sénèque, l'image de la vertu, *virtutis speciem* [1]. On ne démêle pas toujours si la conscience, pour eux, est plutôt intuitive, ou s'ils n'ont pas senti, avant Spinoza, que nous ne voulons pas une chose parce qu'elle est bonne, mais que les choses sont bonnes justement parce que nous les désirons. Le bien, dans leur langue, c'est l'effort de la volonté vers la vertu, c'est une harmonie personnelle. *Summum bonum, vita sibi concors.*

Corneille a pris une attitude semblable. Ses héros ont la « tension stoïque ». Il n'a pas compris la Rome primitive, mais celle de Cornélie et de Caton. Il se propose de peindre l'homme invaincu de Sénèque, le citoyen de l'humanité, supérieur à la mauvaise fortune [2], dont les traits glissent sur lui sans le blesser [3] ; il lui donne l'enflure espagnole de Lucain et la rhétorique de Balzac.

Mais il ne faut pas demander à ces héros du grand Corneille comment s'est faite leur âme rigide et forte.

[1] Voy. Ravaisson, *Mémoire sur le stoïcisme*, in *Mémoires de l'Académie des Inscriptions et Belles-lettres*, tom. XXI. Cf. quelques belles pages de E. Havet, dans l'*Hellénisme*.

[2] « Esse aliquem invictum, esse aliquem in quem nihil fortuna possit, e republicâ humani generis est. » *De injur.*

[3] « Velut levia tela laxo sinu eludit. » *Epist.* LIII (coll. Nisard).

Nulle trace chez eux des longs débats qui ont formé la conscience humaine. Etudions, pour la retrouver, l'*Hamlet* de Shakspeare, de ce tragique puissant dont le génie confine à deux états intellectuels, à deux mondes. C'est une bonne fortune de rencontrer dans son œuvre un tel personnage, qu'on puisse comparer en même temps à celui de la chronique d'où il l'a reçu, et à l'Oreste de la légende grecque.

Le Fengon de la Chronique[1] occit Horwendille, sous prétexte de protéger contre ses brutalités sa femme Géruthe, ce qui donna à penser à plusieurs, dit le récit de Belleforest, qu'elle pouvait avoir causé ce meurtre pour jouir librement de son adultère. Dans *Hamlet*, la reine est complice de Claudius, elle est presque une Clytemnestre ; de plus, le poète a écarté l'indication du récit qui dénonce le meurtre du feu roi comme un « crime public », pour ne voir que le drame domestique. Ainsi qu'Oreste, Hamlet est prince, et il a son héritage à revendiquer ; il est fils, et il a son père à venger[2] ; mais il n'obéit pas à la même loi morale, et c'est la dissemblance des deux situations, quant à la nature du devoir, qui m'intéresse.

Le caractère qui a frappé Taine dans les héros de Shakspeare, c'est leur imagination[3]. Son Hamlet, dit-il, a une imagination passionnée ; il est une âme d'artiste, pareille à celle du poète lui-même, faite pour rêver et non pour agir ; un mauvais hasard l'a fait prince, un hasard pire le fait vengeur d'un crime, et il se trouve

[1] Belleforest (1530-1583) dont Shakspeare lisait les *Histoires tragiques*, avait tiré son récit d'Amleth de la chronique danoise de *Saxo grammaticus* (fin du XIe siècle).

[2] Giovanni Alfredo Cesareo. *Hamlet e i suoi Critici*, in *Rivista Europea* vol. IV, fascic. VI, 16 déc. 1877.

[3] *Histoire de la littérature anglaise*, liv. II, ch. IV, § 8.

condamné par la fortune à la folie et au malheur. Le malheur fond sur lui tout d'un coup ; il voit la laideur humaine dans sa mère ! « Hamlet parle comme s'il avait une attaque de nerfs continue. Sa démence est feinte, je le veux [1] ; mais son esprit, comme une porte dont les gonds sont tordus, tourne et claque à tout vent avec une précipitation folle et un bruit discordant. » S'il hésite à tuer son oncle, ce n'est point par horreur du sang et par scrupules modernes ; il a donné l'ordre de tuer Rosencrantz et Guildenstern, il tue Polonius, il cause la mort d'Ophélie et n'en a pas de grands remords. « Ce que son imagination lui ôte, c'est le sang-froid et la force d'aller tranquillement et après réflexion mettre une épée dans une poitrine. Il ne peut faire la chose que sur une suggestion subite ; il a besoin d'un moment d'exaltation ; il faut qu'il croie le roi derrière une tapisserie, ou que, se voyant empoisonné, il le trouve sous la pointe de son poignard... Il ne peut pas méditer le crime, il doit l'improviser. »

Son coup d'épée au ventre du sot Polonius, ses duretés envers Ophélia, sa querelle avec Laërte au convoi de la pauvre fille, tous les actes mis au compte de son égarement ont semblé à Stapfer [2] prouver le « pervertissement moral » d'Hamlet; Shakspeare se serait proposé de peindre la dégradation d'une âme. Alexandre Büchner [3] impute ces brutalités à ce qui est resté du bar-

[1] Hamlet est « gras et de courte haleine » ; il est nerveux et lymphatique, et porté par son organisation à voir plutôt le côté affligeant des choses. Sous le coup d'une émotion violente, il éprouve deux hallucinations, très bien décrites par le poète : mais il est parfaitement sain. Des natures d'artiste, délicates comme la sienne, peuvent être bizarres ; de tels individus ne deviendront jamais des aliénés. — E. Onimus, *la Psychologie de Shakspeare*, in *Revue des Deux Mondes*, 1er avril 1876.

[2] *Shakspeare et l'antiquité*. Paris, Fischbacher, 1884. *Shakspeare et les tragiques grecs*, dans *la Nouvelle Bibliothèque littéraire* de Lecène et Oudin.

[3] *Hamlet le Danois*. Paris, Hachette, 1878.

bare dans Hamlet : il est à la fois, dit-il, le pirate scandinave, le Vikins de la légende, et l'étudiant de Wittemberg. Le poète a superposé l'une à l'autre ces deux natures sans pouvoir les fondre ; ce défaut principal expliquerait le caractère indécis de son héros et cette « irrésolution active » par laquelle le Wilhelm Meister de Goethe le définissait.

Si Hamlet est expliqué par son tempérament, il l'est aussi, et au plus profond, ce me semble, par sa philosophie. On ne la qualifie pas en le disant sceptique, songeur fataliste. Une terreur religieuse le détourne du suicide. Dans la scène où il s'arrête de frapper Claudius, parce que le meurtrier est en prière, il n'invoque point, comme Stapfer le prétend, une vaine excuse ; non, c'est bien qu'il veut tuer l'âme avec le corps, et il croirait faire une grâce au criminel de le frapper dans le moment où il se lave par la prière. Ne sait-il pas, de la bouche même du spectre, que son père assassiné expie les fautes dont il n'a pas eu le temps de se repentir ? Une telle scène offrait d'ailleurs au poète, et le critique n'y a pas pris garde, un effet dramatique puissant, que son art ne pouvait pas négliger. Hamlet n'est donc pas le sceptique ou le fataliste qu'on a dit ; il a des superstitions et des croyances. Son doute, celui du XVIe siècle, critique et ne libère pas. Il est, d'éducation et de tempérament, un métaphysicien. Il n'obéit plus, comme Oreste, à une loi religieuse, à un commandement extérieur, que renforce le gémissement lugubre du chœur dans la tragédie antique ; il lui faut tirer sa résolution d'un jugement intime, dont son imagination mêle les données fiévreusement, et il réfléchit sur la nécessité terrible à laquelle il est contraint : c'est petite chose d'ordonner la mort d'un Rosencrantz, tandis qu'en poignardant ce Claudius il atteint sa mère ! Hamlet porte en lui sa fatalité. Il a entendu l'ordre du spectre, il souffre en son orgueil de fils déshonoré et d'héritier royal dépossédé ; mais sous ce crâne roule un flot d'idées nouvelles qui emplissent ses rêveries et gênent son bras. Il a des délicatesses singulières ; il sent pour sa mère des tendresses qu'Oreste ne connaît point. Taine a raison : Hamlet ne tuera qu'à l'improviste. Büchner a raison : si la loi du talion gouverne le milieu où le poète a pris son héros, ce héros a reçu du poète, occupé uniquement de l'expression dramatique, une conscience qui est supérieure à son milieu. Mais le contraste qui en résulte est pour nous extrêmement intéressant. Laërte, lui, le fils de Polonius, ne s'interroge pas pour un coup d'épée, et il devient ainsi l'agent du dénouement.

Ce dénouement tranche tout à fait les deux états de conscience. Oreste est déterminé à l'action, je le répète, par un ordre qui l'en justifie, et la même loi qui armait son bras exige qu'il vive pour continuer le culte de ses aïeux. Cette fin pratique est l'origine de son devoir ; mais les tragiques, dégagés de la légende, ont interposé le remords entre l'acte horrible d'Oreste et sa justification[1]. De même l'Hamlet de la chronique vit et règne après avoir vengé son père ; mais à son tour Shakspeare l'a interprété, et il l'a introduit dans un monde moral qui ne permettait pas une telle suite. Hamlet, parce qu'il est chrétien, ne peut pas vivre ; Oreste, parce qu'il est grec, ne doit pas mourir.

[1] Les modernes ont pris bien d'autres précautions. Dans l'*Eriphile* de Voltaire, Alcméon frappe sa mère dans le hasard du combat, trompé par les dieux et aveuglé par une furie. L'*Oreste* d'Alfieri tue sa mère par mégarde, d'un coup qu'il destinait à Egysthe. — Leconte de Lisle, dans *les Erynnies*, nous a donné, au contraire, un Oreste qui est plus atroce que celui d'Eschyle, parce qu'il n'a pas fait assez sentir les motifs religieux de l'action.

Le remords infligé par les poètes grecs au fils de Clytemnestre est concilié par eux avec la nécessité objective que la tradition les obligeait de laisser peser sur le drame. Cette nécessité, je veux dire la loi du foyer antique, ne pèse plus sur Hamlet : c'est la piété filiale, c'est un sentiment intime et personnel qui en tient la place dans son esprit ; l'Ombre de son père, que dans une hallucination il entend crier vengeance, le contraint à un acte qui répugne à sa conscience plus raffinée. Si Hamlet frappait jamais sa mère, nulle expiation formelle ne pourrait le purger d'un crime si affreux. Les émotions, les idées sur lesquelles se fonde son jugement moral, ne sont plus ce qu'elles étaient dans les vieux âges.

Nous arrivons à un temps où les données acquises de la conscience tiennent une grande place dans la délibération du juste et de l'injuste ; mais elle continue à se développer à travers les luttes incessantes de la vie. Pour un poète religieux comme Corneille, elle est la mesure divine à laquelle il ramène tous les actes ; elle ne saurait pourtant lui donner toutes les formes du devoir, et ses héros obéissent encore à des passions, à des préjugés variables ou personnels.

Voyez, par exemple, l'Emilie de Cinna, que le poète a créée de toutes pièces. Elle veut venger son père, assassiné par Octave ; elle demande à Cinna, qu'elle aime et qu'elle expose à la mort, la vie d'Auguste ; sa tendresse ne la fait pas hésitante ;

> Amour, sers mon devoir et ne le combats plus.
>
> (Acte I, scène I.)

Elle songe en même temps à la liberté de Rome, qui

sera son œuvre, et elle exhorte Cinna par l'exemple glorieux de Brutus et de Cassius :

Sont-ils morts tout entiers avec leurs grands desseins ?
Ne les compte-t-on plus pour les derniers Romains ?
(Acte I, scène III.)

Elle prépare sans faiblir le coup sanglant. Sa piété filiale, son orgueil de patricienne, l'intérêt public, tout cela entre dans la délibération qui l'y décide. Après qu'Auguste a pardonné, elle juge autrement, et envisage comme un forfait ce qui lui avait semblé un acte de justice : elle n'avait pas compté avec la clémence. Dans le chapitre de Sénèque d'où est tiré le sujet de la tragédie, Auguste pardonne plutôt par un calcul politique ; mais Corneille a insufflé à ce froid personnage l'émotion de la bonté, qui entraîne la nature généreuse d'Emilie. Sa haine de fille est désarmée ; elle ne se croit même plus autorisée à délivrer Rome de ce maître dont le ciel paraît sanctionner les actes en lui laissant le pouvoir. Bref, une nouvelle donnée introduite dans son jugement en a renversé la conclusion. Remarquons bien cela : au motif personnel d'Emilie, répond la clémence d'Auguste ; au motif général (ainsi le compte d'Emilie est mis en balance avec le compte d'Octave), le poète répond par la doctrine du fait accompli, qu'il place dans la bouche de Livie :

Tous ces crimes d'État qu'on fait pour la couronne,
Le ciel nous en absout alors qu'il nous la donne,
Et, dans le sacré rang où sa faveur l'a mis,
Le passé devient juste et l'avenir permis.
Qui peut y parvenir ne peut être coupable;
Quoiqu'il ait fait ou fasse, il est inviolable :
Nous lui devons nos biens, nos jours sont en sa main,
Et jamais on n'a droit sur ceux du souverain.
(Acte V, scène II.)

Il s'en faut que cette solution vaille dans tous les cas. Un Brutus n'accepterait pas pour légitime le fait accompli, comme fait l'Emilie de Corneille. Sa Cornélie ne l'accepte pas après Pharsale. Ptolémée a pris la tête du vaincu pour l'offrir à César. L'habile dictateur le réprouve, il honore la cendre de Pompée et fait respecter sa veuve : Cornélie n'en reste pas moins son ennemie déclarée. Elle se fait quitte d'abord du bienfait de César en l'avertissant d'un complot qui se trame contre lui; puis, elle ira armer Caton des débris de Pharsale, et elle réclamera des dieux la ruine de son vainqueur, qu'elle a refusée de la trahison.

> Si je veux ton trépas, c'est en juste ennemie.
>
> (Acte IV, scène IV.)

Elle est naturellement loyale; mais la morale commune ne suffirait pas à diriger sa conduite. Elle poursuivra la guerre civile, que tout lui prouve être juste : ses sentiments de fille de Scipion et de veuve de Pompée, sa fierté patricienne, et par-dessus tout sa dignité de romaine.

> Veuve du jeune Crasse et veuve de Pompée,
> Fille de Scipion, et, pour dire encor plus,
> Romaine, mon courage est encore au-dessus.
>
> (Acte III, scène IV.)

Les idéalistes ont tenté vainement de soustraire notre volonté à nos inclinations. Ce n'est là qu'un effort inutile, et Schiller lui-même a corrigé Kant, en essayant de faire vivre sur la scène le héros moral du philosophe. Il avait pressenti l'idéal kantien dans le Posa de *don Carlos ;* il l'incarna derechef dans le jeune Piccolomiui de *Wallenstein* [1]. Mais cet idéal, il l'interpréta en poète et le fit vivre.

Don Carlos aimait Elisabeth de Valois, qui est devenue la femme de Philippe II. Cette passion, à présent coupable, brûle le cœur de l'infant ; il est prêt à tout oser et à se perdre, quand vient à son aide le marquis de Posa, son ami d'enfance, qui s'est illustré dans les rangs de l'ordre de Malte, rêveur généreux dont l'ambition embrasse le bien de l'humanité entière. Le roi, ému d'une découverte qui aggrave ses soupçons contre l'infant, cherche un homme en qui il puisse se confier ; le nom de Posa, écrit sur ses tablettes, le frappe, c'est le nom d'un homme qui n'a jamais rien demandé. Il fait venir le marquis auprès de lui, l'interroge. En une admirable scène, Posa, s'abandonnant à l'imprévu, ouvre toute son âme, expose ses idées au roi, et, à tout hasard, jette une étincelle dans l'âme du despote. Posa demande hardiment à Philippe la liberté de penser ! Et le point qu'il développe, c'est le devoir déduit de Kant — de se traiter, soi et ses semblables, comme des fins et jamais comme des moyens :

« Je ne puis être serviteur d'un prince... J'aime l'humanité, et, dans une monarchie, il ne m'est permis d'aimer que moi-même... Pour moi, la vertu a sa valeur en elle-même... Mon amour fraternel peut-il légitimement se prêter au rapetissement de mon frère ?... J'entends, sire, combien est petite et humiliante l'idée que vous avez de la dignité de l'homme... Comment pourriez-vous

[1] Schiller subit durant cinq années, de 1792 à 1796, la puissante influence de Kant. *Don Carlos* précéda immédiatement cette période, et *Wallenstein* la suivit. Plus tard, sous l'influence de Gœthe, Schiller accomplit une évolution, de l'esthétique Kantienne, sujette de la morale, à l'esthétique indépendante de son illustre ami. — Voy. sur la « typique idéaliste » des deux poètes, la critique sagace de H. Hettner : *Die romantische Schule, in ihrem innern Zusammenhange mit Goethe und Schiller*. Braunschweig, 1850.

honorer les hommes, si tristement mutilés?... Vous avez ravalé l'homme à n'être plus que votre clavier; qui peut partager avec vous la jouissance de l'harmonie?.... — Acte III, Scène x. »

Mais l'idée qui anime ce beau langage est le fruit d'un long travail de l'esprit humain. Cette manière de comprendre la société est dérivée et savante. Que de pensées sont entrées dans le cerveau d'un Posa, tout ému de sympathie humaine et de la vision d'un idéal!

Cet enthousiaste pratique et ferme étonne Philippe, qui se confie à lui et lui donne plein pouvoir. Une telle situation est grosse de périls. Le marquis ne peut tout dire à Carlos; celui-ci en vient à douter de son ami et commet une imprudence qui va les perdre. Posa le surprend au moment où il déclare son amour pour la reine à une dame de la cour qui la trahit; pour arrêter ce fatal aveu sur les lèvres de l'infant, il le fait saisir et mener en prison; mais c'est afin de sauver le prince, qu'il destine à être l'ouvrier de son œuvre, car il n'a pas la folie de rien attendre de Philippe. Il se livre lui-même; il feint d'avoir aimé la reine et passe pour le vrai coupable; il espère que Carlos, dont il a concerté la fuite, aura le temps de passer en Flandre; par malheur, une lettre qu'il expédiait à Bruxelles est interceptée, et le roi fait fusiller le marquis dans la prison où il est allé entretenir Carlos une dernière fois.

Kuno Fischer a dit justement [1] que ce Posa était un « impératif catégorique sous le manteau de chevalier de Malte ». Du moins il vit, il n'est pas une pure abstraction. Kant avait voulu établir un contraste rigoureux entre l'homme naturel de Rousseau et l'homme moral tel

[1] *Schiller als Philosoph*. Frankfurt, 1858.

qu'il l'imaginait ; il rejetait tout compromis entre la raison et la sensualité, entre ce que l'esprit poursuit et ce que la nature désire. La vertu, selon le trop sévère philosophe, exige le sacrifice de l'inclination ; elle ne consiste même qu'en ce sacrifice. Il faut accomplir le devoir pour le devoir ; la loi dit : Tu dois, tu dois sans condition ! La vertu sublime est celle qui s'élève au-dessus des passions et des désirs, assez haut pour les maîtriser absolument ; seule, dans le domaine de l'art, cette sublime vertu fait le héros véritable. Le marquis de Posa est bien ce héros ; mais il se sacrifie au rêve qu'il a caressé. Schiller disait plus tard, par la bouche des grâces, à l'austère devoir du philosophe ; je consens à t'obéir, permets seulement que je t'aime ! Et Kant ne le permettait pas. Posa, lui, a la passion et l'enthousiasme de son but ; il aime Carlos qui en sera l'instrument. Il ne concevrait pas ce haut dessein, il ne s'y dévouerait pas sans réserve, s'il n'était cet être passionné et sympathique. Le poète a réconcilié dans cette âme les mobiles que le philosophe disait ennemis[1].

Posa veut donc « quelque chose ». Il a un idéal lointain, le bonheur de l'humanité. Mais il en veut d'abord les moyens, la liberté de penser, la paix des consciences, la tolérance du pouvoir. Il s'est instruit par l'expérience de la vie ; il a réfléchi sur le mouvement de la Réforme, sur la révolte des sujets flamands ; il comprend les intérêts de son pays ; sa vision n'est pas sans des données réelles et positives.

[1] Renouvier, sur ce point, a aussi corrigé Kant. Il estime que la loi du devoir pour le devoir est un paradoxe ; qu'elle a sans doute le mérite de n'impliquer point des fins déterminées à atteindre, et qu'elle fournit un critère d'application ; mais que la morale ne peut exiger que les fins voulues pour elles-mêmes, et d'abord le bonheur, soient exclues des motifs d'agir, etc. — La pratique suppose l'intégration des fonctions qu'on a divisées. Il n'est pas possible de concevoir l'idée de justice, à moins d'y faire intervenir le principe passionnel de la bienveillance ou de la sympathie. — *Science de la morale*, livre II, 1re section, 28, 29, 30.

Schiller, du reste, a bien senti le danger de régler sa conduite sur un idéal de perfection imaginaire. « C'est par des lois pratiques, écrit-il dans sa onzième lettre sur *don Carlos*, et non par des conceptions artificielles de la raison spéculative, que l'homme doit être dirigé dans sa conduite morale. ». Il s'avise qu'il a trop donné peut-être à la chimère. Mais il incline toujours à se retrancher dans un sentiment de liberté, de dignité personnelle. Il restait, avec Kant, sous l'influence de Rousseau. Il concevait, dans *les Brigands*, un héros « armé contre la société corrompue et retournant à l'état de nature pour accomplir un acte de justice et d'humanité ». Dans *Intrigue et amour*, dans *Fiesco*, disait Marc Monnier [1], « c'est toujours la nature sincère, la passion franche opposée aux intrigues du monde, aux roueries des politiciens, à la raison du plus fourbe et au droit du plus fort, c'est toujours l'aveugle adoration de la liberté ». Son *Guillaume Tell* est une espèce d'*unité naturelle*; il est clair qu'un héros de ce genre n'existe pourtant que par la société. Un vrai Tell du temps d'Albert irait brutalement et ne ferait pas l'analyse de ses motifs!

Dans la grande scène du Rütli [2], Stauffacher parle ainsi aux conjurés : « Quand l'opprimé ne peut trouver justice nulle part, quand le fardeau devient intolérable, alors sa main s'étend avec assurance vers le ciel, il y va chercher ses droits éternels qui sont suspendus là-haut, inaliénables, indestructibles comme les astres mêmes... Alors recommence l'ancien état de nature où l'homme tient tête à l'homme... Pour dernière ressource, quand

[1] *J.J. Rousseau à l'étranger*. in *Revue politique et littéraire*, 1er juill. 1878.

[2] Acte II, sc. II.

aucune autre n'est efficace, le glaive lui est donné. » Il ne faut pas nous laisser tromper aux formes de ce langage. Il ne s'agit point, pour ces conjurés, de retourner à l'état de nature, mais de faire respecter leurs droits, qui sont consignés en des chartes. Stauffacher, Walter Fürst, ont une histoire, et ils la savent. Attinghausen, le vieux banneret, exhorte son neveu Rudenz à combattre pour ses intérêts et ses privilèges : il ne veut pas tenir en fief de l'Autriche ses libres biens. Ces droits éternels, que le poète suspend aux étoiles, sont des droits acquis.

L'homme naturel de Rousseau, l' « homme-fin » de Kant et de Schiller, a pourtant une réelle valeur. La nature ne l'a pas formé du premier coup ; il est sorti de la civilisation. Les jugements répétés de l'espèce sont devenus, dans sa propre conscience, des jugements moraux spontanés et à peu près invincibles. Il est cet être solide qui résiste dans les Nicomède et les Sertorius, dans les Tell et les Goetz de Berlichingen ; il est le droit se dressant tout à coup contre la loi.

Le droit contre la loi : quel conflit tragique ! Comment décider pour César ou pour Brutus ? Le droit est fait, en définitive, de sentiments et d'émotions organisés. Mais cette organisation varie au cours du temps ; ses états fixes que nous appelons la loi sont modifiés sans cesse dans la lutte de nos intérêts. L'homme se trouve donc *obligé*, par cela même que ses sentiments sont organisés d'une certaine manière, et le phénomène psychologique de l'obligation ne varie point. Les formes seules de notre accommodement au milieu social et au milieu physique changent sous la poussée de la vie elle-même. C'est ici la morale en acte, la morale « qui se fait » ; c'est le vrai moment dramatique de l'histoire.

CHAPITRE IV

LES CONFLITS MORAUX

Conflits amenés par une faute antérieure (*Stella* de Goethe). — Conflits entre des devoirs subordonnés. Patrocle devant Achille, le margrave Ruedegêr des *Nibelungen*, Piccolomini devant *Wallenstein*). De la discipline militaire. — Conflits tragiques : opposition d'un devoir d'autorité à un sentiment individuel (remarques sur *la Pharsale* de Lucain; le *Brutus* de Plutarque et celui de Shakspeare; *Polyeucte*). — Le duel (le *tue-la* de Dumas fils, et le *saigne-la* du drame espagnol). — Analyse du conflit de Gauvain dans *Quatre-vingt-treize*, de Hugo. — Importance sociale des conflits moraux. Faits de droit (*Coriolan* de Shakspeare). Tendance à une conciliation des émotions (*Horace* de Corneille et *Vencelas* de Rotrou, etc.). — Le droit et la force; l'homme contre la nature.

Le tragique, selon la philosophie pessimiste, c'est le conflit moral insoluble, c'est la lutte désespérée de la conscience prise entre des devoirs toujours contradictoires. Notre malheur, écrivait Bahnsen, vient de notre volonté : la volonté est contrainte d'agir, quoique la conscience doute ; tantôt le respect humain, tantôt le remords la pousse de çà et de là ; mais à peine a-t-elle engagé l'action, qu'un nouveau et plus insoluble problème se pose devant elle ; il lui faut rouler sa pierre de Sisyphe, et l'enfer commence.

Cette théorie du tragique a sa grandeur. Elle méconnaît peut-être le fond vrai de l'activité humaine et la fécondité de nos luttes morales. Mais elle enferme une part de vérité, et elle nous met sur la voie de définir plus exactement qu'on ne l'a fait le conflit moral. Je choisis un exemple au hasard, pour montrer les cas, à mon avis, qu'il faudrait éliminer.

Dans la *Stella* de Goethe, Fernand a abandonné sa jeune femme enceinte, pour courir les aventures et chercher fortune ; il a rencontré une seconde maîtresse, la charmante Stella, dont l'âme est suspendue à son amour. Le hasard de la vie le place aujourd'hui entre ces deux femmes. Renouera-t-il le lien sacré qui l'unissait à Cécile, devenue mère? Brisera-t-il le cœur de Stella? Une telle situation est sans issue : elle se dénoue par la mort de Stella et le suicide de Fernand ; sa fille reste à Cécile. Mais c'est la faute première de Fernand qui l'a préparée ; elle est dramatique, elle n'est pas de nécessité tragique, au sens que je voudrais donner à ce mot.

La vie et le drame offrent de nombreuses situations de ce genre, comportant des solutions singulières, qui ne sont pas de véritables conflits moraux. Il n'en est point sans le doute de la conscience, et sans cette rupture soudaine qu'apporte une émotion nouvelle ou puissante dans l'équilibre ordinaire de nos sentiments. On en peut donner des exemples remarquables, où nous étudierons sur le vif la formation lente de la moralité.

Quand Achille boude sous sa tente et compromet par son inaction le salut de toute l'armée, le fidèle Patrocle s'abstient aussi de combattre, quoique à regret. Mais il ne se demande point si son devoir de soldat grec n'est pas supérieur à son devoir de compagnon et d'ami ; dans ce monde homérique, les liens individuels sont les plus puissants, et Patrocle est avant tout le leude d'Achille. Il ne retourne aux combats que sur la permission de ce héros ; il attend que l'orgueilleux fils de Pélée, irrité à la fin de la hardiesse d'Hector qui menace d'incendier ses vaisseaux, le revête de ses propres armes et commande à ses Thessaliens de lui obéir.

Dans *La mort de Wallenstein*, le jeune Max Piccolomini se trouve vis-à-vis de Wallenstein dans une situation analogue à celle de Patrocle devant Achille. Mais il agit tout autrement que le fils de Ménétius. Wallenstein, blessé dans son orgueil, a décidé de passer aux Suédois avec son armée. Max suivra-t-il son général, qu'il chérit plus que son père, et dont il aime la fille ? Il ne saurait hésiter longtemps ; il demeure fidèle à l'Autriche et à l'empereur, il abandonne l'illustre rebelle, renonce à Thécla, et se fait tuer à la tête des cuirassiers de Pappenheim, dont il est le colonel, en combattant les Suédois qui venaient recueillir le fruit de la trahison. Wallenstein ouvrait pourtant une issue à ce généreux jeune homme, invoquant les liens de subordination étroite qui l'attachent à sa personne : « Le devoir, envers qui ? qui es-tu ? Si j'agis mal envers l'empereur, c'est mon tort et non le tien. T'appartiens-tu ? Es-tu ton propre maître ? Es-tu libre dans ce monde, comme moi, et peux-tu te dire l'auteur de tes actions ? Tu es uni à moi, comme la branche au tronc... Légère sera ta responsabilité dans cette lutte... — Acte III, sc. XVIII. » Mais Max se sent vraiment responsable, parce que sa raison lui démontre clairement ce qu'il doit faire. Les conflits de ce genre se produisent quand un événement extérieur vient à opposer deux devoirs l'un à l'autre, et on les résout selon qu'on attribue la supériorité à l'un ou à l'autre de ces devoirs. Patrocle demeure auprès d'Achille ; Max Piccolomini, au contraire, juge l'intérêt de l'Autriche supérieur à l'intérêt particulier de Wallenstein, tout grand qu'est cet homme et malgré le prestige qui l'environne. Il ne doute pas, et sa conviction est assez forte pour le déterminer à un entier et douloureux sacrifice.

Entre ces deux, le poème des *Nibelungen* nous offre un exemple intéressant dans la mort du margrave Ruedegêr de Bechlâren [1]. Le roi des Hiunen, Etzel, avait jadis confié à Ruedegêr la difficile mission d'aller en Burgondie demander pour lui la main de la belle Kriemhilt, veuve du brave Sifrît, tué traîtreusement par Hagene de Trojene. Quand la haîneuse Kriemhilt, devenue la femme d'Etzel, fait inviter ses frères à la visiter, dans le dessein de perdre Hagene et, s'il le faut, ses propres frères avec lui, le margrave leur donne l'hospitalité sur ses terres,à Bechlâren, et il y marie sa fille à Giselhêr, le plus jeune frère de la reine. A présent elle lui demande de massacrer les Burgondes, qui ont échappé à ses embûches et se sont retirés dans le palais. Le terrible Hagene a abattu tous les guerriers d'Etzel ; Ruedegêr seul serait assez fort pour le vaincre. Mais ce héros hésite à satisfaire sur des hôtes de la veille, sur son propre gendre, la vengeance de la reine ; il est partagé entre deux devoirs, celui d'hôte et de beau-père, celui de vassal. Son hésitation le fait accuser de lâcheté ; plus cruelles sont les angoisses de sa conscience. Il a juré à la reine d'exposer sa vie et son honneur pour elle, mais il n'a point juré de perdre son âme ; il aurait fait à ces guerriers étrangers tout le mal qu'il aurait pu, s'il ne les avait lui-même conduits ici ; il a été leur guide au pays de son maître, et son bras ne doit point les attaquer.

[1] Edition E. de Laveleye, XXXVII.

« Le puissant Etzel se mit aussi à supplier. Tous deux se jetèrent aux pieds du guerrier. On vit le noble margrave l'âme profondément troublée. Ce très loyal héros parla lamentablement : — Malheur à moi, abandonné de Dieu, d'avoir vécu jusqu'à ce jour ! Il faut que je renonce à mon honneur, à ma loyauté et aux vertus que Dieu m'a commandées. Hélas ! Dieu du ciel, pourquoi la mort ne peut-elle m'enlever ? — Quel que soit le parti que je repousse ou que j'embrasse, j'aurai mal et très méchamment agi. Et si j'abandonne à la fois la reine et ses frères, tout le monde me le reprochera. Oh ! que celui qui m'a donné la vie m'éclaire en ce moment [1] ! »

Ces exemples me donnent occasion de parler de la discipline militaire. L'obéissance passive est imposée à l'officier et au soldat sous la condition des lois générales de la société ; dès qu'un ordre viole ces lois, l'obéissance n'est plus exigée. La seule difficulté est de constater cette violation. Il n'y a pas doute ensuite pour la conscience. Lorsque les hommes de Pappenheim sont avertis par une lettre de l'empereur de refuser obéissance à leur général, ils viennent droit à lui, et l'interrogent : « Nous voulons que tu nous dises toi-même ce que tu projettes, car tu as toujours été vrai avec nous, nous avons la plus grande confiance en toi ; il ne faut pas qu'une bouche étrangère se glisse entre nous, entre le bon général et ses bonnes troupes... — Acte III, sc. XV. » Ils se détacheront de lui sans hésiter, s'il est vraiment traître à l'empereur.

Mais passons ces limites, et transportons-nous au milieu d'une société troublée, dans la Rome des guerres

[1] Le poème des *Nibelungen*, il ne faut pas l'oublier, a été rédigé des dernières années du XIIe siècle aux premières années du XIIIe. Mais les vieilles *Sagas* en ont fourni les sujets.

civiles, dans l'Angleterre de Guillaume d'Orange, dans la France révolutionnaire. La règle de conduite y sera souvent extrêmement difficile. L'individu pourra se trouver placé entre deux devoirs contradictoires, l'un d'autorité, et l'autre de sentiment ; il s'interrogera, il doutera entre le respect du citoyen et la révolte de l'homme intérieur. Ce sont alors des conflits d'un troisième genre, et cette fois de véritables conflits moraux, en ce qu'il y faut prendre parti quoique la volonté manque de certitude.

Supposons un chrétien du second siècle, qui était décurion dans sa commune. Sa charge, dont il ne pouvait se démettre, l'obligeait à des actes religieux que sa nouvelle croyance lui interdisait ; un conflit grave s'élevait entre son devoir de citoyen et son devoir de croyant. On sait que le chrétien, en pareil cas, n'hésitait guère à déserter ses fonctions, son municipe, et à tout sacrifier à l'intérêt de sa foi ; ce fut même une des causes de la décadence des municipalités. Pendant la Révolution française, le prêtre mis en demeure d'accepter la constitution civile du clergé se trouvait dans une position très délicate, selon l'idée qu'il se faisait du pouvoir de l'Etat et de celui de l'Eglise. La séparation des pouvoirs, la prévalence du contrat, l'indépendance des charges publiques, tous les progrès enfin qui dégagent et font plus mobile, plus libre l'action individuelle, épargnent aux hommes beaucoup de ces luttes intérieures.

Si Lucain eût ressenti l'émotion poignante de son sujet, il eût déroulé dans sa *Pharsale* le conflit tragique des guerres civiles. De la lutte entre César et Pompée, de cette grande révolution qui allait élargir la cité romaine, il n'a rien deviné, et il n'a pas su ce qu'il en pouvait connaître. Son Caton, interrogé par Brutus, déclare se ranger du parti de Pompée, pour mieux servir la liberté. « Qu'il triomphe donc, dit-il, m'ayant pour soldat, afin qu'il ne croie point avoir vaincu à son profit [1] ». Mais ce mot reste vide. Le poète n'a prêté à Caton ni le raisonnement du patricien, ni le raisonnement du stoïcien, et il n'a compris de ce conflit ni la valeur historique ni la valeur morale. Ces vers seulement prendraient un sens plus profond dans la bouche de Caton, si on dépassait la pensée de Lucain, comme on a fait pour le célèbre *homo sum* de Térence : « Je l'avoue, Brutus, la guerre civile est le plus grand des maux. Mais où le destin m'entraîne, ma vertu marche sans crainte. Ce sera la faute des dieux, si moi-même ils me font coupable [2]. »

C'est dire que Caton, et tout honnête homme qui prend parti dans ces époques troublées, suit l'inspiration de sa conscience. La faute, s'il se trompe, n'en est pas à lui : il faut qu'il agisse, sans être jamais certain de bien faire, et sa prévision ne saurait s'étendre aux conséquences lointaines de son acte.

Toute grande révolution oppose l'une à l'autre, pourrait-on dire, deux démonstrations, deux fins. C'est chose grave, pour César, de porter la guerre dans Rome, et pour Caton, de s'attacher à Pompée. Il sera plus grave encore pour Brutus de frapper un jour César.

Plutarque raconte le meurtre de César sans accuser ni louer Brutus. Shakspeare ne se prononce pas davantage sur la qualité de l'acte ; mais son Brutus se pose

[1] Ideo me milite vincat,
Ne sibi se vicisse putet. — *Lib. sec.*

[2] Summum, Brute, nefas civilia bella fatemur.
Sed quo fata trahunt, virtus secura sequetur ;
Crimen erit Superis et me fecisse nocentem. — *Lib. sec*

cette question, difficile à résoudre en l'espèce, à savoir s'il lui est permis de tuer le tyran dans l'œuf, et s'il est juste de changer l'ordre établi, sous l'action d'un sentiment personnel. Il répond à Cassius, qui le pressent avec habileté : « Cassius, ne vous abusez pas : si mes regards sont voilés, c'est simplement qu'ils sont tournés sur le trouble intérieur de mon âme. Je suis assailli depuis ces derniers temps par des sentiments qui se font quelque peu la guerre, par des pensées qui me sont entièrement personnelles. — Acte I, sc. II.[1] ». Bientôt il précise l'objet de ces pensées, qui est d'affranchir Rome en tuant César : « Cela doit se faire par sa mort : pour ma part, je ne me connais aucune raison personnelle de le frapper, si ce n'est l'intérêt général... Oh ! que ne pouvons-nous atteindre l'âme de César, sans frapper ses membres ! Mais hélas ! pour arriver à ce résultat, il faut que César saigne ! — Acte II, sc. I. » Sa décision lui coûte d'autant plus qu'il doit frapper de sa main et assumer presque seul la responsabilité d'un crime. Le respect de la vie d'autrui semble être, en effet, une loi supérieure de la conscience, à laquelle il faille obéir dans tous les cas. Et c'est pourtant la vie humaine qui est l'enjeu de la plupart des conflits tragiques !

Shakspeare, selon Montégut, comparant le grand César à l'étoile du Nord immobile dans le ciel et faisant de cet homme le ministre de la destinée, se serait associé à la pensée de Dante, qui jetait Brutus et Cassius dans le neuvième cercle de l'enfer, avec Judas, pour avoir attenté, celui-ci à l'ordre spirituel, et ceux-là à l'ordre temporel. Il aurait écrit la tragédie de l'erreur

[1] Traduction E. Montégut.

et du châtiment du noble Brutus. Si la tristesse de Brutus trahit un doute, ou même un regret, elle s'explique d'ailleurs par le déchirement de son amitié pour César et par l'inquiétude du succès. Shakspeare s'est gardé de qualifier l'acte, et il n'avait pas besoin de le faire. Brutus est une droite nature, il a agi d'après les idées morales particulières à sa classe et à son temps ; le poète n'avait pas à le juger. C'est la tâche de l'histoire d'apprécier les fins et les résultats.

Le *Polyeucte* de Corneille n'a pas soupçon d'un conflit moral. Ce gendre du gouverneur Félix ne s'inquiète point de ce que sa qualité de citoyen lui impose ; il profane le temple, il brise les autels et les statues des dieux ; cet exalté ne conserve nulle attache avec la vie. Corneille, si étroitement respectueux de l'autorité, a ici glorifié la révolte sans éprouver aucun scrupule. Il parle en chrétien de ce paganisme vaincu depuis longtemps ; l'idée chrétienne est triomphante déjà dans sa tragédie. La lutte morale n'en fait pas l'intérêt, elle y est terminée, et la grâce mystérieuse s'ajoute aux raisons humaines pour étendre les victoires de la foi. Mais on devine ce que ces victoires ont coûté. « Toute une histoire de l'établissement du christianisme est dans ce drame, nous dit Faguet[1]. Par *Polyeucte* tout seul on peut apprendre que, pour s'établir, le christianisme a dû briser aux cœurs de ses disciples l'intérêt personnel, cela va de soi, et aussi les plus légitimes affections humaines, et l'idée de patrie, et la raison même. Il n'y a peut-être pas de drame qui ouvre tout autour de lui de plus profondes perspectives, et qui pénètre plus loin dans l'âme humaine. »

[1] *Les grands maîtres du XVIIe siècle*. Paris. Nouvelle Bibl. litt. de Lecène et Oudin, 4e édit., 1888.

Disons un mot, en passant, des conflits sanglants qui engagent l'*honneur*, considéré comme un véritable devoir envers soi-même. Il n'est, en somme, qu'une nouvelle forme du sentiment de la conservation, étendu aux intérêts moraux de l'individu. A cette forme répond la pratique du duel. Depuis le fameux édit de Richelieu, les législateurs l'ont vainement interdit. Nul ne balance d'aller sur le terrain et de transgresser la loi, dans les affaires délicates où il juge qu'elle ne suffit pas à le défendre. Si beaucoup de duels ne sont souvent, comme l'écrivait Caro [1], que des duels de parade ou de profit, d'autres pourtant sont très sérieux. Il est des querelles privées, notamment celles où le nom d'une femme a été mêlé, pour lesquelles la loi ne saurait offrir une solution satisfaisante. Elles coûteraient parfois plus de sang, si le combat singulier ne les réglait pas; mais, par une fiction acceptée de part et d'autre, on attribue à un coup d'épée la vertu de purger l'honneur. Comme dit le comte dans *le Cid* de Guillem de Castro, lorsqu'on raccommode ce vêtement, l'honneur, ce doit être du même drap :

Que el remiendo en el honor
Ha de ser del mismo paño.

Cette maxime prenait en Espagne un sens terrible. *Saigne-la!* disait le drame espagnol [2] au mari de la femme coupable ou soupçonnée. Le don Garcia de Franscisco de Rojas [3], le don Guttiere et le don Lope de Calderon, ne sont pas des jaloux, des Othello que la fumée

[1] *La peur, ses manifestations, ses lois*, in *Revue bleue*, 23 oct. 1886.

[2] *Le médecin de son honneur*, de Calderon.

[3] *Don Garcia del Castañar*, in *Chefs-d'œuvre du théâtre espagnol*, traduits par Habeneck.

de la passion aveugle; ils raisonnent leur cas avec une émotion grave et contenue; ils tuent la femme, la sachant même innocente, et simplement pour prévenir le déshonneur. Que l'amour fortifie la pitié, que la jalousie ou la honte de l'opinion aiguillonnent l'honneur (don Lope se venge secrètement afin que la vengeance ne dise pas ce que l'injure n'a pas dit [1]), l'honneur, aussi bien que la pitié, représente un devoir, et c'est l'honneur qui est toujours obéi. Le mari espagnol ne tue point pour la religion du foyer, ni à défaut de la loi; tous ses motifs se résument en un sentiment excessif de dignité personnelle. Ces mœurs ne peuvent être les nôtres, et le *tue-la* ! impitoyable de Dumas fils a sonné chez nous comme un paradoxe.

Dumas, conseillant au mari de tuer la femme adultère [2], engage un conflit entre le respect de la loi qui interdit de tuer, et le respect de la famille qui le commande peut-être. Sa thèse, je l'ai déjà dit, était une machine de guerre, et le divorce accepté par notre Code pourra dispenser quelquefois de recourir à cette médecine violente, sans guérir jamais la plaie ouverte par l'adultère. Sa démonstration, du reste, quoiqu'il l'appuie de la Bible, et philosophe amplement sur la création du monde, n'est pas valable pour la conscience moderne. L'auteur même ne s'y tient que dans ses préfaces et ses brochures; pour la réaliser au théâtre ou dans le roman, il fait agir ses féroces justiciers sous l'influence de passions qui les excusent, et il n'oserait pas les montrer tuant froidement, par raison démons-

[1] *A outrage secret, secrète vengeance.* Dans ce drame, Calderon critique le point d'honneur trop susceptible : « O lois insensées du monde !... que la conduite d'autrui me soit imputée pour le mal et non pour le bien !... Qui donc a mis l'honneur dans un vase si fragile?... — Journée III, sc. VI. »

[2] *L'homme-femme*.

trative. Dans *la Femme de Claude*, le mari tue la « voleuse », et ainsi le drame ne conclut pas pour la thèse. *Clémenceau*, enfonçant un couteau à papier sous le sein d'Iza endormie, n'est pas non plus de sang-froid. La condition du théâtre corrige toujours l'excès de la théorie.

Je passe maintenant au remarquable conflit posé par Victor Hugo dans son roman épique de *Quatre-vingt-treize*. Le poète a mis ici toute sa philosophie morale, et sa solution mérite d'être discutée.

Le chef de la Vendée, le marquis de Lantenac, assiégé dans la Tourgue, a réussi à se dérober. La Tourgue brûle : trois petits enfants volés au régiment républicain par l'Imânus, l'âme damnée du marquis, se trouvent enfermés dans la bibliothèque du château, qu'emplit déjà la lueur de l'incendie. La Flécharde, la mère, à la recherche de ses petits, les aperçoit dans ce brasier et pousse un cri surhumain. Lantenac fuyait ; il entend ce cri qui lui remue les entrailles. Il a dans sa poche la clef de la porte, que les soldats n'ont pu briser. Il revient sur ses pas, rentre dans la Tourgue en flammes, décroche une longue échelle qu'il tire hors de la fenêtre de la salle, et, tranquille, il passe aux hommes haletants les frais bambins. Puis il descend lui-même. A peine son pied a touché le dernier échelon, qu'une main s'abat sur son épaule; Cimourdain, le commissaire du Comité, l'arrête : le marquis passera en conseil de guerre et sera guillotiné demain. Gauvain en décide autrement ; lui, le chef de l'armée républicaine, il soustrait à la mort ce Lantenac, qui, du reste, est son parent ; il se rend dans le cachot où Lantenac est enfermé, il le revêt de son manteau et le fait sortir à la faveur de ce déguisement. Au matin, les soldats trouvent leur général à la place du marquis, et l'amènent devant le conseil. Cimourdain, qui aime Gauvain, son élève, comme un fils, vote sa mort ; mais, au moment où tombe cette chère tête, cet homme inflexible se fait sauter la cervelle.

Hugo n'a pas écrit cette scène pour le seul effet dramatique ; il y a vu un débat moral. Gauvain s'interroge, avant de faire évader Lantenac ; il cherche de quel côté est le devoir : « Le tuer ? quelle anxiété ! le sauver ? quelle responsabilité ! » Il ne convient pas à lui de sauver le Vendéen, de rendre son chef à l'insurrection ; il doit respecter la discipline et laisser à la loi son libre cours, sans la juger. Mais il se dit aussi, que, s'il laisse la loi s'exécuter, il se rend complice de la mort qu'elle prononce, et cette mort, en ces circonstances, lui paraît un crime de la loi. Pourquoi cela ? C'est, dit le poète, que l'action héroïque de Lantenac lui a révélé « l'absolu humain », qui est supérieur à « l'absolu révolutionnaire » ; c'est que l'humanité a vaincu dans la conscience de Lantenac, réveillée tout à coup par le cri d'une mère et par l'innocence des petits enfants ; c'est que « l'inconnu, l'avertisseur mystérieux des âmes; » est intervenu, faisant resplendir « la grande lueur éternelle ». A la vérité, si le marquis a sauvé ces enfants, l'Imânus les avait voués à la mort ; la loi frappe en lui le Vendéen, l'allié de l'Anglais, qui recommencerait demain sa guerre sauvage ; mais il suffit à Gauvain que le marquis ait eu un moment pitié, pour qu'il sacrifie, à ce qu'il nomme son devoir d'humanité, tous ses devoirs positifs. Sa conscience l'en dégage. Où prend-elle un pareil pouvoir ? C'est, répond encore le poète, qu'elle vient de Dieu, tandis que la loi est l'œuvre des hommes ; le sentiment est plus haut que le raisonnement ; Gauvain trompe la confiance des hommes pour justifier « la confiance de Dieu ». Cette confiance de Dieu, cet absolu humain, sont le droit pour lui. « Salaire et droit, nous dit-il, au fond c'est le même mot. L'homme ne vit pas pour n'être point payé. Dieu, en donnant la vie, contracte une dette ; le droit, c'est le salaire inné ; le salaire, c'est le droit acquis. »

Cette phraséologie mystique obscurcit étrangement la question. Un abîme est creusé entre le droit et la loi. Il nous faut admettre deux devoirs inconciliables : la conscience, c'est l'insurrection contre la loi ; la société, c'est la loi limitant le droit. Nous sommes ramenés, par le chemin de cet idéalisme, dans l'enfer moral des pessimistes. La vie apparaît un conflit désespéré.

Réduisons la question à ses termes simples. Nous avons en présence deux partis, la Révolution et la Vendée royaliste, c'est-à-dire deux opinions plus ou moins bien raisonnées. Gauvain et Lantenac n'attachent pas le devoir à la même fin. Chacun de ces hommes, conformément à sa nature personnelle, a bâti des éléments sociaux actuels une démonstration contraire. L'un arme la Vendée ; et l'autre, quoique petit-neveu du marquis, porte les enseignes de la Révolution. Voici que Lantenac, ému dans ses viscères, risque sa cause avec sa personne pour sauver trois petits enfants. Cette action un peu folle trouble Gauvain, et le pousse à faire son coup de tête. Il en a été illuminé ; il a conçu un devoir de pitié, de bonté, supérieur à ses devoirs positifs. Il les écarte, ce n'est pas qu'il les méprise ; lui-même, devant le conseil de guerre, il se reconnaît coupable pour les avoir violés, et déclare franchement avoir mérité la mort. Que le poète eût laissé à Gauvain la responsabilité de son raisonnement et de son acte, la situation resterait nette. Le sergent Radoub, homme de passion, absout son général ; le capitaine Guéchamp, homme de discipline, le condamne ; Cimourdain, qui est la loi vivante, vote la mort. Gauvain a subordonné à son jugement individuel le jugement de la loi, il a sacrifié la règle à un sentiment, un devoir précis à un devoir vague ; il n'a pas vu que, en croyant servir le règne de l'humanité, il compromettait la Révolution qui en est l'instrument, et qu'il tuait son idéal dans le germe. Une chose l'a empêché d'en voir une autre. Il a raisonné faux ; il est coupable aux yeux du plus grand nombre. Il pourrait être épargné, non justifié.

Ceci est clair. Par malheur Hugo raisonne comme Gauvain. Cimourdain, en se donnant la mort, compromet l'autorité, la légitimité de la loi. Le poète, écrit Renouvier[1], a délaissé les idées éthiques rationnelles des anciens pour se ranger à la morale sentimentale (mais *active* au moins) issue du christianisme, et il a non seulement plaidé en passant la supériorité du sentiment sur la raison, mais dirigé systématiquement son œuvre à cette conclusion. Lantenac, ce féroce héros de la guerre civile, devient « vénérable » pour un geste de pitié ; Gauvain et le poète l'absolvent de tout le reste.

> Un pourceau secouru pèse un monde opprimé.

Le plus grave est qu'il ne se borne pas à exalter l'inspiration du cœur, à confondre ce qui est de la sympathie et ce qui est de la justice ; il attribue encore au sentiment la puissance de fonder un devoir absolu supérieur ; il élève le droit, défini absolument, contre la loi, et il suscite un conflit auquel il donne la solution qu'on vient de voir.

[1] *La Critique philosophique*, 26 mars 1874.

Je ne veux pas dire qu'il ne s'élève jamais de conflits entre le droit et la loi ; il les faudrait seulement interpréter d'une autre manière. Quel que soit le régime mental d'une nation, le sens profond de ces mots reste le même. Si sa croyance religieuse gouvernait l'homme de la cité antique, c'était lui qui avait fait cette croyance; il défendait l'ordre social que sa raison comprenait, et son sentiment était toujours complice de sa raison. Cependant le cours de la vie emporte les hommes et les choses ; il surgit de nouveaux besoins, de nouveaux désirs, de nouvelles croyances ; on ne raisonne plus alors sur les mêmes données, on ne sent plus de la même façon, et les codes changent avec les hommes qui les écrivent.

Ils ne sont que le droit légal ! dit-on. Si l'on tient à faire cette distinction, j'appellerais « faits de droit » les faits acquis et fixés par des expériences antérieures : ils entreraient ensuite comme éléments essentiels dans les raisonnements qui fondent la loi positive. Dès lors, le conflit moral n'est plus la lutte mystérieuse d'un ordre divin contre l'ordre humain ; il signifie simplement que la transformation nécessaire des sociétés ne s'accomplit point sans des ruines et des résistances. Certains faits, qui étaient des droits, ont disparu dans la suite rapide de l'histoire ; mais leurs possesseurs les ont défendus avec opiniâtreté. Telles les révolutions qui introduisirent l'élément démocratique dans le gouvernement des cités anciennes menaçaient des prérogatives que l'aristocratie entendait conserver. Le *Coriolan* de Shakspeare est un modèle de l'orgueil patricien méprisant les institutions nouvelles qui portent atteinte à ses privilèges, détestant l'arrogance des tribuns et repoussant les exigences de la classe inférieure. Dans ces luttes douloureuses, quelque chose néanmoins se fonde et demeurera. Depuis Antigone jusqu'à Egmont et à Orange, les héros protestent au nom d'un droit contre l'arbitraire du pouvoir,et ils nous laissent le grand principe de la liberté de conscience. Ces droits qui demeurent, ces principes, forment comme l'axe autour duquel s'accroît une société ; mais ce travail continu d'accroissement est à la fois modificateur, et il existe toujours dans les sociétés, si l'on me permet cette figure, une zone d'indétermination, enveloppant leur noyau solide, qui est celle des faits discutés et des conflits moraux.

Dans les conflits politiques, l'homme cependant agit d'ordinaire avec pleine certitude : Lantenac est royaliste quand même, et Cimourdain ne doute pas un moment de la justice de la Révolution. Toute cause a ses martyrs, également convaincus. Un mauvais régime social peut subsister, lorsque les vices n'en ont pas blessé encore notre sensibilité ni notre raison. Il suffit enfin, pour qu'une démonstration oblige, qu'elle passe pour certaine.

Les conflits, on vient de le voir par des exemples, se produisent le plus souvent sous leur forme tragique dans les cas où les émotions sympathiques de l'homme le poussent à se révolter contre la loi sociale ou religieuse, contre les besoins d'utilité générale et de conservation commune. Tel est le cas du héros de *Quatre-vingt-treize* [1]. Si les sociétés vivent, en effet, sous la condition de la sympathie et de la justice, elles ne réalisent pas spontanément le règne de l'équité et de la bonté, elles n'en donnent qu'une approximation grossière, et il arrive que le salut de l'Etat, que les besoins de l'or-

[1] On pourrait dire, si l'on cherche avec Guyau dans le « risque métaphysique » le dernier équivalent possible de l'obligation morale, que le poète a fait ici courir à Gauvain le risque de sa propre doctrine.

ganisme social, qui est l'ébauche possible de ce règne idéal, contredisent des sentiments naturels.

Quelle conduite différente ont ces deux pères ! Le vieil *Horace* de Corneille ne pleure pas sa fille ; il plaint son fils d'avoir souillé sa main victorieuse en frappant l'indigne amante de Curiace. Le *Venceslas* de Rotrou, obligé, comme roi, à condamner son fils Ladislas, dépose la couronne pour avoir le droit, comme père, d'épargner sa vie. Un poète tchèque moderne, Victorien Hálek, a mis sur la scène le tsar Pierre laissant frapper son fils Alexis. Il s'écrie, accablé de douleur à la vue du cher enfant mort : « C'est à toi, Russie, que ton empereur apporte ce sacrifice [1]. »

L'homme est toujours de chair, en dépit de la règle sociale. Le milieu ne le modifie jamais au point de changer le vrai fond de sa nature. Ses émotions tendent constamment à s'harmoniser sous une nouvelle forme; le droit s'oriente vers un état irréalisable où elles seraient enfin conciliées. Les conflits tragiques signifient donc les révolutions morales de l'histoire ; ils ont pour conséquence d'agrandir l'horizon des sociétés humaines, d'élargir le droit, et ils aboutissent à fixer une certaine organisation durable dans le flux continuel des événements.

« Qui m'a forgé un cœur d'homme ? répond à Mercure le *Prométhée* de Goethe. N'est-ce pas le temps tout-puissant et le destin éternel, mes maîtres et les tiens ? »

La révolte habite ce cœur de l'homme, que le temps et le destin ont pétri. Révolte contre les nécessités sociales ; révolte aussi contre la nature. La guerre des nations nous offre le spectacle du droit humain en défense con-

[1] La tragédie de Halek (1860) m'est signalée par M. Julius Paulus, professeur à Itchin.

tre un appétit brutal et sourd, et la lutte des intérêts devient alors le conflit dernier du droit et de la force.

Cette lutte pour la vie emplit les chants épiques où nous voyons l'Hellène batailler contre l'Asiatique, l'Aryen contre le Sémite, et la Croix contre l'Islam. L'incessante bataille des peuples n'est autre chose que ce dernier conflit. Des hommes formés par une haute culture ont pu jeter au monde l'affirmation d'un principe de justice et d'amour, sur lequel ils prétendaient le régler. Malheureusement nous ne démêlons pas bien comment l'action humaine détermine l'histoire humaine. La survie des plus forts a été sans doute une condition du progrès. La poussée des instincts conservateurs demeure la plus énergique entre les races, et la violence déchire trop souvent le droit, cette enveloppe protectrice des individus. Les poètes de grande marque n'ont pas cessé d'exalter la valeur physique et la vertu morale. Il semble qu'une nation n'ait plus raison d'exister, dès quelle n'a plus la vigueur de résister. Faibles du moins sont les peuples qui se reposent dans la chimère d'un règne de la paix, et qui comptent sur ce qu'ils nomment leur droit pour vaincre effectivement la force !

Sully Prud'homme a écrit, dans son poème de *la Justice*, ces beaux vers :

> Mais l'homme est obligé de s'inventer des lois.
> Artisan douloureux de sa propre excellence,
> Pour fonder la justice il éprouve les poids
> Et semble en tâtonnant affoler la balance.

C'est là le point de l'évolution morale. Nulle doctrine ne peut épargner à la conscience les angoisses qui la font grandir. Révérons la loi, mais pour d'autres motifs que les anciens ; donnons carrière à notre jugement, mais sans élever une contradiction absolue du droit contre la loi. La conscience n'est pas si divine, ni si instable [1].

[1] Les Grecs étaient plutôt hostiles aux entreprises du jugement individuel contre l'autorité sacrée de la loi. Au contraire, la métaphysique spiritualiste a accordé volontiers la préférence au jugement individuel (J.-J. Rousseau, George Sand, Hugo). — A Athènes, vu le petit nombre des lois, le juge pourtant décidait à l'ordinaire par l'équité. Aristote conseille de ne pas s'en tenir rigoureusement aux lois écrites, car elles peuvent sembler le droit et ne pas l'être. Il veut que l'orateur fasse valoir « que le juge, comme celui qui vérifie le titre de l'argent, doit distinguer ce qui est droit et vrai de ce qui n'en a que l'apparence. — *Rhét.* liv. I, ch. xv. » — Une étude du professeur W. Jerusalem sur la vérité et le mensonge (*Gedanken und Denken*, Wien. Braumüller, 1905) appelle mon attention sur un genre de conflits que je me reproche d'avoir négligés et dont le *Philoctète* de Sophocle nous offre le plus ancien exemple. De ces conflits aux figures variées, Jerusalem cite divers exemples nouveaux, *L'ennemi du peuple* de Ibsen, entre autres. Il y aurait beaucoup à dire sur ce sujet ; force m'est de me borner à cette indication. (Note de la 3e édition.)

CHAPITRE V

LA SANCTION ET LE REMORDS

Condition organique. — Premier élément du remords : déception, regret d'un faux calcul (un voleur du *Miracle de Saint Nicolas ;* Clytemnestre, Ganelon, Iago, Narcisse, Cléopâtre de *Rodogune*). — Deuxième élément du remords : trouble organique, désordre mental (Oreste, *Macbeth*, *Richard III*, Doña Lambra dans *Mudarra le Bâtard* de *Lope de Vega*, *Boris Godounof* de Pouchkine ; une scène de *Faust*). — Élément supérieur et essentiel du remords : sentiment pénible d'un désaccord avec soi-même. — Aucun exemple de suicide par le remords abstrait (*Phèdre* d'Euripide, de Sénèque, de Garnier, de Racine ; le Judas du *grand Mystère breton*). — Remords, aggravé (*Othello* et Orosmane) ; remords atténué (la *Princesse de Clèves*). — Efficacité de la peine à purger notre remords (l'*Heautontimorumenos* de Térence ; l'*Akim* de Tourguéneff). — Degrés de la conscience et du remords ; l'histoire de Caïn (le Caïn de la Genèse, celui du *Drame Anglo-normand* du XIIIe siècle, celui de Byron).

A mesure que les sociétés progressent, la personne devient plus indépendante. A la vérité, les lois qui régissent nos sociétés modernes sont extrêmement nombreuses ; mais il ne faudrait pas conclure de là à une moins grande liberté des individus. C'est au contraire que les relations de la vie sont devenues plus libres et infiniment diverses. Dans le théâtre antique, il est question à chaque instant d'oracles et de sentences divines, de prescriptions minutieuses, de contraintes légales qui tiennent l'homme en des limites étroites et sévèrement tracées. Dans le théâtre moderne, les personnages se meuvent à leur guise; la loi est située, en quelque sorte, plus loin d'eux ; ils ne sont justiciables que de l'opinion du monde, et surtout d'eux-mêmes.

Entrons donc dans les consciences, et regardons maintenant l'évolution morale sous cet aspect singulier du drame intérieur, qui en est la condition, on pourrait dire fatale et organique.

Une première forme du remords (je passe aussitôt à l'analyse du phénomène) est la déception de l'individu, lorsque, ayant préparé son forfait, et châtié à la fin par l'événement, il s'aperçoit qu'il a fait un mauvais raisonnement, un faux calcul. Les dégénérés de nos asiles qui sont atteints de la manie du vol en restent là; ils n'éprouvent pas le regret d'avoir fait tort à autrui, ils ne montrent que l'ennui de s'être fait arrêter; le vol n'est pas leur souci, mais le gendarme. Cette déception n'est donc pas encore, sans doute, le remords moral; elle est un des éléments qui y vont entrer.

Je trouve, dans le *Miracle de Saint Nicolas*[1], un voleur très sage, qui préfère restituer qu'être pendu :

Est meliùs hæc nobis reddere,
Quam sic vitam pendendo perdere.

C'est l'aspect comique d'un état de conscience représenté tragiquement par les Clytemnestre et les Iago.

La Clytemnestre d'Eschyle, voyant Egysthe frappé à mort, dit brièvement : « Nous avons tué par la ruse, nous périssons par la ruse. » Son Ombre n'est occupée que de poursuivre son fils; elle éveille les chiennes qui se sont endormies et ronflent affreusement sur le

[1] De Coussemaker, *Drames liturgiques du moyen âge*. Rennes, 1860.

théâtre. Ganelon n'a pas regret du trépas des douze pairs, et il ne songe qu'à se garantir [1]. Iago a sottement négligé un point et manqué son but. Blessé par le More, il se plaît encore à le railler : ainsi font les sauvages livrés au supplice par leurs vainqueurs.

OTHELLO

Je regarde ses pieds... mais c'est une fable. Si tu es un diable, je ne puis te tuer.

IAGO

Mon sang coule, monsieur, mais je ne suis pas tué.

Le Narcisse de Racine est également incapable de repentir. L'affreuse Cléopâtre de Corneille, dans *Rodogune*, ne regrette que d'avoir manqué son dernier crime.

Mais les circonstances d'un meurtre, par exemple, ont pu être telles qu'il en résulte un ébranlement de l'organisme, comme chez les *Macbeth*. C'est alors une seconde forme du remords, originale et saisissante, que Shakspeare a bien observée et décrite [2].

L'odeur du crime monte vite au cerveau de Macbeth. Etre roi, il n'y pensait pas d'abord. Mais les sorcières lui ont prédit trois choses, dont deux s'accomplissent à l'instant. Le roi Duncan l'a fait thane de Cawdor. Thane, — pourquoi pas roi ? Le voilà déjà qui cède à « une suggestion dont l'épouvantable image, dit-il, fait que mes cheveux se dressent et que mon cœur immobile

[1] De Bornier a édifié sa tragédie, *La Fille de Roland*, sur le remords de Ganelon. Son œuvre en a pris un ton moral qui n'est pas juste.

[2] En même temps que les Erynnies sont les gardiennes de la justice domestique, Eschyle a objectivé en elles le remords. « La terreur est un juge vigilant toujours attaché à la conscience », dit l'horrible chœur. L'hallucination d'Oreste dénote l'ébranlement de son cerveau.

se heurte contre mes côtes malgré les lois de la nature [1] ». Rien n'existe pour lui « que ce qui n'est pas ». Sa femme n'a plus à faire que d'aiguillonner sa vanité ambitieuse. Duncan le visite et vient offrir sa royale personne au couteau. « Qu'aucun retour compatissant de la nature, dit lady Macbeth, n'ébranle ma volonté farouche et ne mette le holà entre elle et l'exécution ! » Macbeth voudrait, lui, que tout fût fini ici-bas, et il se jetterait alors « tête baissée dans la vie à venir ». Mais ces actes « ont ici-bas leur punition ». La justice présente la coupe empoisonnée par nous à nos propres lèvres. Ce Duncan a été si bon, — que ses vertus viendraient, comme des anges, la trompette à la bouche, dénoncer le crime damné qni l'aurait fait disparaître ; la pitié soufflerait l'horrible action dans les yeux de tous. Son ambition prend trop d'élan et ne peut s'asseoir en selle. Le crime ne l'effraye pas tant que la publicité du crime. Que lady Macbeth trouve le moyen de couvrir la chose, et il tendra tous les ressorts de son être vers cet acte terrible.

Et maintenant, il tient le poignard, non pas un poignard imaginaire ; il le touche, il lui semble voir dessus des gouttes de sang qui n'y étaient pas tout à l'heure... En avant ! que la terre n'entende point ses pas ! les mots jettent un souffle trop froid sur le feu de l'action.

La première frayeur de Macbeth, après le crime, est que quelqu'un ait passé, ait parlé. Il s'inquiète de n'avoir pu prononcer *amen*, quand les officiers qu'il égorgeait pour arriver à Duncan ont dit, en se réveillant à demi, — *Dieu vous bénisse !* Il lui semble entendre une voix

[1] Traduction F. V. Hugo.

crier : Macbeth a tué le sommeil, le sommeil innocent, Macbeth ne dormira plus ! Et pourtant il veut bénéficier du meurtre, il tue Banquo ; il veut éteindre cette race de Banquo, à laquelle les sorcières ont promis le trône. Il luttera jusqu'au bout, et il mourra « le harnais sur le dos ».

« La plupart des critiques, écrit Onimus [1], me semblent s'être trompés en prêtant à Macbeth, après le meurtre du roi, des sentiments de remords. Au contraire, il désire uniquement profiter de son crime ; il s'en applaudirait presque, s'il se croyait assuré de conserver la couronne. Plus de sentiments humains dans son cœur, sa conscience est morte ; ce n'est plus l'horreur de son meurtre qui pourra ébranler son cerveau et amener une hallucination, c'est l'insuffisance du crime. Dès qu'il apprend que le fils de Banquo a échappé aux meurtriers, son esprit se trouble et le délire des sens apparaît. » La première vision qu'il ait eue, ajoute Onimus, est parfaitement reconnue et analysée par lui, tandis que plus tard il ne saura plus reconnaître son erreur au moment même où se produit l'hallucination. S'il a réussi à étouffer la voix de sa conscience, « il ne peut se soustraire aux tempêtes de l'âme, aux tortures morales qu'amènent les troubles des sens et de l'intelligence ».

Macbeth n'est pas d'une seule pièce [2] ; un criminel de sang-froid n'aurait aucune hallucination. Lady Macbeth, en revanche, a une rare puissance de volonté. Aussi

[1] *Article cité* à la page 41.

[2] Taine (*ouvrage cité*) lui reconnaît une certaine poésie qui indique un cœur généreux et capable de remords. « Connaître mon action, dit Macbeth, il vaudrait mieux ne pas me connaître moi-même. — To know my deed, — 't were best not know myself. »

On trouvera, au chap. IX, une étude nouvelle sur *Macbeth*, faite spécialement au point de vue de la pathologie.

n'est-ce qu'aux heures du sommeil, quand sa volonté est absente, que ses sens prennent le dessus. « Comme chez son mari, ce n'est pas le remords personnel et conscient qui agite lady Macbeth, c'est pour ainsi dire le remords fatal et organique... A défaut de conscience, l'ordre naturel des événements et les seules lois de l'organisme vont amener forcément leur châtiment... Chez l'un c'est la fièvre du cerveau, chez l'autre l'action passive et lente des actes réflexes cérébraux. »

Richard III est un pire criminel que Macbeth : sa langue morale est plus savante pourtant. « O lâche conscience, comme tu me tourmentes ! » s'écrie Richard s'éveillant du songe où les spectres de ses victimes lui sont apparus pour lui souffler le désespoir. — Ma conscience a mille langues, dit-il, et chaque langue raconte une histoire qui me condamne. Parjure, meurtrier, coupable ! Pas une créature ne m'aime ! et si je meurs, pas une âme n'aura de pitié pour moi ! Et pourquoi en aurait-on, puisque moi-même je ne trouve pas en moi-même de pitié pour moi-même ? — Il se cabre jusqu'à la fin : « Que le bégaiement de nos songes n'effraie point nos âmes ! La conscience n'est qu'un mot à l'usage des lâches, inventé tout d'abord pour tenir les forts en respect. Ayons nos bras forts pour conscience, nos épées pour loi[1]. » La vision du tourment éternel passe devant lui : la vieille reine Marguerite le dévoue à l'enfer et appelle le démon. Dans *Macbeth*, il n'est question que du mal terrestre. La conscience de Macbeth est moins riche, son crime moins étudié. Il est superstitieux : le mot *amen* a expiré dans sa gorge ! S'il hésite, c'est que la bonté de Duncan

[1] Traduction F. V. Hugo.

déroute la logique de son ambition. Quant à lady Macbeth, elle eût fait la chose elle-même, si le roi dans son sommeil n'eût ressemblé à son père ; rien ne la gêne, que la pitié bestiale, le cri des entrailles, « le lait de la tendresse humaine ».

Dans *Mudarra le Bâtard*, Lope de Vega a esquissé une lady Macbeth sous la figure de doña Lambra. Cette cruelle femme a poussé son mari, Ruy Velasquez, à livrer ses neveux, les infants de Lara, au More. Maintenant, après de longs ans passés, elle insulte encore au père de ses victimes, et chaque jour, avant le lever du soleil, elle frappe sa fenêtre de sept pierres, qui racontent au vieillard le meurtre de ses sept enfants. Ruy est agité, au contraire, comme Macbeth : « J'ai passé tous ces jours-ci à imaginer, à rêver. J'ai là présente devant moi la mort de mes neveux, je vois leurs débris sans sépulture, et cette idée mêle en moi la crainte au remords. A peine suis-je seul, que leurs ombres, comme si elles étaient rendues à la vie, m'apparaissent et m'entourent. Je vais, je viens pour leur échapper... Que me voulez-vous, imaginations vaines ? Pourquoi, mon âme, me suggérer des images si funèbres ? — Troisième journée. Scène VII. »

Dans le drame de Pouchkine [1], *Boris Godounof* a fait tuer le tzaréwitch, fils d'Ivan le Terrible. Boris est devenu maître, mais « le reproche sonne à l'oreille comme un marteau ; l'on a mal au cœur, la tête tourne, et de petits garçons sanglants vous dansent devant les yeux. — Depuis treize ans, je vois en songe un enfant assassiné !... Oui, c'est décidé, je ne mourrai pas de crainte... Oh ! que tu es lourd à porter, bonnet de Monomaque ».

[1] *Poèmes dramatiques*, traduction Tourguéneff et Viardot.

De tels désordres cérébraux supposent une lutte intérieure, et ils ne se produiront pas, du moins au même degré, chez certains individus confinant à la classe indécise des « criminels-nés » de l'école italienne. Le remords organique enferme une qualité morale ; seulement, la terreur en est l'élément dominant, le caractère qui efface les autres. Il faut d'ailleurs, pour faire criminels les individus qui ont reçu une éducation morale, qu'un vent furieux ait soufflé sur eux et emporté leur volonté dans son tourbillon. Aussitôt l'acte accompli, les motifs qui avaient été écartés reparaissent et reprennent le dessus : la conscience parle en « créancier brutal », comme dit Pouchkine[1], et l'être moral se retrouve désaccordé en quelque sorte.

Une scène très curieuse du *Faust* est celle de *la cathédrale*, indiquée d'un trait par Goethe. Au lieu que ce soit une voix sainte qui parle à la conscience de Marguerite, c'est « l'Esprit malin » qui lui commente le chant lugubre du *Dies iræ*, et qui est la figure de son remords. L'effet tragique de cette scène est d'accord avec la philosophie de la pauvre pécheresse. Sa conscience parle à la simple Gretchen la langue du confesseur : le péché, c'est la damnation. La terreur qui envahit tout son être et la fait tomber à genoux, évanouie et demi-morte, ne lui vient pas des circonstances du péché même. Hélas ! la faute était si charmante ! mais le péché a livré son âme au diable. Il est là qui l'attend ; il se réjouit de ce péché qui lui profite. Etrange conception religieuse, où le dieu de l'enfer guette les coupables et fait son bien du mal des hommes ! Puis on retrouve Gretchen gisante dans la prison, sous

[1] *Le Baron avare* (même volume).

la main du bourreau, et quasi folle. Elle a noyé son enfant; à peine si elle s'en souvient : elle avait peur du monde et des quolibets des jeunes filles à la fontaine; elle n'a pas su ce qu'elle faisait. Elle s'abandonnerait encore à son Henri, au bien-aimé, qui vient la chercher dans sa prison et l'arracher à la justice; mais quand Méphistophélès entre pour presser Faust et l'avertir que l'aurore blanchit déjà, sa conscience revient à Marguerite, l'horreur d'elle-même et la frayeur de l'enfer. Elle est sauvée[1] !

Si l'élément essentiel du remords est le sentiment douloureux d'une déchéance et d'une rupture avec soi-même, ce sentiment moral est toujours mêlé, soit à quelque trouble du cerveau, soit à une dépression des forces corporelles qui est la conséquence de la faute, soit à la crainte des lois ou de l'opinion, soit à une terreur religieuse. On se rappelle cette supérieure de couvent, dans *la Religieuse* de Diderot, qui commence sa confession en ces termes : « Mon père, je suis damnée !... », et devient folle. Je ne vois pas d'exemple, au théâtre, du remords moral abstrait; je n'y vois pas d'exemple, non plus, d'un suicide qui puisse être imputé uniquement à la douleur morale de la faute.

La Phèdre d'Euripide ne se tue point pour le remords, bien que consciente et responsable. Vénus, il est vrai, a allumé dans son cœur une passion violente pour Hippolyte, afin de perdre ce jeune homme cher à Diane; néanmoins Phèdre se sait coupable, et Vénus irrésistible, dans la langue d'Euripide, c'est l'amour. Phèdre

[1] Zola a tenté aussi de peindre, dans son drame de *Thérèse Raquin*, les troubles nerveux qui sont l'aspect tragique du remords. — Erckmann-Chatrian l'avaient fait dans le *Juif polonais*. — Citons enfin Dostoïevsky.

se connaît et s'analyse : « Je connaissais l'infamie de ma passion... Ce qui me décide à mourir, chères amies, c'est la crainte de déshonorer mon époux et les enfants que j'ai mis au monde... Un homme, fût-il né plein d'audace, n'est plus qu'un esclave, dès qu'il a conscience des opprobres de sa mère ou de son père. Il n'est qu'un bien, dit-on, aussi précieux que la vie, c'est une âme juste et droite. Le temps dévoile, à son heure, la méchanceté des mortels, comme le miroir reproduit les traits de la jeune vierge : puissé-je n'être jamais comptée au nombre des méchants !... » Dans le long morceau d'où j'extrais ce passage, Euripide parle et fait sa harangue : mais le poète ramène bientôt la vraie Phèdre, celle qui voudrait jouir de son amour incestueux, qui se tue faute de pouvoir le satisfaire, et attache à son cou, au moment de se pendre, les fatales tablettes qui dénoncent Hippolyte! Elle ne se tue point pour le remords et pour l'exemple, cette femme qui commet en mourant le pire des crimes, celui d'accuser un innocent. Elle veut que le farouche Hippolyte « ait sa part du mal qui la tue ». Au trouble de sa conscience est mêlé le désespoir de la passion, et la peur d'être dénoncée à son époux.

La Phèdre de Sénèque ne parle pas de ses remords, et dit un mot assez déplacé : « Nos âmes n'ont pu être unies sur la terre ; la mort du moins nous réunira [1]. » A mesure qu'on s'éloigne du monde ancien, où la fonction sainte de l'amour était de perpétuer la famille, l'amour affecte des allures indépendantes et se donne volontiers le plaisir pour fin. La Phèdre de Robert Garnier [2] (traduite de Sénèque avec une pointe d'accent

[1] Non licuit animos jungere ; at certè licet
Junxisse fata. 1183-84

[2] 1545-1601.

nouveau) plaide la liberté des amours : elle se révolte contre le joug légal, que les bêtes ne connaissent pas :

> Et n'est-ce pas pitié, qu'il faille que l'on aime
> A l'appétit d'un autre et non pas de soi-même ?

Racine, quoiqu'il ait donné à l'héroïne antique un sens moral plus délicat, ne l'immole point au remords abstrait. Sa Phèdre se donne la mort quand elle découvre qu'Hippolyte aime Aricie, et pour se soustraire aux tourments de la jalousie autant qu'à la morsure de sa conscience.

> . . . . Ah ! douleur non encore éprouvée !
> Tout ce que j'ai souffert, mes craintes, mes transports,
> La fureur de mes feux, l'horreur de mes remords,
> Et d'un cruel refus l'insupportable injure,
> N'était qu'un faible essai des tourments que j'endure !
> Ils s'aiment !... (Acte IV, scène VI.)

Le fer l'aurait délivrée et aurait tranché sa vie d'un coup. Elle a choisi la mort plus lente du poison, pour avoir le temps, au contraire de la Phèdre d'Euripide, de justifier Hippolyte et de confesser son crime. Il semble que sa jouissance dernière soit de parler de cette coupable ardeur ! Euripide écrivait la tragédie d'*Hippolyte* et ne s'apitoyait pas sur Phèdre ; Racine écrivait la tragédie de *Phèdre*, et il voulait rendre cette femme incestueuse digne de pitié. De là, la différence des deux actions. Mais la nature du remords a été comprise de la même manière, on le voit, par l'un et par l'autre poète.

Matthieu[1] est le seul des quatre évangélistes qui parle du suicide de Judas Iscariote et donne ainsi toute son importance à cet épisode du drame de Jésus. — « Alors Judas, qui l'avait trahi, voyant qu'il était con-

[1] *Matthieu*, XXVI et XXVII.

damné, se repentit et reporta les trente pièces d'argent aux principaux sacrificateurs et aux sénateurs, — disant : j'ai péché en trahissant le sang innocent. Mais ils dirent : que nous importe ? tu y pourvoieras. — Alors, après avoir jeté les pièces d'argent dans le temple, il se retira, et s'en alla, et s'étrangla. » On pourrait se figurer, sur cette donnée, un Judas repentant, et s'étranglant par horreur de son crime : la cupidité l'aurait aveuglé, et il se meurtrirait ensuite aux pointes de son remords. Mais sa trahison ne serait alors pas beaucoup pire que la lâcheté de Pierre reniant trois fois son maître ; il se laverait par la mort, et ne mériterait pas l'éternelle exécration de la postérité. Le véritable Judas est celui qui a les doigts trop longs et dont le baiser tue ; sa conscience est obscure ; son remords est fait du mépris de tous, de la peur du châtiment, et de la crainte superstitieuse du maître, qui est peut-être vraiment fils de Dieu ! Il se sent perdu, il jette les deniers du sang derrière lui, avec le regret de n'en pas jouir, et il se va pendre par lâcheté, en blasphémant. Tel est le Judas des *Mystères*, celui que le peuple a compris et qu'il a créé de moitié.

Cet épisode de Judas est traité explicitement dans le *grand Mystère* breton [1]. La première scène est chez Simon le lépreux. Marie-Madeleine verse des parfums sur le corps de Jésus. A cette occasion, le démon tente Judas : « Ecoute, Judas, qu'est-ce qui vient d'arriver ? Quelle prodigalité sans utilité ni besoin, de perdre un parfum agréable et précieux dont tu aurais pu avoir pour ton profit trente deniers en bel argent ? » Le cupide majordome en est d'avis : on eût vendu ces parfums

[1] Hersart de la Villemarqué, *Le grand Mystère de Jésus*. Paris 1866.

pour en donner le prix aux pauvres honteux ! Il veut être pendu s'il ne se rattrape largement. Il va trouver Anne et Caïphe, qui sont à délibérer au sujet de Jésus, et il le leur vend à prix comptant. « Je le leur livrerai sans délai, dit-il, en peu de temps, avec plaisir, quand je devrais mourir à la peine. » Cette scène (sc. II) est rapide et sinistre. Judas y mérite bien les qualifications que lui inflige le *témoin* chargé du récitatif ou sommaire de chaque scène, de — fourbe au premier chef, faux marchand à froid, avare, meurtrier fieffé. A la Pâque (sc. III), Jésus lui donne du pain, et le renvoie. Judas se trouble ; le démon l'affermit dans le mal : « Judas, tiens bon contre ton cœur... Personne ne t'estimera, si tu montres tant d'hésitation ; après avoir reçu leur argent, ce serait fort mal. »

Après qu'il a consommé son crime, nous le retrouvons (sc. VII) se lamentant et criant : malheur ! malheur ! Il est en proie à une folie furieuse, dit le témoin. Il maudit cet argent qui a allumé ses désirs. Il n'en pourra pas jouir : il a mal compté. Il a vendu le sang d'un Dieu ! Ah ! si Jésus lui pouvait pardonner, comme à Madeleine ! Il se repentirait ; mais sa destinée n'était-elle point d'être damné ? Le démon appelle une *Furie* pour le tourmenter. Pareille à l'antique Erynnis, elle accourt vers le coupable : « Tranchantes et aiguës sont mes dents. D'abord je vais répandre la terreur sur ses pas, puis je serrerai autour de son cou, à l'étouffer, le lien auquel il doit se pendre. » Elle l'aborde, et l'avertit qu'il ne doit espérer aucun pardon. Judas se récrie : n'a-t-il pas rendu l'argent ? Il s'indigne contre Dieu, qui l'a pétri de mauvaise matière. La Furie lui réplique qu'il l'entend mal, et qu'il avait sa raison pour vaincre ses mauvais penchants : il est vraiment coupable. Donc, plus de pardon ! gémit le malheureux. — « Tue-toi raide. » Il appelle Satan ; il lui lègue son corps et son âme, et prononce sur lui-même l'éternelle damnation. Il blasphème à pleine bouche. La Furie, le baisant, achève de l'étrangler.

Ainsi l'auteur du *Mystère* a compris le texte de Matthieu. Son Judas est un vicieux, dont le remords n'est pas celui du juste repentant. Il a peur ! Cette furie attachée à ses pas, c'est son hallucination et son vertige. Il ne fait le brave contre l'Enfer que pour se délivrer de l'épouvante qu'il en a . Dans les *Dialogues de la Passion*, qui font suite au *Mystère* (IIIe Partie), la scène troisième, *L'arbre de Judas*, est comme une contre-épreuve des scènes de la première partie. « Quand il vit son maître portant la croix, dit le récitatif, Judas prit la fuite. » C'est son ange gardien, cette fois, qui l'arrête et l'exhorte à demander son pardon à Dieu : « Il ne créa aucun homme pour le perdre, pas plus le sage que le fou. » Trop grand est le crime de Judas ; il se sent marqué (son libre arbître que l'ange invoque pour le rassurer, le démon le prouvait pour le désespérer). Il se va pendre à la plus haute branche du sureau qu'il aperçoit là-bas ; il est brouillé, il voit — les bourreaux tout prêts qui vont jouer leur rôle de chiens furieux pour l'enlever du monde. Il blasphème encore.

Les sentiments associés au remords l'aggravent ou l'atténuent, ils le font persister ou le réveillent. Le remords d'Othello est rendu plus insupportable par le désespoir de l'amour. Orosmane, qui ne sait pas trouver les sanglots du More, regrette son désir, quand il se poignarde sur le corps de Zaïre :

> Dis que je l'adorais et que je l'ai vengée.

La vertueuse et charmante *Princesse de Clèves* nous montre, à l'inverse [1], le remords atténué, non pas de la faute, car l'héroïne se sait incapable de pécher, mais du sentiment tendre qui mène à la faute. « Ce lui était une grande douleur, nous dit Mme de la Fayette, de voir qu'elle n'était plus maîtresse de cacher ses sentiments, et de les avoir laissés paraître au chevalier de Guise. Elle en avait aussi beaucoup que M. de Nemours les connût, mais cette dernière douleur n'était pas si entière, et elle était mêlée de quelque sorte de douceur. »

Le reproche d'une faute qui n'a pas eu de témoins est plus durable, lorsque les effets en continuent à peser sur nous. La douleur du fils pourra rappeler à une mère coupable la honte de l'adultère oublié [2]. La comédie et le roman excellent à peindre ces nuances délicates, qui disparaissent dans le milieu violent de la tragédie.

Le Ménédème de Térence, dans l'*Heautontimorumenos*, s'accuse d'avoir traité son fils avec trop de sévérité ; il se châtie lui-même, et s'impose des privations qui le consolent. « J'ai pensé, Chrémès, que mes torts envers mon fils seraient un peu moins grands, si je me condamnais à souffrir [3]. » Exemple de la vertu singulière que nous attribuons à la peine, au châtiment, de purger notre remords.

Le joueur qui, fatigué d'insomnie, s'en vient le matin avouer à son partenaire qu'il a triché la veille au jeu,

[1] Le *Ladislas Bolski*, de Cherbuliez, a manqué à son devoir de Polonais, pour l'amour d'une femme ; sa faute, et le remords qu'il en montre, le diminuent aux yeux de cette femme hautaine, qui lui inflige la plus cruelle injure ; il devient fou, et la folie lui est un bienfait, parce qu'elle l'empêche de penser.

[2] Dans *Pierre et Jean*, de Guy de Maupassant, la mère n'a pas de remords de s'être donnée autrefois à l'homme qu'elle aimait ; c'est la honte d'avoir été devinée par son fils aîné, c'est la douleur de ce fils, qui la châtient de la faute ancienne.

[3] Decrevi, tantisper me minus injuriæ,
Chreme, meo gnato facere, dum fiam miser.

en réalité se pardonne à soi-même. L'homme qui va se livrer à la justice, ayant failli, recouvre la paix de sa conscience ; il fait réparation, de sa personne, à la société. Si le caissier infidèle a restitué l'argent soustrait, il n'a fait que réparer le dommage, et la faute n'en reste pas moins commise ; elle lui devient pourtant plus légère. Le prêtre qui reçoit la confession d'un péché grave en décharge certainement l'âme du pénitent. La notion logique, qui est le fond de l'idée de justice, exige une équivalence, une satisfaction, soit matérielle, soit morale, et le remords s'efface à mesure qu'on juge l'avoir réalisée.

Le doux paysan Akim, dans une nouvelle de Tourguéneff[1], expulsé de son auberge par un intrigant qui a suborné sa femme, a tenté de mettre le feu à la maison. Il est pris, et relâché. Sa torture de la nuit a bien suffi. « Et cependant, vers le matin, il sentit comme un soulagement. « Tout est perdu, se dit-il, le vent a tout emporté ; » et mentalement il fit l'abandon de lui-même. L'action criminelle qu'il avait tentée avait ébranlé son âme jusque dans ses dernières profondeurs, et l'insuccès ne lui avait laissé, au lieu de dépit, qu'une grande fatigue et un profond dégoût. Il arracha son cœur à tout regret terrestre, et se mit à prier amèrement, mais avec ferveur. D'abord il avait prié à voix basse ; mais il lui était arrivé de dire tout haut : « O mon Sauveur ! » et les larmes avaient coulé. Il pleura longtemps, et finit par se calmer. Ses sentiments auraient changé sans doute, s'il eût été puni pour la tentative avortée, car il était précisément sur la limite fatale entre la résignation et le désespoir ; mais tout à coup on lui rendait la liberté,

[1] *L'Auberge du grand chemin*, in *Scènes de la vie russe*, IIe série, trad. Viardot. Paris, Hachette, 1858.

et il s'en allait, prêt à revoir sa femme, à demi-mort, mais tranquille. »

L'histoire de Caïn, telle qu'un philosophe la pourrait imaginer, nous ferait repasser par tous les degrés de la moralité humaine. Elle nous mènerait du Caïn primitif et farouche, horrible à voir, chassé de sa tribu avec les fils et les filles de son sang, à peu près comme le peintre Cormon l'a représenté [1], au Caïn moderne de la *Légende des siècles*, qui se fait murer vainement jusque dans la tombe pour échapper à l'œil de la conscience toujours ouvert sur lui. Voici deux drames qui sont deux moments, si l'on veut, de cette histoire.

Le drame anglo-normand du XIIe siècle [2] n'a pas donné de remords à Caïn, afin de le châtier sans regret. Il en a fait la mauvaise conscience, en le dégageant du symbolisme qui enveloppe celui de la Genèse. Abel y paraît en robe blanche, et Caïn en robe rouge. Abel entretient doucement son frère, il l'engage à offrir à Dieu les prémices de ses récoltes. Caïn lui répond qu'il sait bien sermonner ; mais il ne lui plaît pas de donner sa dîme :

Par mon mesfait ne serras-tu dampné.

Abel insiste ; il offrira, lui, au Seigneur, son plus bel agneau. Soit, dit l'autre, et moi de mon blé, — non pas du meilleur : j'en ferai du pain ce soir.

ABEL

. . . Jo un aignel,
Tuit le meillor e le plus bel.
Tu, que offriras ?

[1] Une peinture vigoureuse, saisissante, au musée du Luxembourg.

[2] Publié par Luzarche : *Adam*, drame anglo-normand du XIIe siècle. Tours, 1854. — Il a été donné une nouvelle édition, plus correcte, de ce drame.

CHAIM

Jo de mon blé,
Itel cum Dex le m'a donné.

ABEL

Iert le meillor ?

CHAIM

Nenil, por voir.
De cel frai-jo pain al soir.

Une pareille offrande n'est pas acceptable, dit Abel. — Chacun a sa façon, réplique Caïn. Ils déposent leurs dons sur une pierre. Dieu méprise ceux de Caïn. Alors ce frère jaloux jette un regard oblique sur le pieux Abel, il l'entraîne dans un lieu écarté, et lui reproche (ce dialogue est serré et brutal) la perfidie avec laquelle il détourne à son profit les faveurs célestes. Abel l'exhorte encore, le supplie. Tu as trop parlé, tu mourras, interrompt le méchant, et il le frappe. Aussitôt apparaît *La Figure*, c'est-à-dire Dieu, qui adresse au meurtrier la terrible question : Où est ton frère ? Avec quelle impertinence répond Caïn :

Que sais-jo, sire, où est alez,
S'est à maison ou à ses blez.
Jo pourquoi le dei trover ?
Jà ne l' devoie-jo pas garder ?

Ce que tu as fait, je le sais, dit la Figure. Elle prononce sur lui le châtiment. Les démons arrivent et le chassent.

Byron, au contraire, a tiré des versets bibliques le drame manichéen qui y est contenu, opposant le bien et le mal, Dieu et Lucifer, dont les domaines sont éternels et indépendants. Toutefois son Caïn n'est pas la personnification naïve que nous venons de voir de la mauvaise conscience, et il n'est pas non plus le meurtre, le crime fatal. Byron a introduit dans l'antique drame un nouveau symbolisme. Il a voulu peindre dans Caïn l'humaine curiosité de savoir, l'ambition de la raison qui s'élance hors de la sphère des choses connaissables et s'en retourne, toute troublée, de son voyage dans le monde du possible. C'est pourquoi son Caïn est supérieur au pieux Abel ; il est jaloux aussi, mais jaloux de Dieu, plutôt que de son timide serviteur, et il frappe son frère dans un mouvement de colère contre l'Eternel. Lorsque Abel tombe en lui disant : frère ! Caïn voit l'énormité de son acte, il revient à la vérité des sentiments humains, et il pleure sur ce corps inanimé. Zillah, accourue au bruit de la dispute, appelle leurs parents ; ce cri funeste retentit pour la première fois : la mort est dans le monde !

Death is in the world !

Eve maudit Caïn. L'ange apparaît et le condamne. Il voudrait racheter son crime : que l'ange rappelle Abel à la lumière, et qu'il meure, lui ! Ainsi tout serait bien. Hélas ! ce qui est fait est fait. Va, misérable, et remplis tes jours ! La douce Adah, sa sœur et femme, s'exile avec lui sur la vaste terre, où il errera désormais, portant le poids de la colère divine et de son remords.

La loi sociale, pourrais-je conclure, trouve d'abord sa garantie dans les faits extérieurs, dans les peines positives, et ensuite dans ce qu'on appelle la conscience morale. Cette sanction intime n'est rien de mystérieux, et j'en ai montré les éléments. Elle s'exerce d'une manière invincible, parce qu'elle repose sur un large fond d'associations inconscientes. Notre raison n'est pas plus maîtresse de refuser une vérité de l'ordre moral, qu'une vérité de l'ordre physique. Le devoir s'établit, se consolide, par des expériences et des habitudes, et, dès que nous le « sentons », notre volonté y incline d'elle-même.

Les troubles organiques du remords indiquent visiblement la rupture d'un état d'intégrité, ou d'équilibre, qui est le bien pour l'individu. De ce bien de la personne, la vertu paraît être le moyen. L'habitude de la vertu est la plus favorable à l'harmonie des fonctions personnelles : elle entraîne la moindre perte d'énergie. Nos qualités morales, disait Aristote, proviennent de la répétition fréquente des mêmes actes, qui les rend plus faciles. « On doit poser en principe, ajoutait-il [1], que la vertu est ce qui nous dispose à l'égard des peines et des plaisirs de telle façon que notre conduite soit la meilleure possible ; le vice est précisément le contraire. »

Cette « meilleure conduite » répondrait donc à une connivence spontanée de notre raison avec notre volonté, à un accord de notre sensibilité avec nos jugements : on sait quel rêve Spencer a bâti là-dessus touchant les destinées futures de notre espèce ! La vertu serait enfin plus facile que le vice, étant devenue plus naturelle. Cela donnerait à la sanction intérieure son solide fondement, et la conscience resterait ce qu'elle est vraiment, je veux dire la gardienne du progrès moral, à mesure qu'il se réalise dans la vie des sociétés humaines.

[1] *Morale à Nicomaque*, liv. II, ch. III. Trad. Barth. Saint-Hilaire.

CHAPITRE VI

LE DRAME JUSTICIER

La moralité de la fable, au point de vue historique. L'épopée, la tragédie et la comédie grecque ; la position d'Euripide. Le théâtre latin. — L'Orient ; le théâtre hindou. — Le théâtre anglais du XVIe siècle. — La comédie espagnole ; celle de Molière. La tragédie de Corneille et de Racine. La position de Voltaire ; de Beaumarchais. — Diderot et Lessing. — De l'inspiration philosophique (le *Tell* de Schiller). — Le mélodrame (Nodier et Pixérécourt). La comédie moderne ; l'indulgence et la sévérité au théâtre. — La campagne du divorce (Dumas fils et Augier). — Le châtiment de la loi, le châtiment physiologique (le roman naturaliste).

Le théâtre juge à la manière de l'opinion, et il tente quelquefois d'agir sur elle. Elle est plutôt un pouvoir conservateur, il est volontiers agent révolutionnaire. Sa règle morale peut varier, et nous avons vu qu'elle varie en effet selon la croyance dominante ou l'individualité même du poète ; mais il a toujours sa règle. On ne conçoit pas comment il s'en passerait.

Dans la vie réelle, toutes les actions coupables ne sont pas châtiées, il s'en faut bien, et les mêmes fautes n'entrainent pas les mêmes conséquences. Mais c'est une loi du théâtre, que le drame s'achève et trouve sa sanction dans l'espace de temps qui lui est mesuré. Sa poétique y fût-elle rebelle absolument, le poète se voit obligé de satisfaire à la logique morale ou à la pitié du spectateur. Jadis, dans telle ville de province, l'acteur qui jouait les traîtres des mélodrames de Pixérécourt, de Victor Ducange ou de Bouchardy, devenait l'objet de l'animadversion du parterre ; quoique exécuté au dénouement, il survivait à son personnage, il fallait qu'il se retirât secrètement de la salle pour ne pas être maltraité à la sortie, et, si l'on était plusieurs semaines sans casser les vitres de sa chambre, il se désespérait d'avoir été médiocre. Le moyen de ne pas châtier le traître de la pièce devant un pareil public ! Le romancier, à cet égard, est plus libre que le dramatiste ; il n'a pas à ménager les colères de la foule. Il s'agit d'ailleurs, pour l'un et pour l'autre, de choisir des circonstances telles que le châtiment soit la conséquence naturelle du crime ou de la faute, et que le dénouement, conforme à notre désir de justice, sorte des prémisses proposées. Cependant une action dramatique où tout finirait systématiquement pour le mieux serait artificielle ; une parfaite justice distributive n'est pas dans la vérité. Le vice et le crime ne traversent pas un coin de la vie sans y laisser leur ombre ; peut-être même est-il dangereux de donner à croire qu'on répare si aisément les dommages irréparables de la faute, et l'auteur optimiste compromet quelquefois la morale sous le prétexte de contenter le vulgaire spectateur. Si la justice faite est une source, une condition même du plaisir dramatique, la « moralité de la fable » n'est pas pour cela la fin de l'art.

Il surgit ici une grosse question de critique littéraire, qui, pour être incidente, n'est pas étrangère à mon sujet. Prenons-la d'abord sur le terrain de l'histoire, autant qu'il nous reste à y glaner [1].

[1] Voy. les excellents articles de Paul Stapfer, *La question de l'art pour l'art*, in *Revue bleue*, 27 août, 3, 17 et 24 sept. 1857.

Les poèmes homériques, on l'a souvent remarqué, ne trahissent aucune intention didactique. On ne découvre jamais, dans les épopées vraiment primitives, l'application d'une doctrine morale dont le poète ait bien claire conscience ; elles expriment du moins assez exactement, il est probable, la conception générale d'une race et d'un temps. Les poètes épiques sont l'âme parlante de plusieurs générations d'hommes : elles revivent dans leurs chants à peu près comme elles vécurent. Dante même, qui n'est pas un primitif, expose la doctrine chrétienne de la damnation et du salut, il est justicier selon le dogme vulgaire ; il n'innove que dans le détail, dans la forme du châtiment, et, s'il marque pour ses haines personnelles les coupables qui seront frappés, il ne contredit jamais, dans l'ensemble, à la théorie des délits et des peines telle que l'avait établie la psychologie sacrée.

Il est très remarquable que les œuvres scéniques sorties de l'épopée aient gardé longtemps, au moins chez les Grecs, ce caractère impersonnel des chants épiques. Dans la tragédie d'Eschyle et de Sophocle, l'abstention critique du poète est assez frappante, je dirais presque son indifférence, en ce sens que l'art demeure son premier objet et qu'il ne discute point la fable qu'il met en scène, que l'émotion esthétique domine chez lui l'émotion morale, ou plutôt qu'elles résonnent ensemble en un parfait accord, en vertu du sentiment profond de l'artiste.

J'ai parlé des fins pratiques de la tragédie grecque. Ces fins étaient la matière du devoir, le ressort de l'action ; elles n'étaient pas l'objet même de l'œuvre d'art. A l'occasion, les poètes tiraient parti d'un fait légendaire pour servir la cause de leur ville. C'était un élément de l'intérêt, non pas le fond. Ils cherchaient l'effet tragique plutôt que la signification morale de l'événement, et la leçon de leur théâtre réside surtout dans les réflexions que leur inspirent les vicissitudes de la destinée humaine. L'*Antigone* est peut-être la seule tragédie antique ou le poète semble avoir préparé la moralité du dénouement [1] en adjoignant à l'action principale une action secondaire, qui est si touchante, je veux dire l'amour d'Hémon. Hémon vient se tuer sur le corps d'Antigone, dans la caverne où son père Créon a fait enfermer la courageuse fille ; quand la reine Eurydice apprend la perte funeste de son fils, elle sort en silence pour se donner la mort. « Cette suite d'accidents, remarque Patin [2], qui détruisaient la famille de Créon, terminait la tragédie comme une rétribution expiatoire due à son forfait et à l'innocence de sa victime. »

Le chœur « moralise » à l'ordinaire. Mais sa morale est singulièrement docile aux passions des acteurs principaux. Dans l'*Electre* de Sophocle, par exemple, écrivait Burnouf [3], « le chœur se mêle perpétuellement au dialogue, tâchant de retenir la main d'Electre, de peur que la punition de Clytemnestre ne devienne un acte criminel de vengeance » ; il se sent, à la fois, « toujours gagné par les raisons d'Electre, et attend avec autant d'impatience qu'elle l'accomplissement du double meurtre ». Son action, ferai-je observer, n'est donc que régulatrice, tempérante ; ses avertissements font plus visibles les passions qui agitent l'âme des personnages ; il n'intervient pas pour sermonner, mais pour accuser l'émotion tragique du conflit moral ; il prépare enfin

[1] Signification morale et dénouement moral ne sont pas d'ailleurs même chose.
[2] *Etudes sur les tragiques grecs*, tome II.
[3] *Histoire de la littérature grecque*, tome I, p. 372.

les spectateurs aux scènes souvent horribles de la tragédie, et il met, en quelque sorte, les vieilles légendes au point de leur propre conscience.

Euripide annonça le premier, dans son théâtre, une leçon novatrice dissonante à la croyance commune, et l'on sait comme Aristophane l'a jugé. Qu'on relise ce passage des *Grenouilles* :

ESCHYLE

Réponds-moi ; qu'est-ce qui rend un poète digne d'admiration ?

EURIPIDE

Les sages leçons par lesquelles on rend les hommes meilleurs.

ESCHYLE

Et si au lieu de cela tu as perverti leurs vertus et leurs bonnes qualités, quel traitement crois-tu avoir mérité ?

BACCHUS

La mort. Ta question est inutile.

A mon avis, ce jugement d'Aristophane dénonçait les « nouveautés » d'Euripide et de Socrate, sans qu'il ait voulu imposer d'autre règle aux poètes que de conformer leur enseignement à celui de leur temps, et il ne faudrait pas croire qu'il ait recommandé la prédication dramatique. Mais ce railleur de génie est à tout prix conservateur. Son Eschyle reproche même à Euripide certaines sentences pareilles à celle-ci : « Qui sait si la vie n'est pas une mort, et la mort une vie ? » Et il les dit immorales, seulement pour cela qu'elles accusent l'esprit d'interrogation, l'esprit de doute. En somme, la tragédie de Sophocle et d'Euripide est comprise en un système moral ; mais elle ne ressemble pas du tout à ce qu'on a appelé depuis le drame moral. Aristote d'ailleurs, juge fort bien Barthélemy Saint-Hilaire, n'assignait point dans sa *Poétique*, construite d'après les chefs-d'œuvre de la scène grecque, un but moral à la tragédie.

Pour la comédie, celle d'Aristophane est une satire politique; celle de Ménandre, la vraie comédie de mœurs et de caractère, reste une pièce d'intrigue. « Embarras, plaintes, désespoir des amants, scènes de tendresse et de douleur ; la passion dans toute sa véhémence : tel était le sentiment, écrit Paul Albert [1], qui était l'âme de toutes les comédies de Ménandre. » Nous pouvons juger de ces précurseurs par l'œuvre de Plaute et de Térence : l'un, imitateur libre de Diphile et de Philémon, avec des ressouvenirs manifestes d'Epicharme et d'Aristophane ; l'autre, suivant habile de Ménandre. Ils dépeignent les mœurs, raillent les travers. On trouve, dans l'*Aululaire*, l'avare pris au piège de son avarice ; dans le *Soldat fanfaron*, le libertin enlacé en une intrigue qui lui vaut des coups de bâton ; dans le *Petit Carthaginois*, le marchand de jeunes filles frustré de ses gains honteux. Mais, le plus souvent, le dénouement est l'issue d'une aventure plutôt que la conséquence d'un caractère moral bien défini. Si l'idée de l'égalité des hommes se fit jour dans le mélange de grossièreté romaine et de fine corruption hellénique particulier à l'œuvre de Plaute, c'est que « la littérature grecque postérieure au siècle de Périclès en est profondément imprégnée », et la comédie latine la répandit, sans avoir, même chez Térence, l'intention expresse de la démontrer [2].

[1] *Littérature romaine*, tome I, ch. IV.

[2] Névius, le vieux latin, se montra sans doute, dans ses « comédies à toge » le poete national de la « première guerre punique ». Il ne reste pas, malheureusement, de quoi le juger.

La tragédie nationale fut tentée à Rome, puis abandonnée. La « gravité romaine » n'eût pas souffert d'être exposée aux regards de la foule. Sénèque, en revanche, nous a laissé une tragédie philosophique. Il y pose des êtres de raison, qui ne sont pas assez des êtres de sentiment. Son théâtre est un défi jeté aux Claude et aux Néron. Il est une leçon stoïcienne, non dépourvue de toute beauté. Mais scéniquement il est absurde, et il ne prouverait certes pas en faveur des pièces morales d'intention.

Chez les peuples qui subordonnent l'art à la religion ou à la philosophie morale, la littérature est monotone, le drame ne se produit pas, ou il ne se dégage pas de la forme liturgique (ainsi les *téaziés* persans), ou il reste inférieur. Il est d'autres causes, sans doute, à l'infériorité littéraire d'un peuple : le génie sémitique, on l'a remarqué, a été infécond partout dans le domaine du drame. Il est vrai, du moins, que la Chine a donné un pauvre théâtre, y cherchant l'utilité morale [1], et que la Perse nouvelle, une fois saisie par la conquête musulmane, n'a pas su, de ses traditions héroïques dont le grand poète Firdousi composa une si large épopée [2], tirer une littérature dramatique.

Le génie hindou, excessif, énorme, paraît d'abord échapper à toute règle. Il n'en est rien. La pensée de l'Inde, quoique toujours panthéiste, aboutit à deux directions différentes, à une glorieuse vision de Dieu dans la philosophie et la religion védantique, à un sombre désen-

[1] La poétique chinoise, dit Bazin, veut que toute œuvre de théâtre ait un but ou un sens moral. Bazin. *Théâtre chinois*, 1838. — Ce *théâtre* comprend quatre pièces, une comédie et trois drames, composés sous la dynastie des Yeouen, troisième période du théâtre chinois.

[2] *Le livre des Rois*, in *Collection orientale*.

chantement, à une pitié immense dans le boudhisme. La religion brahmanique avait rêvé « de faire du troupeau des hommes une société de saints ». Son idéal s'incarna dans les grandes figures des épopées, dans les héros du Mahabharata et du Ramayana : compositions vastes, pour nous démesurées, dans lesquelles la pensée religieuse reste mêlée intimement aux créations de l'art. La féerie, la grâce de l'amour, se rencontrent dans les épopées sanscrites. Et quels récits, dans le Mahabharata, de batailles grandioses, « où se heurtent, somptueusement parés, les formidables éléphants de guerre ; » quels merveilleux paysages ; quelle création fantastique, « où les reptiles, les poissons et les gazelles parlent, où la doctrine de la métempsycose prête à chaque être une vie mystérieuse, tragique et passionnée » ! Quelle poésie incomparable, dans le Ramayana, faite de réel et de fantastique, « confinant presque à la musique par l'infini de ses voix et de ses horizons [1] » !

Le théâtre hindou, dans un cadre plus étroit, offre les mêmes qualités, les mêmes défauts, et il est vraiment original. Il a su dépouiller quelquefois le personnage édifiant pour s'élever à la libre fantaisie. *Le Héros et la Nymphe* (*Vikrama et Ourvaçi*) est comme un *Songe d'une nuit d'été* ; la *Reconnaissance de Çakountala* est une composition d'une élégance parfaite. Cependant tous les poètes hindous n'ont pas eu l'art de Kalidâsa, et la plupart se sont enfermés dans la recherche de la sagesse. *Le Chariot de terre cuite*, drame d'ailleurs bien vivant, riche d'observations de détail [2], et l'*Anneau du ministre*, par exemple, revien-

[1] Voy. Jean Lahor, *Histoire de la littérature hindoue, Les grands poèmes religieux et philosophiques*. Paris, Charpentier. 1888.

[2] Attribué au prince Soudraka. — *L'Anneau du minitre* est une pièce de la

nent à ce thème, qu'un bienfait n'est jamais perdu. A l'ordinaire, la loi du pardon vient tout couvrir, tout réparer. Il ne faut chercher ici ni discussions, ni conflit moral. Il a manqué à ce théâtre, destiné à récréer des lettrés, le souffle qui vient des foules, qui vivifia celui des Grecs et rajeunit constamment le nôtre.

La sagesse morale, qui est le joyau de l'Orient, imprègne toute sa littérature. Mais la sagesse fatiguée, et quelquefois corrompue, de l'*Ecclésiaste* ou du *Livre des conseils*[1], des *Puranas* et des *Pantras*, asservissant l'homme à des pratiques de religion ou de magie, désarmant les faibles au profit des forts, énerve l'action individuelle et brise, par conséquent, le ressort du drame. Son rêve conduisit l'Inde, en particulier, à une attitude de résignation et d'extase, à la mort du désir, et elle s'est endormie dans sa vision. Au contraire, le sentiment énergique de la lutte pour l'existence est favorable au drame, parce qu'il engendre la discussion et la liberté. Ce sentiment, toujours vivace chez les nations occidentales, les a préservées jusqu'ici de se désintéresser de la vie et de l'effort; leur littérature dramatique, de bonne heure, a pris une franche allure, et elle s'est renouvelée, plusieurs fois déjà, par la critique.

Le théâtre anglais, au XVIe siècle, est d'une entière franchise. Les prédécesseurs de Shakspeare, ses contemporains, sont des hommes dévorés de passions violentes; leur drame irrégulier, exubérant, emphatique,

décadence ; la dernière époque de la littérature indoue est le règne de Bhodja, Xe siècle environ, temps postérieur à l'invasion mahométane. — Ces pièces sont comprises dans la traduction de Langlois, établie sur celle de Wilson.

Voy. pour les *Œuvres de Kalidâsa* la traduction de H. Fauche. Paris, Lacroix, etc. 1865. — *Le héros et la nymphe* ne figure pas dans le volume de Fauche.

[1] Traduction Silvestre de Sacy. 1819.

reste l'image fidèle de leur temps. Durant trois quarts de siècle, ses poètes fournirent à la foule anglaise des émotions, de la fantaisie, du beau langage, et ce fut une fécondité, et d'ouvrages et d'auteurs, comme jamais autre part on ne le vit. Au-dessus des Peele, des Greene, des Marlowe, des Ben Jonson, des Beaumont, des Fletcher, paraît Shakspeare : celui-ci, vraiment extraordinaire, semble se donner à lui-même le spectacle de la vie, et faire jouer le drame de ses pensées dans les figures qu'il jette sur la scène. Mais son observation de psychologue et de moraliste a pénétré si intimement sa fable, que c'est chez lui l'action qui est éloquente, et qu'il ne surajoute point sa propre éloquence à l'action.

Le théâtre espagnol n'a pas moins de saveur, de crudité. La comédie, avec Cervantes, Lope de Vega, Calderon, Tirso de Molina, et même Moreto, est surtout de récréation et de peinture. Nos anciens dramatiques, dit Hartzenbusch[1], ne prétendaient pas au titre de philosophes ou de moralistes ; ils laissaient la charge d'enseigner à la religion. « La comédie morale, celle qui vise à inculquer dans l'esprit des spectateurs une maxime salutaire et utile, soit par le moyen de la représentation d'un caractère principal, soit par l'action combinée de tous les personnages compris dans la pièce, apparaît très rarement sur la scène espagnole, où l'on moralisait par occasion plus que par intention. » Hartzenbusch fait honneur à Alarcon d'avoir introduit la comédie de caractère, transmise ensuite à Molière par l'intermédiaire de Corneille. Si cette comédie a été qualifiée « morale », c'est, il me semble, parce que le châtiment qui la dénoue est la conséquence logique d'un vice du

[1] *Bibliot. de autores españoles,* tom. vig. : *Alarcon.*

caractère. Mais ce développement logique des effets est d'abord une qualité de composition, et c'est un mérite de la fable dramatique (on pourrait beaucoup dire là-dessus) que de faire apercevoir clairement la liaison de la cause et de l'effet.

Quant à l'œuvre de Corneille et de Racine, elle est chrétienne comme l'étaient les *Mystères* et les *Miracles* du moyen âge, parce qu'ils étaient chrétiens eux-mêmes. La nouveauté en est dans le choix des sujets et dans la forme, non pas dans la doctrine morale. Il serait d'ailleurs exagéré de confiner au genre didactique toute la poésie du moyen âge ; la recherche de l'art s'y montre quelquefois. L'esprit justicier des Mystères, en tous cas, était inhérent aux sujets mêmes, et leurs auteurs ne pouvaient briser le moule où leur pensée était coulée. L'œuvre de Corneille, quoique indépendante de toute considération étrangère à l'art, en demeure-t-elle moins l'expression de la société française qui était en train de se faire, la société monarchique de Richelieu et du grand roi, et n'avons-nous pas entendu sa Livie[1] énoncer la théorie du pouvoir absolu que Bossuet a écrite dans sa *Politique ?*

Contempteur des formes de l'adoration plus que des dieux, moins incroyant que négateur des légendes de la croyance, et critique moins qu'il n'était persifleur, Voltaire a été plutôt dans la situation d'Euripide. Son théâtre, en somme, demeure œuvre d'artiste, et n'a pas été un pur instrument de prédication philosophique. Je dirai davantage. Les sentences novatrices de Voltaire ne touchent pas, comme celles d'Euripide, les questions de la destinée humaine. On ne trouve pas chez lui une

[1] Voy. chap. III, p. 45.

conception du monde moral qui serait originale. Quelques pièces de son théâtre marquent simplement un épisode du combat qu'il a soutenu pour la libre pensée et la tolérance, et en général sa critique même pouvait contribuer à produire des changements politiques plutôt qu'une révolution morale bien profonde.

Cette remarque s'appliquerait mieux encore à l'œuvre de Beaumarchais. Du moins l'émotion d'un Beaumarchais et d'un Voltaire était aussi celle de leurs contemporains; une grande force inconsciente s'ajoutait à leur effort personnel, et c'est pourquoi leur influence a été plus grande que celle de Schiller, par exemple. Schiller s'inspirait pourtant d'une doctrine morale franchement philosophique, il connaissait le nouvel homme moral qu'il faisait vivre sur la scène : mais sa doctrine restait sans application directe à la commune pratique de la vie, et la révolution qu'il annonçait dans l'âme humaine ne pouvait passer dans le monde des intérêts sociaux.

Je reviendrai tout à l'heure à Schiller. Il convient de parler d'abord de Diderot.

L'essai fait au dix-huitième siècle d'une littérature morale répondit à la doctrine d'une morale indépendante. On voulait se passer de la prédication religieuse, et l'on réclamait, pour la remplacer, le secours du roman et du théâtre. Voltaire se flattait de corriger les spectateurs. Diderot, moins réservé, donna à cette poétique édifiante la forme de la tragédie bourgeoise : il écrivit *le Fils naturel ou les épreuves de la vertu*, en 1757, *le Père de famille* en 1758. Dans le *Fils naturel*, Constance dit à Dorval que — « l'honnête tend à marquer tous les ouvrages, » et que « ceux où l'on inspire aux hommes la bienveillance générale sont presque les seuls qui soient lus. Voilà les leçons dont nos théâtres retentisssent et dont ils ne peuvent retentir trop souvent ; et le philosophe (Voltaire) dont vous avez rappelé les vers doit principalement ses succès aux sentiments d'honnêteté qu'il a répandus dans ses poèmes et au pouvoir qu'ils ont sur les âmes. Non, Dorval, un peuple qui vient s'attendrir tous les jours sur la vertu malheureuse ne peut être ni méchant ni fourbe. — Acte IV, sc. III. »

On le voit, c'est la théorie du drame moral exposée sur la scène par les personnages mêmes, qui prêchent d'exemple. Et que nous voilà loin, déjà, de notre dix-septième siècle, le plus désintéressé, a dit Brunetière[1], le moins charlatan des grands siècles littéraires, qui « ne se soucie dans l'art que de l'art même et de ce qu'il apporte de complément à la culture de l'esprit » ! La langue a bien changé aussi. Une leçon de vertu ne l'a pas faite meilleure.

Dorval, le fils naturel, est aimé d'une jeune fille qu'adore Clairville, l'ami qui lui a ouvert sa maison. Il ne veut pas profiter de cette passion ; il persuade à Rosalie la bonté du sacrifice ; il prévoit la déception de leur amour qui aurait fait une victime, de leur bonheur qui serait un vol : « L'ivresse passe ; on se voit tel qu'on est, on se méprise, on s'accuse, et la misère commence. » Certes, il en coûte à Dorval pour se tenir à cette hauteur. « O vertu ? douce et cruelle idée ! chers et barbares devoirs !... O vertu, qu'es-tu, si tu n'exiges aucun sacrifice ? — Acte III, sc. IX. » Il se trouve, quand Dorval a accompli son renoncement et que Rosalie l'a accepté, que ces amants sont frère et sœur. Dorval peut répondre

[1] *Etudes critiques sur l'histoire de la littérature française.* Paris, Hachette, 1887. IIIe série, p. 22.

à la passion chaste de Constance, et Clairville gagne le cœur de Rosalie. La vertu, qui était malheureuse, est à la fin victorieuse et récompensée. D'autre part, le vieux Lysimond, le père de Dorval, est un honnête homme que des circonstances fortuites ont empêché de reconnaître son fils. Dans la vie réelle, le cas ordinaire est que l'homme, n'ayant cherché que le plaisir, abandonne lâchement l'enfant et la mère. Mais la tragédie bourgeoise est, par nature, optimiste.

« Lorsque je vois, écrivait encore Diderot[1], un scélérat capable d'une action héroïque, je demeure convaincu que les hommes de bien sont plus réellement hommes de bien que les méchants ne sont vraiment méchants ; que la bonté nous est plus indivisiblement attachée que la méchanceté ; et qu'en général il reste plus de bonté dans l'âme d'un méchant que de méchanceté dans l'âme des bons. » De telles pensées soutenaient la confiance des philosophes dans leur œuvre. Ils se disaient, et non sans raison, qu'on améliore les hommes en augmentant la somme des motifs éclairés et justes qui influencent leur volonté ; ils voulaient faire une atmosphère morale aux consciences obscures.

Si Diderot, cependant, croyait à la possibilité de discuter sur le théâtre les points de morale les plus importants, il n'oublie pas, disons-le à sa décharge, l'art de la composition. « Si une telle scène est nécessaire, dit-il ailleurs[2], si elle tient au fonds, si elle est annoncée et que le spectateur la désire, il y donnera toute son attention, et il en sera bien autrement affecté que de ces petites sentences alambiquées dont nos ouvrages modernes sont cousus. »

[1] Edition Assézat, tome VII. *Deuxième Entretien.*

[2] *Ibid. De la poésie dramatique*, III.

Lessing donna, en Allemagne, des traductions de Diderot; il prit aussi quelque chose de sa poétique. Dans sa *Miss Sara Sampson* (1755-72), que Schlegel qualifie de prédication larmoyante et lamentable, sir William pardonne à sa fille Sara, qui s'est enfuie de la maison paternelle avec Mellefont, son séducteur ; il pardonne à Mellefont, et le nomme son fils ; Sara, empoisonnée par Marwood, l'ancienne maîtresse de Mellefont, pardonne encore à cette Marwood, elle déchire la lettre dans laquelle cette femme s'accuse hautement, et elle prend la défense de l'amant indigne d'elle. Du moins Mellefont se fait justice, il se tue au côté de la pauvre Sara morte pour lui, et il mérite que sir William l'absolve, estimant qu'il a été plus malheureux que coupable.

Dans *Misanthropie et Repentir*, de Kotzebue (si l'on me permet de le ranger dans cette lignée), le mari, devenu un loup farouche après la trahison de sa femme, pardonne à cette créature repentante, que le bon hasard lui fait un jour rencontrer. Ces deux êtres, tels que Kotzebue les a peints, sont faits pour se rapprocher et essayer à nouveau le bonheur. C'est la solution désirable, ce n'est pas la solution commune, remarque Ernest Legouvé, qui a montré, lui, dans *Une Séparation*, la réalité brutale. Mais le dix-huitième siècle avait ouvert une veine de pardon intarissable.

La position de Schiller n'est plus celle de Lessing. L'influence toute spéciale d'un philosophe sur un poète en fait pour nous l'intérêt. Schiller, sans doute, avait délaissé le point de vue kantien, et il en était venu à subordonner la morale à la beauté[1]. Cependant la créa-

[1] Voy. p. 17.

tion de *Guillaume Tell*, qui fut sa dernière œuvre[1], accuse encore son souci du héros moral comme l'imaginait Kant.

Il est vraiment curieux de comparer la vengeance du Tell de Schiller avec la clémence de l'Auguste de Corneille. Auguste fait son examen de conscience ; il pèse ses raisons, il regarde à sa propre sûreté comme à l'intérêt public, et en cela il demeure l'homme politique, l'*imperator*. Il ne pardonne point, toutefois, par raison politique, ni sous l'empire de la raison morale ; il cède à l'émotion de la bonté, et son acte de clémence éveille aussi en nous une émotion sympathique. Au contraire, Tell n'est qu'un homme privé, une conscience individuelle, et Schiller a bien accusé ce caractère en éloignant son héros du conseil des conjurés, pour le laisser agir librement, volontairement. Écoutez-le se parler à lui-même, quand il est au haut du chemin creux, attendant au passage ce Gessler qu'il a résolu de frapper. Il répète les motifs qu'il a de le frapper, il s'en justifie par avance ; il est seul avec sa conscience, et ne prend conseil que d'elle. Les incidents que le poète fait naître peuvent bien fortifier la résolution du héros, mais non pas la produire ni la changer ; la scène si dramatique de la mère suppliante marque seulement le moment de l'acte, et fait « objet », pour nous spectateurs, le sujet des réflexions de Tell.

La flèche de Tell part dans l'instant où le bailli menace d'écraser sous les pieds de son cheval la mère éplorée, qui supplie pour un époux en offrant ses enfants. L'émotion de cette scène n'est pourtant pas la raison immédiate, dominante de Guillaume, et elle ne s'ajoute que par surcroît aux motifs de sa décision. Ce qu'il veut,

[1] 1804.

c'est sauver sa propre femme, ses propres enfants, de la rage du bailli, payer sa dette au monstre qui lui a désigné pour but la tête de son enfant; il est un homme en défense contre un autre homme; il s'est inquiété si cette défense personnelle est légitime, et il s'est dit que l'empereur n'eût pas ordonné ce que son bailli a commandé. Schiller a voulu représenter, dans cette noble figure, l'homme beau, et fort, et libre, l'homme qui reste dans la société une conscience «autonome», le plus maître de ses actions et de sa vie, et c'est en ce sens qu'il écrivait à Goethe que ce sujet de Tell lui ouvrait « une large échappée sur la race humaine, comme entre les monts élevés le regard court aux libres profondeurs de l'horizon. »

Ce sujet avait d'abord tenté Goethe, dans son voyage de Suisse [1]. « C'est un lieu très limité, écrivait-il alors à Schiller, que celui où se passe l'action de Tell, mais hautement significatif. » La fable de Tell, ajoutait-il, offrirait au poète cette occasion singulière de transformer la légende en poésie, au lieu qu'il faut d'ordinaire faire la fable de l'histoire. Et certes, si Goethe l'eût traité, nous n'aurions pas le monologue du cinquième acte; son héros eût été plus « émotif », moins absolument « intellectuel » et moral, au sens kantien, que celui de son illustre ami. Schiller n'en a pas moins été un pur artiste, et sa préoccupation de l'idéal moral n'avait jamais troublé son génie, dans les années mêmes où il était le plus étroitement disciple du philosophe de Kœnigsberg.

Mais venons à la descendance dernière de Diderot. La prétention de ce puissant écrivain à gouverner l'art et le théâtre par la morale était erronée, sans aucun doute,

[1] 1797.

à la prendre comme il la donne. Cette facile confusion de l'idéal esthétique avec l'idéal moral et religieux prouverait seulement que le beau répond, comme dit Wundt[1], à l'idée d'ordre. Notre sentiment esthétique est satisfait quand le monde nous apparaît un ensemble bien ordonné, où est réalisée l'harmonie que nous sentons en nous-mêmes ou que nous voudrions produire, et nous confondons facilement l'ordre qui est le beau avec l'ordre qui est le bien ou le vrai, quoiqu'il soit toujours distinct de ces deux pour notre intuition.

Le mélodrame a pratiqué la théorie de Diderot, et il l'a usée. Charles Nodier, qui se chargea d'éditer, en 1841, le théâtre choisi de Pixérécourt, loue cet honnête homme d'avoir répandu dans le peuple des idées de justice et d'humanité, de lui avoir fait son éducation morale dans un temps où les églises étaient fermées. « Les méchants n'auraient osé se présenter dans un lieu de divertissement où tout les entretenait de remords déchirants et de châtiments inévitables. Un trouble invincible les aurait trahis. » Dans les circonstances où il apparut, le mélodrame était une nécessité. Il fallait dire à ces hommes de sang de l'époque révolutionnaire, à ces proscrits, à ces soldats, que, même ici-bas, la vertu n'est jamais sans récompense, le crime sans punition. « Ce n'était pas peu de chose que le mélodrame ! c'était la moralité de la Révolution ! » Il ne fait pas l'apologie de ce genre comme ouvrage d'art. Et encore, décochant un trait au romantisme, « la tragédie et le drame de la nouvelle école ne sont guère autre chose, dit-il, que des mélodrames relevés de la pompe artificielle du lyrisme ». Mais il croit fermement « qu'un mélodrame sagement

[1] *Grundzüge der physiologischen Psychologie*, Siebenz, cap, (1re édition allemande). Et, bien avant Wundt, Sophie Germain.

conçu, qui, au but général des compositions dramatiques, celui d'exciter la crainte et la pitié, joignait avec succès celui d'éclairer la raison, de montrer le crime dans sa laideur et de faire aimer la vertu, était la seule tragédie populaire qui convînt à notre époque. J'ajoute avec conviction qu'après l'enseignement religieux, il n'y en a point qui ait rendu des services plus éminents à la morale publique et qui soit plus capable de lui en rendre encore[1]. »

Vive le mélodrame où Margot a pleuré !

Ce vers d'Alfred de Musset est la meilleure raison.

Selon une loi qui gouverne les révolutions littéraires aussi bien que toutes les autres, il se fit une réaction égale à l'action, et en général la littérature moderne est plutôt pessimiste, à mesure qu'elle passe de l'inspiration de George Sand à celle de Balzac, de l'idéalisme au réalisme, et surtout de Balzac à ses continuateurs qui se sont nommés « naturalistes ». Je n'attache pas, je l'avoue (je fais ici une digression), grande importance à ces mots. Le drapeau et l'étiquette ne signifient guère, et, à vouloir définir précisément une espèce littéraire, on se prend toujours en des toiles d'araignée. Il y a les écrivains de génie et les médiocres, les œuvres fortes et les œuvres faibles. L'essentiel est de voir juste, de faire juste, ne fût-ce qu'un petit morceau. Un vers d'Horace[2], répété par Boileau, dit très bien cela.

Avant donc que d'écrire, apprenez à penser.

[1] Introduction au *Théâtre choisi* de G. de Pixérécourt, — et article de la *Revue de Paris*, 5 juill. 1835, tome XIX. — Louis Blanc pensait que l'Etat ne saurait renoncer à la direction de la société par le théâtre, sans abdiquer, et il voulait qu'on retirât la direction des théâtres aux spéculateurs, pour la confier à l'Etat ! (*Histoire de Dix Ans*, tome IV, chap. XI).

[2] Scribendi rectè sapere est et principium et fons.

Ad Pisones, 309.

Une école, un auteur, se distinguent par leur vision particulière des choses, et aussi par le faire, par le style. Les œuvres d'art sont des morceaux de la vaste analyse de notre nature morale ; pour exécuter une telle analyse, il est besoin de varier sans cesse le point de vue et de renouveler, par conséquent, les formes de l'art. Mais quel critique se chargera de trouver une formule pour la littérature dans tous les temps? Disputera-t-on entre *Daphnis et Chloé* et *le Banquet de Trimalcion*, entre *Roland furieux* et *don Quichotte*, entre le Tasse et le Camoëns, entre *Gil Blas* et *Manon Lescaut*, entre *Candide* et *Werther*, entre Walter Scott et Chateaubriand, entre Dickens et Alexandre Dumas, entre *le Vicaire de Wakefield* et *Madame Bovary?* A quoi bon chicaner les naturalistes et les classiques? Il est plusieurs manières de faire réel, de faire vivant. Pour un personnage d'art, durer dans la mémoire des hommes, c'est aussi vivre. Nous nous souvenons de quelques héros, qu'on a dit être hors nature : c'est qu'ils font partie d'un ensemble moral qui a une réalité ; c'est que, dans l'étude du monde si divers, le poète est bien maître de procéder par l'analyse d'un individu, ou par celle d'un fait d'ensemble, ou par la création d'une hypothèse, d'une fantaisie! Ce livre que j'écris s'appuie d'exemples empruntés à des œuvres très différentes, et ces œuvres ont donc une valeur réelle, puisqu'elles contribuent à éclairer, chacune par quelque côté, la nature morale de l'homme!

Que ce soit, d'ailleurs, la tragédie ancienne ou le drame moderne; que ce soit la comédie politique : celle d'Aristophane et, à quelques égards, de Beaumarchais (les tirades de Figaro sont la *parabase*) ; la comédie d'esprit ou de mode : celle de Scarron, de Marivaux, de Gozzi, de Scribe, de Sardou ; la comédie de mœurs ou de demi-caractère : celle de Regnard, le *Turcaret* de Le Sage, le *Mercadet faiseur d'affaires* de Balzac, celle de Dumas, de Théodore Barrière, d'Emile Augier; toute œuvre est comprise en un système moral; l'auteur, malgré qu'il en ait, est toujours justicier, plus ou moins sévère, selon son tempérament, et plus ou moins préoccupé de ce rôle, selon la théorie qu'il professe. La fin du moraliste n'est pourtant pas la sienne, et les conditions de son art le ramènent de force à sa véritable tâche, qui est l'intelligence des caractères individuels ou sociaux et des effets de ces caractères en des circonstances données.

Quoi que l'épicurien Horace ait voulu dire avec son précepte de mêler l'utile à l'agréable, Horace et Boileau son disciple avaient le goût trop fin pour verser jamais dans le pédantisme. Puis ces malins portaient l'argument de la satire, qui se fait pardonner ses coups de langue en faveur de ses bons offices. Tous ceux-là, qui sont vicieux et méchants, craignent les vers et haïssent les poètes !

> Omnes hi metuunt versus, odêre poetas !
>
> (Lib. I. sat. v.)

Si le drame bourgeois, au XVIIIe siècle, péchait à l'ordinaire par excès d'indulgence, Dumas fils l'a amené à une sévérité extrême. Il sacrifie, remarque Emile Montégut [1], son duc de Septmons, de *l'Etrangère*, avec une férocité qui est sans exemple au théâtre. Sa morale porte souvent à faux, « parce qu'elle est à peu près

[1] *Revue des Deux-Mondes*, 1er avril 1876.

toujours sans proportion ». Ici d'autant plus que la duchesse de Septmons ne mérite guère d'être vengée. Si sa morale, ajoute Montégut, est tant implacable, c'est qu'il l'a apprise à l'étude du mal, « et qu'il flagelle le diable avec l'esprit du diable même ». Car l'enfer enseigne aussi une morale, mais draconienne, « au contraire de la morale directement émanée de l'étude du bien, qui seule sait mesurer avec exactitude aux brebis égarées ou même perdues la toison ou le vent ». Dumas a les colères jaunes et durables du bilieux. Emile Augier, lui, a l'emportement du sanguin, qui tombe vite ; il se garde de tuer l'indigne mari de *Madame Caverlet*, il le paye et le renvoie.

Je prends occasion de cette œuvre pour signaler un cas où le théâtre a agi sur l'opinion avec beaucoup de suite et a produit un jugement qui tendait à modifier une institution. Les comiques latins criblèrent de traits l'épouse dotale et mirent en honneur le mariage d'inclination. A l'ordinaire, le jeune premier de la comédie aime une courtisane et en est aimé ; cette courtisane se trouve souvent être une fille de naissance libre, ou, comme la Philénie de *l'Asinaire*, c'est une honnête fille qui a été vendue par sa mère et qui se réhabilite par la pureté de son affection. « Mais, ma mère, le berger qui paît les brebis d'autrui en a au moins une à lui, dont il fait son plaisir et sa consolation. Laissez-moi aimer mon Argyrippe tout seul, pour mon bonheur et pour me satisfaire. » Le mariage romain primitif substituait purement, on le sait, le mari aux droits du père, et la femme devenait en droit la fille de son mari. Le droit romain moyen, par un compromis curieux, laissa la femme sous la tutelle de ceux que ses parents avaient constitués ses tuteurs, et elle devint libre de fait, parce que cette tutelle était très lâche, et que, d'autre part, le nouveau mode ne conférait au mari aucune autorité sérieuse. La dot, quoiqu'elle séparât les intérêts, était un principe fécond, après tout, puisque la femme était appelée à posséder. Les comiques, cependant, critiquèrent cette forme du mariage, en vigueur à l'époque de la grandeur romaine, à la fois parce qu'elle faisait à certains maris, époux d'une femme riche, une situation humiliante, ridicule, et parce que les vieilles lois, toujours exclusives, ne reconnaissaient pas, par exemple, le lien qui unissait un homme libre à une fille esclave.

Le droit canonique, très sévère à l'égard des femmes, ne retint que les formes barbares du droit romain, et refusa à la femme mariée la liberté personnelle que lui accordait ce droit. Du moins, elle ne subit plus d'autre tutelle que celle de son mari, et le mariage fut possible, ainsi que les comiques l'avaient voulu, entre des personnes de toute condition [1].

Nos unions, aujourd'hui, sont le résultat d'un libre choix. On hésite néanmoins à assimiler le mariage à un contrat ordinaire, et les auteurs qui ont mené au théâtre la dernière campagne du divorce ont reculé devant cette conséquence. Primitivement, le divorce n'existait que contre la femme ; dans les derniers temps de Rome, écrit le poète Martial, il devint l'adultère légal. Aussi la loi chrétienne qui l'interdisait était-elle un progrès, au point de vue de la sainteté de la famille, et en ce sens que l'intérêt de la personne était préféré à celui de la race, le mari ne pouvant plus répudier l'épouse qui ne lui donnait pas de postérité (dans la loi russe, la stérilité

[1] Et illa illum contrà, qui est amor cultu optumus.

Miles gloriosus, 101.

« Et elle l'aimait aussi éperdument, mutuel amour qui est le seul véritable. »

de la femme est encore une cause de divorce au même titre que l'impuissance du mari). Mais le mouvement d'évolution qui avait brisé la famille antique, soumise à l'aïeul, pour y affranchir le couple, tend à libérer, dans les sociétés modernes, les individus du couple, sous des réserves nécessaires à la force de l'institution et aux intérêts des enfants. Nos auteurs dramatiques, loin de méconnaître l'importance sociale du mariage, prétendent plutôt le fortifier en assurant le respect mutuel des personnes. Il leur est arrivé de dépasser le but. Mme Caverlet n'est pas « sainte » ; Augier a forcé la note. Cette femme, malgré ses qualités, n'est pas de bon exemple ; elle a choisi le plaisir, quand d'autres mères se sacrifient au devoir ; elle a oublié qu'elle ferait, à un moment de leur vie, rougir ses enfants. La garantie de tout contrat, c'est l'honnêteté : les poètes ont cultivé cette belle plante ; par malheur, ils ont aussi fait pousser l'ortie.

Le roman moderne, a-t-on dit (je termine là cette revue bien incomplète), considéré dans l'ensemble, accuse un parti pris d'indifférence morale. On dirait plus exactement que les romanciers de la nouvelle école n'ont pas besoin de se faire justiciers. « Si le roman, écrit Brunetière [1], a une raison d'être, et, dans presque toutes les littératures, une origine historique certaine, c'est que la comédie ne peut pas enfoncer très profondément dans les caractères particuliers, qu'elle est même obligée, par la nature de ses moyens, de se contenter le plus souvent d'indications générales et sommaires. » Les caractères de Molière « sont généraux avant d'être individuels ». Il est intéressant de les voir

[1] *Ouvrage cité*, dans l'excellente étude sur Le Sage, p. 114, 115.

agir sur le théâtre; il l'est aussi « de savoir comment ils se sont formés, et c'est l'objet propre du roman, ou du moins de ce que jusqu'ici le roman a produit de plus rares chefs-d'euvre ». C'est pourquoi, ajouterai-je, le romancier n'a pas à conclure d'une action, comme fait le dramaturge ; il lui suffit de montrer les effets d'un caractère, et ce que chaque nature enferme de malfaisance ou de bienfaisance, pour les autres et pour soi-même ; la peinture seule donne à l'œuvre sa philosophie, sa moralité.

Le mélodrame se débarrassait volontiers des méchants en les livrant aux tribunaux; le roman, tel que l'ont fait comprendre Balzac, Mérimée [1], préfère exposer les conséquences fatales du vice, et cela est souvent d'un plus grand exemple, car la loi humaine peut être faussée ou éludée, mais non le fait. Dans *l'Assommoir*, dans *Germinie Lacerteux*, dans *la Fille Elisa*, le romancier assiste au châtiment de la nature plutôt qu'il ne l'exécute; ce qui choque dans les œuvres de ce genre ne vient pas de la poétique du roman, mais du mauvais goût de l'écrivain, et très souvent de sa préférence pour les personnages moralement inférieurs et déséquilibrés [2].

[1] De simples nouvelles, *Arsène Guillot*, *Carmen*, lui valent cette place.

[2] Plusieurs auteurs s'appliquent aujourd'hui à montrer les effets déplorables du divorce pour les enfants. Loin de moi la pensée de les en blâmer au nom d'une théorie quelconque! Je n'entends pas détacher le drame de la vie. (Note de la 3e édition.)

CHAPITRE VII

LE MÉCANISME DE LA VOLONTÉ

Les héros antiques, le destin. — La détermination dans Shakspeare : la nécessité sensible (*Troïlus et Cressida*, etc.) ; importance des motifs de la raison chez les hommes d'une classe supérieure ; motifs fonciers et motifs actuels (Brutus dans *Jules César*). Analyse d'*Othello*. — La détermination dans Racine. Analyse de *Britannicus*. — Lois d'association et de suggestion (Narcisse, Iago); loi des contre-coups ou des réactions (*Andromaque*); lois de fluctuation, de transformation (*Phèdre*) ; loi de contradiction ou de contraste (*Coriolan* et Capulet de Shakspeare ; dans la comédie, le Micion des *Adelphes*, Chrysale des *Femmes savantes*, Philinte et Alceste, la Camille de *On ne badine pas avec l'amour*) ; diverses transformations d'effets, conformément à la loi générale de l'action et de la réaction. — La détermination théologique (un épisode du *Ramayana*). — La détermination dans Corneille. Ses héros entiers pour le bien et pour le mal (Cléopâtre de *Rodogune*). — Goethe et Spinoza, Schiller et Kant. — Composition littéraire (exemples pris à Dumas fils, *M. de Camors* d'Octave Feuillet). — Détermination du genre, de l'espèce et de l'individu ; le roman réaliste et naturaliste (*Eugénie Grandet* de Balzac, la Gervaise de *l'Assommoir*). — Perfectionnement du déterminisme de l'instinct brut par celui de la raison et de la conscience acquise.

Nécessité ou liberté, je n'ai pas à discuter les doctrines qui prennent position devant ce dilemme, et je laisse la liberté en tant que puissance, pour l'étudier, avec le drame, dans son mécanisme. Que la volonté ait le pouvoir, en certains cas, de *commencer* véritablement une série dans la chaîne des phénomènes, les non-détermi-

7.

nistes peuvent bien réserver ce genre d'action théoriquement; mais il n'est pas possible au poète de l'exposer pratiquement. Le drame est déterministe, ou nécessitaire, sans le savoir. Sa matière, c'est le caractère humain, tel que l'ont fait, en chacun de nous, les causes variées et mêlées de l'hérédité, de l'éducation, du milieu; créer une figure d'art, c'est dégager ce que j'appellerais volontiers la « réaction personnelle » du héros, selon les circonstances définies où on l'a placé.

Les héros d'Homère font assez preuve de résistance et d'énergie. Ils luttent librement avec le destin. Mais ils ne sont pas maîtres de l'occasion, et il arrive qu'un dieu souffle dans leur âme une passion funeste ou fait naître les circonstances qui leur fournissent leurs motifs d'agir. Ainsi l'homme n'est point le maître absolu de sa vie, et le Destin semble la figure des agents inconnus, mystérieux, qui la dirigent. Cette figure tient la même place dans les saintes légendes du moyen-âge. Une prédiction est faite et s'accomplit par une rencontre bizarre de circonstances [1]. Il est de toute croyance religieuse que rien n'arrive sans la volonté de Dieu, qu'on suppose intervenir arbitrairement. Cette intervention divine est discrète dans la chanson de geste; saint Gabriel assiste Charlemagne; dans la garde de Durandal, il y a une dent de saint Pierre, du sang de saint Basile. Les barons s'exaltent par la prière; l'homme qui prie pense obtenir le secours de Dieu, tandis qu'il se secourt soi-même en se donnant un mobile puissant, la confiance.

Les tragiques grecs ne sont point fatalistes, ils ne croient pas que les événements se produisent en dépit des causes naturelles; ils se servent plutôt des dieux

[1] *Lire* la légende de saint Julien l'Hospitalier, par Flaubert, dans *Trois Contes*

pour expliquer une suite d'événements dont le lien échappe, et l'action arbitraire des immortels est comme l'anneau qui manque à la chaîne. Leur tendance bien marquée est d'accorder l'action divine avec l'ordre naturel des choses, les caprices des divinités avec les mobiles habituels de la volonté humaine. Dans *Médée*, le chœur invoque Vénus en ces termes : « O puissante déesse ! que jamais ton arc doré ne lance contre moi ces traits inévitables *trempés dans le poison du désir !* » Saint-Marc-Girardin dit très bien de cette Médée, que ses crimes lui appartiennent, et que ce qui l'y pousse, « c'est sa passion, autre fatalité qu'Euripide préfère à celle du vieux théâtre, parce qu'il en est plus le maître, parce que cette fatalité n'est pas, comme l'autre, une énigme que le ciel propose à la terre[1] ».

Sophocle, Euripide, sont riches d'observations sur la volonté. « Un sage, rappelle le chœur d'*Antigone*, a dit une parole mémorable : c'est que le mal se présente sous la forme du bien à celui qu'un dieu précipite à sa perte. » Euripide dit par la bouche d'*Hécube :* « Chose étrange ! une mauvaise terre, si les dieux lui envoient une température favorable, produit de beaux épis ; et une bonne terre, privée des avantages nécessaires, ne donne qu'une mauvaise récolte ; mais, parmi les hommes, le méchant n'est jamais que méchant, le bon est toujours bon, sans que le malheur altère son naturel. Est-ce la nature ou l'éducation qui l'emporte ? Sans doute la bonne éducation est une école de vertu ; et quiconque apprit à la connaître connaît aussi le vice en prenant la règle du beau pour guide. » Le chœur, dans *Iphigénie à Aulis :* « Divers sont les caractères des mortels, diverses leurs

[1] *Cours de littérature dramatique*, tome IV, LXII.

mœurs : mais le naturel vraiment droit se révèle toujours ; la culture de l'éducation contribue beaucoup aussi à nous rendre vertueux. »

Les tragiques sembleraient donc avoir considéré nos actes volontaires comme des jugements, qui résultent beaucoup de notre nature, et un peu de notre éducation. La philosophie enseignait alors à peu près la même chose. De ce que la volonté est un jugement, Platon prétendit qu'une volonté libre est une volonté juste, et que le vice est involontaire. Il vaut mieux dire, répliqua Aristote[1], que le vice est volontaire dans la même mesure que la vertu. Il s'embarrassa d'ailleurs dans cette question du libre arbitre, l'une de celles, dit Macaulay[2], qui ont coûté aux philosophes des travaux pareils à ceux des damnés dans le Tartare grec. Nous sommes libres, jugeaient au fond Aristote et les tragiques, mais sous la double condition de notre nature et des circonstances qui mettent nos passions en jeu.

Shakspeare, dont l'observation fouillait les coins les plus familiers, a été pour cela un curieux analyste de la volonté. Il connaît le terrain où plonge la racine de la plante. Ses personnages portent la marque des différences individuelles, et il relève ces différences jusque dans les détails ridicules. « Il y a des gens, dit-il, qui n'aiment pas à entendre crier un cochon, d'autres à qui la vue d'un chat donne des accès de folie, et d'autres qui, lorsque la cornemuse leur chante sous le nez, ne peuvent retenir leur urine ; car notre sensibilité, souveraine de nos passions, leur dicte ce qu'elles doivent aimer ou détester[3]. » Il nous redonne, sous une forme

[1] Morale à Nicomaque, liv. III, ch. VI.

[2] *Critical and historical Essays*, vol. III, p. 121. Tauchnitz, édit.

[3] *Le Marchand de Venise*, acte IV, sc. I, trad. E. Montégut.

imagée, toutes les sentences de Sophocle et d'Euripide. « Le cerveau, dit la Portia du *Marchand de Venise*, peut promulguer à son aise des lois contre la chair, mais un chaud tempérament saute par-dessus un froid décret, tant la folle jeunesse est une biche agile à franchir les filets de ce cul-de-jatte, le bon conseil. — Acte I, sc. II. » Cressida fait à Troïlus cet aveu, qui est le secret de beaucoup de femmes : « J'ai une sorte de tendre *moi*, qui réside avec vous, mais j'ai aussi un méchant *moi*, qui voudrait s'abandonner pour être la folle d'un autre[1]. » Troïlus a été conduit par ses yeux et ses oreilles, « pilotes habituels entre les dangereux rivages qui séparent la passion du jugement. — Acte II, sc. II. » Shakspeare, sur ce canevas homérique, a brodé des pensées piquantes. Il regarde les héros du siège de Troie avec les verres de Thersite. Ulysse propose un moyen de dompter Ajax et Achille l'un par l'autre ; Nestor l'approuve, étant d'avis que « l'orgueil seul est l'os par lequel on peut exciter des mâtins de cette espèce ». « Celui qui est orgueilleux se dévore lui-même, remarque Agamemnon ; l'orgueil est son propre miroir, sa propre trompette, sa propre chronique... » Ulysse parle avec mépris d'Achille « qui arrose son arrogance avec sa propre graisse. — Acte I, sc. III. »

A mesure qu'il s'élève à une classe d'hommes plus haute, le poète accorde une part plus importante aux motifs de la raison dans la détermination. « Il est des occasions, dit Cassius à Brutus[2], où les hommes sont maîtres de leurs destinées : si nous sommes des subalternes, la faute, cher Brutus, n'en est pas à nos étoiles,

[1] *Troïlus et Cressida*, acte III, sc. II, trad. E. Montégut.

[2] *Jules César*, acte I, sc. II, trad. E. Montégut.

mais à nous-mêmes. » Brutus, demeuré seul, s'entretient ainsi avec lui-même : « Depuis que Cassius m'a, pour la première fois, aiguisé contre César, je n'ai pas dormi. Tout l'intervalle qui s'écoule entre la première suggestion d'une chose terrible et son exécution, est comme une fantasmagorie ou un rêve hideux : l'âme et les organes mortels sont alors en conseil, et, pareil à un petit royaume, l'homme est en proie à un état d'insurrection. — Acte II, sc. I. » Certes, Brutus est libre de ne pas tremper dans la conjuration qui menace la vie de César ; on peut prédire pourtant qu'il s'en fera le chef. Cassius, en touchant la corde irritable, fait certaine une résolution qui n'était d'abord que probable. Brutus raisonne sur des préjugés, qu'il tient de naissance ; les motifs les plus puissants qui entrent dans sa délibération sont antérieurs et fonciers, et les motifs accidentels (son amitié pour César) ne tiennent pas contre ceux-là, qui lui persuadent la nécessité de l'acte.

Si la formule de Shakspeare n'est pas nouvelle, son observation la rajeunit. Iago dit à Roderigo : « Ta vertu pour une figue ! Il dépend de nous-mêmes d'être d'une façon ou d'une autre. Notre corps est notre jardin, et notre volonté en est le jardinier. Voulons-nous y cultiver des orties ou y semer la laitue, y planter l'hysope et en sarcler le thym, le garnir d'une seule espèce d'herbes ou d'un choix varié, le stériliser par la paresse ou l'engraisser par l'industrie ? Eh bien ! le pouvoir de tout modifier souverainement est dans notre volonté [1]. » Le poète se figure une âme indépendante et un corps qui obéit ; mais il sait bien que la volonté n'entre en branle que par une excitation du dehors ou du dedans, et il

[1] *Othello*, sc. III, trad. F.-V. Hugo.

range nos motifs d'action en deux groupes qui se contrepèsent et dont la plus légère charge suffit à rompre l'équilibre. « Si la balance de la vie n'avait pas le plateau de la raison pour contrepoids à celui de la sensualité, notre tempérament et la bassesse de nos instincts nous conduiraient aux plus fâcheuses conséquences. Mais nous avons la raison pour refroidir nos passions furieuses, nos élans charnels, nos désirs effrénés. D'où je conclus (la conclusion est d'Iago) que ce que vous appelez l'amour n'est qu'une végétation greffée et parasite. — Sc. III. »

Othello découvre tout de suite sa nature violente. Après la scène de tumulte que Iago a provoquée en enivrant Cassio : « Ah ! par le ciel, dit-il, mon sang commence à dominer mes inspirations les plus tutélaires, et la colère, couvrant de ses fumées mon calme jugement, essaye de m'entraîner. — Sc. VI. » Son amour pour Desdemona est aveugle; aussi aveugle sera sa jalousie. Au moment de mourir, il se juge lui-même « un homme peu accessible à la jalousie, mais qui, une fois travaillé par elle, a été entraîné jusqu'au bout. — Sc. XVI. » Sa chaleur de sang le met à la merci d'Iago. Celui-ci, au contraire, calcule froidement ses moyens ; il soupçonne le More d'avoir rempli à sa place, entre ses draps, son office d'époux ; il lui reproche de le laisser enseigne, quand il a fait Cassio son lieutenant ; il convoite même Desdemona, dont la beauté chatouille ses sens ; et pourtant ce n'est aucun de ces motifs qui le détermine, ils ne lui sont que l'occasion de faire le mal. Il est foncièrement mauvais. Il reconnaît la noble nature d'Othello, et ne peut pas le souffrir. Il dit de Cassio : « Si Cassio survit, il a dans sa vie une beauté quotidienne qui me rend laid. — Sc. XV. » La volonté est chez lui souveraine, en ce sens que les motifs actuels qui la mettent en jeu servent sa disposition naturelle, qui est de haïr. C'est sa raison qui veut le mal, c'est pourquoi il demeure maître de soi et procède avec méthode pour circonvenir le More.

Il lui fait voir d'abord Cassio qui entretient Desdemona : « Ha ! je n'aime pas cela. » Le soupçon est éveillé ; il l'irrite, pour qu'il prenne forme, et il décrit la jalousie afin d'y frayer la route : « Oh ! prenez garde, monseigneur, à la jalousie. C'est le monstre aux yeux verts qui produit l'aliment dont il se nourrit. » Othello veut voir ; comme il doute, il veut la preuve, et s'il tient la preuve, oh ! alors « ce sera le retour du Chaos » ! Du reste, le soupçon est assez plausible. Desdemona n'est-elle pas de ces rusées vénitiennes qui n'ont pas tant souci de s'abstenir de la chose que de la tenir cachée ? N'a-t-elle pas trompé son père pour épouser secrètement le More ? Iago, toutefois, prie ce dernier de ne pas donner à ses paroles une portée plus large que celle du soupçon. Il feint de ne vouloir plus rien dire, et dans le même instant il revient perfidement à la charge : Desdemona est peut-être honteuse de son caprice pour l'amant « couleur de suie », et la patricienne reviendra certainement à des plaisirs plus raffinés... Là-dessus il sort, puis aussitôt rentre et avertit Othello du jeu qu'il va jouer, afin que rien n'en passe inaperçu. Et plus il est fourbe, plus il paraît « l'honnête Iago ».

Le venin circule dans les veines du malheureux More. Il devient furieux, il prend à la gorge Iago qui simule la peur, il lui demande une preuve. Celui-ci, qui tient le fatal mouchoir, affirme tout à présent ; il parle du *fait* comme d'une chose certaine. Puisque le More à été amené à ce point, il croira sur une présomption, sans voir le flagrant délit! Un autre qu'Othello, sans doute, réfléchirait, prendrait son temps; mais il est jaloux avec la même rage qu'il est amoureux; le doute a refoulé « la bonté naturelle de son âme loyale ». Toute la pâte est déjà aigrie. « Qu'un doigt vous fasse mal, et il communique même aux parties saines le sentiment de la douleur. » Il n'est plus en état de délibérer. C'est après qu'il a étouffé Desdémona, que ses nerfs se détendent et que sa raison lui revient. (Sc. IX, X, XI.)

Iago! Le mal! Les théologies, pour l'expliquer, ont imaginé une prédestination mystérieuse ou un Satan tentateur. Dans le *Ramayana*, la marâtre qui fait exiler Rama, pour substituer son propre fils à l'héritage royal, est sous le coup de la malédiction d'un brahme qu'elle a injurié dans son enfance. « Excitée par la suivante, la maîtresse vit sous les couleurs du bien ce qui était mauvais; et son âme troublée par les influences d'une malédiction ne sentit pas que l'action était coupable... Chargée de sa malédiction, Kêkéyî tomba fatalement sous la domination de Mantharâ; elle prit donc la bossue aux vues criminelles dans ses bras, la serra fortement contre son cœur [1]... »

La théologie hindoue s'était occupée aussi de concilier la liberté des âmes individuelles avec l'universalité absolue de Brahma. Elle comparait l'action de Brahma à l'égard des choses relatives à celle de la pluie à l'égard des plantes, qui en favorise la croissance d'une manière générale, tandis que les caractères qui les distinguent dépendent d'une cause spéciale qui est la semence [2]. A

[1] *Le Ramayana*, abrégé par H. Fauche, tome II, *l'Ayodhyâkânda*.

[2] P. Regnaud, *Etudes de philosophie indienne*, in *Revue philosophique*, fév. 1878.

la faveur de cette image, Brahma n'était plus responsable du mal. Mais ce problème dépasse notre savoir. Revenons au drame, pour y considérer cette antique figure de l'homme placé entre son bon et son mauvais génie.

Dans la tragédie de Racine, c'est Néron entre Burrhus et Narcisse. La scène où ce dernier décide son maître à empoisonner Britannicus est un exemple propre à illustrer le mécanisme de la volonté. Paul Janet[1] signale la parfaite observation, en cette scène, de la *loi de suggestion,* dérivée de la *loi d'association*, et par laquelle un sentiment suit un autre sentiment qui a été éveillé à dessein de le faire naître. Narcisse, pour conduire Néron où il veut, éveille en lui la défiance, la crainte, puis il irrite son amour et sa jalousie, enfin il s'adresse à son orgueil et à son impatience de la domination. Narcisse est l'Iago de Néron, un plus faible sans doute. Néron n'a pas l'âme emportée et loyale d'Othello ; son instinct est pervers, et sa violence sait dissimuler. Ses « trois ans de vertu » ne lui ont pas fait une habitude du bien ; cette vertu lui était imposée, et lui pesait. Aussi Narcisse n'aurait pas besoin de tant d'habileté pour l'amener au crime, si Néron ne se trouvait, d'autre part, influencé et dominé encore par Burrhus.

Le poète appelle d'abord Néron devant sa mère, qui lui expose ce qu'elle a fait pour lui et se justifie avec hauteur, non sans lui laisser voir quelque tendresse. Néron feint de céder ; mais ce n'est point Agrippine, cette ouvrière de crimes, qui le pourrait détourner du coup qu'il médite ; il ne la subit plus qu'avec colère, et ce

[1] *La psychologie de Racine*, in *Revue des Deux-Mondes*, 15 sept. 1875.

coup l'affranchirait d'elle. C'est la voix de Burrhus qui l'émeut et le retient. Quand il lui déclare son abominable dessein, Burrhus en a horreur, il lui dépeint le fatal enchaînement des crimes en regard des douceurs d'un règne vertueux, le supplie et se met à ses pieds. Le poète a jeté l'âme de son Burrhus dans le plateau où les qualités sympathiques du tyran seraient un trop léger poids. Narcisse survient, et n'a pas de peine à faire tomber l'autre plateau ; son mauvais génie souffle du côté où la volonté de Néron tourne d'elle-même. Telle circonstance eût pu sauver Britannicus du poison de Locuste; mais rien n'eût empêché Néron de devenir criminel. En ce moment, il n'est encore qu'un « monstre naissant ». Là est l'intérêt tragique, et moral, de cette belle œuvre.

Nul poète, dit Paul Janet, n'a calculé plus sûrement que Racine les effets du déterminisme moral. Ses héros et ses héroïnes s'analysent même un peu trop eux-mêmes. Dans *Britannicus*, on peut étudier la loi de suggestion; dans *Andromaque*, celle des *contre-coups* ou des *réactions*. Oreste aime Hermione, qui ne l'aime pas; Hermione aime Pyrrhus, qui ne l'aime pas; Pyrrhus aime Andromaque, qui ne l'aime pas. Ces personnages forment trois couples de termes opposés qui se repoussent et s'attirent à la fois. Hermione et Pyrrhus sont les moyens termes d'une proportion dont Oreste et Andromaque sont les extrêmes. Le jeu du drame est dans le va-et-vient des deux moyens. Seule, Andromaque se posséde, parce qu'elle a un sentiment du devoir, dont les autres personnages semblent ignorer l'existence. Encore est-elle partagée entre l'amour conjugal et l'amour maternel, deux forces qui l'entraînent tour à tour. « Tout part d'Andromaque, et elle-même, jusqu'à sa suprême résolution, est à peine sa propre maîtresse. » Racine ne fait guère agir le libre arbitre, et il développe seulement les lois de la passion, « aussi inflexibles que celles de la chute des corps ».

Paul Janet note encore une *loi de fluctuation*, oscillation machinale (c'est le procédé, montre-t-il, des monologues de Racine) d'une passion à l'autre, de l'amour à la haine, de la haine à l'amour ; et une *loi de transformation*, par laquelle un même sentiment revêt les formes de beaucoup d'autres : ainsi l'amour de Phèdre est tristesse, honte, remords, désir, espoir, prière, jalousie, haine, terreur, désespoir, regret, colère, jusqu'au suicide.

Je distinguerai, en outre, une *loi de contradiction*, ou de *contraste*. Comme le *Coriolan* de Shakspeare bondit dès qu'on le bride ! Assez parlé, lui crient les tribuns, assez et trop ! — Trop !... Il arrachera cette magistrature maudite, cette « langue de la multitude » ! Ne parle pas, ne réplique pas, ne réponds pas, dit Capulet à sa fille *Juliette :* la main me démange. — Vous êtes trop vif, objecte lady Capulet. — Sainte hostie! cela me rend fou... Sa fille épousera le comte Paris, ou elle ira se faire pendre. « Cette manière d'exhorter sa fille au mariage, écrit Taine [1], est propre à Shakspeare et au XVIe siècle. La contradiction est pour ces hommes ce que la vue du rouge est pour les taureaux : elle les rend fous. »

Mais cette loi de contraste est observable particulièrement dans la comédie. Elle offre au poète comique la ressource de charger ses personnages, l'excès de l'un provoquant l'excès de l'autre. Le Micion des *Adelphes* de

[1] *Ouvrage cité*, liv. II, chap. IV, § 3.

Térence est exagéré dans son indulgence pour Eschinus, autant que l'est son frère Demea dans sa sévérité, et, quand il veut apaiser celui-ci, il affecte une facilité de mœurs qui l'épouvante. « Eschinus joue? Je lui donnerai de l'argent... Il a brisé une porte? on la réparera. Il a déchiré un habit? on le raccommodera. »

Le bonhomme Chrysale n'a pas trop de son grossier bon sens, ayant affaire à Bélise, à Armande et à Philaminte tout ensemble. Ces pédantes qui l'assomment, qui chassent sa Martine pour un solécisme, lui font souhaiter l'idéal d'une femme dont tout l'esprit

. . . . se hausse
A connaître un pourpoint d'avec un haut-de-chausse.

Alceste n'aurait pas tant de boutades, si Philinte ne l'aiguisait, et Philinte serait moins relâché, s'il ne faisait le contre à Alceste.

N'est-ce pas le moyen de se faire aimer de certaines personnes, que leur montrer du dédain? Agustin Moreto a écrit une jolie comédie où le galant prend à ce jeu une dédaigneuse [1]. Profondément vraie est aussi la Camille d'Alfred de Musset. « Dès qu'elle sort de l'ombre du cloître pour entrer dans le monde réel, nous dit Jules Lemaître [2], elle redevient une femme, et tout ce qu'elle a appris est oublié. Elle qui ne croyait pas à l'amour, dès qu'elle se voit dédaignée, elle aime, elle souffre, et la jalousie lui vient, et le dépit, et la coquetterie, et l'égoïsme féroce de la passion. » Perdican fait un brin de cour à la petite Rosette, parce que sa chair est jeune, et surtout par dépit contre Camille; mais le baiser que cette vaniteuse lui laisse prendre tue la pauvre

[1] *El Desden con el Desden*, 1650, dans le volume de Habeneck.

[2] *Impressions de théâtre*, 1re série, 5e édit. Paris, Lecène, 1888. — p. 159.

Rosette, qui est « la douceur et l'innocence avec très peu de conscience et de réflexion ».

On pourrait observer encore que l'amour d'Hermione se change en une haine qui a les mêmes fureurs; que chez tous, à une période d'exaltation succède une période de dépression, pendant laquelle l'homme est prêt à concéder ce qu'il refusait tout à l'heure. Ce sont des transformations d'effets qui se font de différentes manières, conformément à la loi générale de l'action et de la réaction, à laquelle n'échappe pas le mécanisme de la volonté.

Janet voudrait qu'on étudiât les tragédies de Corneille au même point de vue qu'il a étudié celles de Racine. Chez celui-ci, dit-il, la passion domine trop, et l'empire sur soi-même, la victoire morale est trop rare. « L'un et l'autre poète réunis nous donnent tout entier l'homme moral, émotions et volonté ; l'homme intellectuel reste en dehors. » Que le héros surmonte ses passions ou s'y abandonne, la volonté n'est pourtant pas moins déterminée. Chez Rodrigue l'honneur, chez Cornélie la fierté patricienne, sont un sentiment passionné. L'orgueil de la vertu s'exalte pour la lutte, et au besoin jette quelque sophisme dans le plateau de la balance. Chez Pauline, il est vrai, comme chez la Monime de Racine, c'est le sentiment de l'honnêteté, plus modeste, qui triomphe. Pauline est forte, et de sang-froid ; elle ne sera pas vaincue dans le combat auquel elle se prépare. En somme, ces héros et ces héroïnes tout d'une pièce sont ceux chez lesquels une impulsion native et profonde l'emporte nécessairement. Notre volonté, si nous sommes vertueux, veut le bien ; et, le faisant, nous faisons ce que nous voulons.

Corneille créait ses méchants aussi entiers. Sa Cléopâtre veut le pouvoir; elle hait Rodogune, qui est aimée de ses deux fils, et elle trame de perdre les uns par les autres. Elle vient de faire périr Séleucus, elle va empoisonner Antiochus ; à peine si ses crimes lui coûtent un effort.

. . . . . Et toi, que me veux-tu,
Ridicule retour d'une sotte vertu,
Tendresse dangereuse autant comme importune ?
Je ne veux point pour fils l'époux de Rodogune,
Et ne vois plus en lui les restes de mon sang,
S'il m'arrache du trône et la met en mon rang.

(Acte V, scène I.)

Soupçonnée, elle bôit, afin que son fils boive après elle ; sa haine dure jusque dans la mort. Voilà, certes, une femme engendrée pour le mal, et peut-être ce ne serait pas un paradoxe de dire que la plupart des personnages de Corneille sont au contraire ceux dont la volonté a le moins à faire.

Dans une conférence intéressante sur les rapports de Goethe avec Spinoza, Georges Jellinek[1] a fait une très juste remarque. Si Goethe fut heureux, dit-il, et atteignit cette sérénité olympienne qu'on lui a tant reprochée, ce n'est pas qu'il ait, moins que d'autres, été en butte aux tracasseries mesquines de la vie. Mais son intelligence fut heureuse, et son effort constant fut de la délivrer des soucis vulgaires. Cet effort est visible dans Wilhelm Meister, dans Egmont, dans le second Faust ; le véritable héros de la liberté intellectuelle, c'est surtout lui-même, tel qu'il s'est donné dans ses Mémoires. Spinoza, dont la lecture fit sur lui une si forte impresston, avait entendu ainsi l'affranchissement de notre

[1] *Die Beziehungen Gœthe' s zu Spinoza*. Wien, 1878.

volonté, prise dans nos appétits, par le travail de la raison. D'ailleurs Spinoza, abîmé dans la contemplation de l'être, négligeait la valeur de l'individu ; Goethe, poète et artiste, corrigea la doctrine du grand Tout immobile par le sentiment d'un éternel renouveau de la nature vivante :

> Geprægte Form, die lebend sich entwickelt !

Enfin il accepta simplement la contradiction dernière, que le spinozisme, portant notre logique hors du monde des faits où elle vaut, s'aheurtait à résoudre.

Goethe, nous dit encore Jellinek, ne fut pas spinoziste comme Schiller fut kantien. Il traitait avec son philosophe en souverain. Du moins Schiller, quoiqu'il restât l'élève de Kant, ne s'embarrassa point à chercher un moyen terme entre l'homme « nouménal », que ce dernier concevait libre, et l'homme « empirique », qu'il laissait dans la dépendance de la sensibilité. Le poète, semble-t-il, s'en tint là-dessus à l'opinion du moi spiritualiste, qui fait la preuve de sa liberté en l'affirmant.

L'homme le plus maître de soi est celui, au fond, qui est le plus raisonnable, c'est-à-dire qui a le plus de motifs à sa disposition. Quoi que l'on pense de la nature du pouvoir volontaire, il faut bien que ce pouvoir réalise quelque motif de la raison, et, en fin de compte, notre liberté de vouloir a toujours les mêmes limites que notre faculté de juger [1].

N'est-ce pas une règle de la composition littéraire, que le tempérament de chaque personnage explique sa conduite, et permette même de la prévoir, étant don-

[1] On trouvera la discussion la plus complète des doctrines dans l'excellent *Essai sur le libre arbitre*, de G. Fonsegrive. Paris, Alcan, 1887.

nées les circonstances ? « Il faut qu'il suive son tempérament et fasse toujours ce que, d'après la logique de son caractère, il est vraisemblable qu'il fasse. Le mari de *Diane de Lys* et celui de *la Princesse Georges*, lorsqu'ils apprendront qu'ils sont trompés, tueront l'amant. Le mari de *la Femme de Claude* tuera sa femme. Mais si les maris du *Supplice d'une femme* et de *Monsieur Alphonse* tuaient ; si celui de Diane de Lys ne tuait pas l'amant, c'est alors, nous pouvons le dire, qu'il y aurait dans toute la salle une révolte... Dans *la Princesse de Bagdad*, lorsqu'on voyait au second acte la femme qui n'avait rien à se reprocher se compromettre à plaisir, et dégrafer son corsage, de façon à faire croire qu'elle était coupable, — pourquoi le public a-t-il protesté ?... C'est que, dans tout ce qui nous avait été montré jusqu'alors de la princesse de Bagdad, si étrange, si nerveuse, si déséquilibrée qu'elle parût, rien n'avait pu nous faire attendre d'elle une si extraordinaire démence [1]. »

Octave Feuillet voulait châtier *Monsieur de Camors*. Il l'humilie par la honte d'être jugé capable d'un crime contre sa femme. Il serait aisé à Camors de se disculper ; un autre le ferait ; lui meurt lentement sous l'affront, raidi dans son orgueil ; la joie qu'il avait espéré ressaisir lui est interdite par la condition même de son caractère. Quel plus dramatique et habile dénouement ?

Il est possible de distinguer, dans l'étude d'un caractère individuel, la détermination du genre, celle de l'espèce, et celle de l'individu. On a fait souvent la remarque, sur le théâtre français comparé à celui de Shakspeare, que Voltaire, par exemple, qui a été bon peintre de la

[1] Feuilleton de Charles Bigot, dans *le Siècle* du 8 sept. 1884, à propos de la première édition de cet ouvrage.

jalousie, s'en tient aux signes du genre, et que Shakspeare indique toujours ceux de l'espèce. Dans Molière, Tartuffe a un signe d'espèce, qui est *l'oreille rouge et le teint bien fleuri*. Mais le roman seul cherche l'individuel, le particulier ; réaliste ou naturaliste, l'école moderne, par cela même, est ouvertement « nécessitaire. »

Les héros de genre, comme les a peints la comédie ancienne, ne sont pas des individus. Le personnage qu'ils figurent, l'avare, l'hypocrite, le fâcheux, le distrait, le glorieux, est un type plus ou moins tranché et général, qui porte les marques communes à plusieurs espèces du même groupe. Il n'est pas besoin de savoir si l'avare de Plaute et de Molière, par exemple, est nerveux ou sanguin, s'il est gras ou maigre, s'il est de robe, de finance ou de métier ; encore moins s'il est issu de parents qui lui ont transmis son vice dans le sang, qui le lui ont enseigné par l'habitude ou par le contraste (le fils d'Harpagon sera volontiers prodigue, et c'est une application nouvelle de la loi énoncée plus haut). Shakspeare seul descendait dans la recherche des signes particuliers, autant que le permettait l'objectif grossissant du théâtre. Le roman, au contraire, parce qu'il serre de plus près l'individu, remonte plutôt des dernières causes aux premières ; il renverse, en quelque sorte, l'ancienne méthode d'investigation : il ne prend pas le caractère synthétique, construit presque à première vue sur des ressemblances évidentes ; il enfonce plus avant dans l'analyse, et cherche les différences qui échappaient. Le héros de genre se trouvait naturellement dans sa catégorie ; on ne se demandait pas pourquoi il y était. Le héros individuel appartient fatalement à la sienne. Le romancier nous dit quelles causes physiologiques et sociales le font ce qu'il est, et empêchaient qu'il ne fût autre qu'il est : leurs mille fils entre-croisés bornent le petit espace où il a l'illusion de se mouvoir librement, elles l'enveloppent d'un invisible réseau dont il ne saurait déchirer les mailles.

Balzac, dans *Eugénie Grandet*, avait montré avec une rare perfection les influences de l'hérédité et de l'habitude. Sous la main rapace du riche Grandet, dans une maison de Saumur noire et sans soleil, mère, fille et servante vivent chichement, assujetties, décolorées. Un moment, à la flamme de l'amour, Eugénie s'amollit et commence de se transformer ; puis déçue, découragée, elle est reprise par les habitudes de son enfance. Elle se marie et reste veuve ; son père et sa mère ne sont plus ; et pourtant la riche Mme de Bonfons, malgré ses huit cent mille livres de rente, vit comme avait vécu la pauvre Eugénie Grandet, n'allume le feu de sa chambre qu'aux jours où jadis son père lui permettait d'allumer le foyer de la salle ; elle est toujours vêtue comme l'était sa mère. Son âme délicate est pâlie sous des teintes froides.

Zola s'attarde volontiers à retracer les crises d'une nature médiocre, qui, sous l'action d'un ferment qui y était déposé, s'altère et se dégrade insensiblement. La volonté, chez Gervaise (de *l'Assommoir*), est en un état d'indifférence, et sujette à suivre telle ou telle route, selon que les circonstances l'y engageront. Que le zingueur Coupeau ne tombe pas du toit et ne prenne pas l'habitude de boire durant sa convalescence, la Gervaise restera la femme honnête et laborieuse qu'elle est au début ; mais, lorsque Coupeau a pris le chemin de « l'assommoir » du père Colombe, Gervaise s'y achemine à son tour, parce que le fond de sa nature est une mollesse, un abandon facile des sens ; elle a été conçue pendant l'ivresse, de père et mère adonnés à la boisson, et voilà le germe héréditaire, la fatalité physiologique qui remplace le destin[1].

Je pourrais analyser un grand nombre d'œuvres. On trouverait toujours la même chose : d'un côté, la détermination de la volonté par les motifs, qui viennent de l'hérédité, du tempérament, de l'éducation, du milieu, des circonstances actuelles ; et d'un autre côté, le pouvoir de la raison de produire des motifs nouveaux, qui restent plus faibles d'ailleurs, faute d'avoir pris racine dans le terrain de la sensibilité.

... Est-il quelque défense,

a dit notre cher La Fontaine[2],

Qui l'emporte sur le désir,
Quand le hasard fait naître un sujet de plaisir ?

Le drame, dans le détail, montre la nécessité ; dans l'ensemble, il montre le perfectionnement du déterminisme de l'instinct brut par celui de la raison et de la conscience acquise. L'homme, enfin, a le sentiment d'une liberté morale, qui est relative peut-être, et néanmoins suffisante pour qu'il s'estime lui-même toujours responsable. Que le poète fortifie l'action des motifs éclairés et justes, qu'il nous inspire, comme dit La Bruyère, des sentiments nobles et courageux, son œuvre prendra une valeur supérieure. J'ajoute qu'une œuvre bien faite, quoique sans but expressément moral, intéresse toujours le moraliste, parce qu'elle l'instruit sur la valeur pratique des motifs, et partant sur le mode d'éducation le plus propre à préserver et à réparer la santé morale.

ci même apparaît le défaut de Zola, qui est de tout aggraver, tout empirer. Il arrive que ses héros, soumis à une influence qui envahit l'être moral et le domine exclusivement, tombent en un état de folie véritable. Sa Mme Mouret (de *la Conquête de Plassans*) devient vraiment folle de son amour mystique et charnel pour l'abbé Faujas ; Mouret n'est pas moins fou du cas de sa femme, et celui-ci fou à lier.

[2] *Contes. Le cas de conscience.*

CHAPITRE VIII

LES HÉROS PATHOLOGIQUES

Les déments (*Le roi Lear*). — Les fous de l'égoïsme et de l'ambition (Argan du *Malade imaginaire*, Harpagon de *l'Avare;* le couple *Macbeth*). — Les fous de l'amour. Les amoureux fétichistes de quelques romans modernes. Amours extra-légales (*René*, un drame de Ford). *Torquato Tasso*, de Goethe.— Les fous moraux (du *Menteur* de Corneille au *Don Juan* de Molière). Les fanatismes (*Don Quichotte*, etc.) — Les fous logiques. Le Robespierre de Taine et de trois poètes allemands (les *Girondins* de Griepenkerl, la *Mort de Danton* de G. Büchner, *Danton et Robespierre* de Hamerling). — Les travers, dans la comédie.

La colère, écrivait Sénèque, est une courte folie. Les passions fortes peuvent arriver à un degré où le passionné présente, en effet, la marque psychologique de la folie ; mais sa passion appartient à son caractère et ne dépend pas d'une irrégularité fonctionnelle, tandis que celle du fou est suggérée par une activité maladive des centres nerveux, qui altère ses idées et ses sentiments.

La plupart des poètes et des romanciers n'ont pas songé à peindre de vrais malades. Ceux-là mêmes qui ont donné aux passions le grossissement de la folie ont pris leurs sujets aux confins de la pathologie mentale plutôt que dans son domaine. Si l'on trouve, surtout dans les œuvres modernes, quelques héros vraiment « pathologiques », les écrivains, cela est à remarquer, en ont choisi les modèles, de préférence, dans certaines classes de malades : le plus souvent dans les états mixtes

8.

qui relèvent à la fois de la pathologie ordinaire et de la psychiâtrie, et dans la classe des dégénérés ou héréditaires, dont l'état de « déséquilibrement » n'implique pas l'inintelligence absolue.

L'homme régulier d'intelligence ordinaire sera un débile dans la série des irréguliers ; mais l'homme d'intelligence supérieure sera un dégénéré supérieur[1]. La conscience n'a pas disparu chez les irréguliers ; c'est pourquoi ils demeurent intéressants. Le poète et même le romancier ne les suivent guère jusqu'à l'état de démence auquels plusieurs aboutissent à travers les formes les plus variées du délire, comme les réguliers devenus maniaques ou mélancoliques sous l'influence d'une cause occasionnelle puissante y peuvent aboutir aussi, quand ils ont une prédisposition particulière.

Shakspeare a osé pourtant mettre un dément sur la scène[2]. Il est vrai que l'intérêt du *Roi Lear* est dans le drame de famille, dans le dévouement et le malheur de Cordelia. L'opéra moderne a exposé le roi Charles VI avec Odette. Négligeons ces rares exemples du délire chronique, pour venir aux passionnés qui ont été plus ou moins des malades. En les classant dans l'ordre des sentiments qu'ils nous présentent à l'état de perversion ou d'excès, nous aurons les fous de l'égoïsme, les fous de l'amour, les fous moraux, les fanatiques et les fous logiques. D'autres sujets qui n'entrent pas dans ce classement, quoique bien étudiés[3], n'auraient pas autant à nous apprendre.

[1] Voy. pour le classement du Dr Magnan, aux leçons de qui je me réfère, Ad. Coste, *La folie des dégénérés*, in *Revue philosophique*, déc. 1886.

[2] Je mentionne seulement l'*Ajax* de Sophocle, une pièce faible du grand tragique.

[3] Ainsi *Mon ami Hilarius*, de Paul Lindau, étude fort bonne d'un cas de folie héréditaire. — Publié en français, avec une préface d'Emile Augier, Paris, Librairie moderne, 1888.

Molière nous offre deux exemples d'égoïsme passif, dans Argan et dans Harpagon.

Les critiques de Molière ne pouvaient manquer de toucher au doigt son personnage du *Malade imaginaire*. « Dans cette pièce, écrit Geoffroy, on voit combien l'amour désordonné de la vie est destructeur de toute vertu morale. Argan, voué à la médecine, esclave de M. Purgon, est aussi un époux sot et dupe, un père injuste, un homme dur, égoïste, colère. » Egoïste, c'est le juste mot. Mais Argan est d'abord un hypocondriaque, un vrai malade, et, au fond, un bien pauvre honmme. Il s'imagine avoir toutes les maladies que ses médecins lui nomment; il est malade de l'idée de la maladie. Chez lui l'instinct de conservation agit sous sa forme immédiate; son égoïsme est à la fois le plus timide, et le plus exclusif des sentiments sympathiques par lesquels il est ordinairement tempéré chez l'homme sain.

TOINETTE (A CLÉANTE)

Que voulez-vous dire avec votre bon visage ? Monsieur l'a fort mauvais; et ce sont des impertinents qui vous ont dit qu'il était mieux. Il ne s'est jamais si mal porté.

ARGAN

Elle a raison.

TOINETTE

Il marche, dort, mange et boit comme les autres; mais cela n'empêche pas qu'il ne soit fort malade.

ARGAN

Cela est vrai.

(Acte II, scène III.)

Argan est un débile. Harpagon n'apparaît pas moins déséquilibré, si l'on regarde à l'absurdité de sa conduite, à l'angoisse où le tient la crainte des voleurs, et à ses idées de suicide quand il se croit volé. « Hélas ! mon pauvre argent ! mon pauvre argent !.... tout est fini pour moi et je n'ai plus que faire au monde. Sans toi il m'est impossible de vivre. — Acte IV, sc. VIII. » Son amour de la propriété n'est un vice que par l'excès où il vient, et les qualités affectives de l'homme ont tourné chez lui au plaisir de toucher l'or et d'en voir l'éclat.

« Si je voulais dans un sermon, écrit Saint-Marc-Girardin, dépeindre l'avarice et la rendre odieuse; si je disais que cette passion fait tout oublier, l'honneur, l'amitié, la famille ; que l'avare préfère son or à ses enfants; que ceux-ci, réduits par l'avarice de leur père aux plus grandes nécessités, s'habituent bientôt à ne plus le respecter, et que cette révolte des enfants est le châtiment de l'avarice du père; si je disais tout cela dans un sermon, qui s'en étonnerait ?... [1] » Sans doute, mais le sermon ne corrigerait jamais un père qui serait avare à la façon d'Harpagon. Un Harpagon est aussi malade de baiser « sa chère cassette », que l'est un Argan de prendre des clystères carminatifs et des potions cordiales.

Si Molière ne songeait guère à peindre des cas morbides, l'observation de ses modèles lui a fourni les signes de la maladie. Cette remarque ne convient pas moins pour le *Macbeth* de Shakspeare. Argan n'a souci que de conserver son corps, et Harpagon son argent. Chez les Macbeth, l'égoïsme devient actif, agressif; l'instinct de conservation s'est élargi et a pris la forme de l'ambition matérielle. Un violent désir du pouvoir pousse dans le crime ce couple fatal : il subit le vertige du meurtre, et puis il souffre les troubles physiques,

[1] Je prends ces citations dans les préfaces de l'édition Louandre, Charpentier, édit.

terrifiants, du remords. Shakspeare, sans doute, les avait observés sur le vivant. Cela l'a conduit à revêtir les personnages de Holinshed de la livrée pathologique, et il a créé de cette façon deux types criminels parfaitement caractérisés [1].

L'apparition des sorcières, indiquée au texte du chroniqueur, a fourni au poète un moyen dramatique. Banquo voit les sorcières, comme Macbeth, et celui-ci n'a donc pas cette fois d'hallucination. Mais la prophétie de sa royauté future le frappe bien autrement que la promesse d'une descendance royale ne frappe Banquo. Macbeth reçoit un ébranlement instantané; le délire ambitieux s'implante dans son cerveau par un coup de foudre, et les mots qui peignent son attitude [2] dénoncent aussi son émotivité extrême. Il est impuissant à maîtriser l'ébranlement de ses nerfs; il est incapable même de commenter la suggestion magique. Il accuse par un aveu sa débilité mentale et la faiblesse de sa volonté : il voudrait que la fortune le couronnât sans qu'il eût à la servir [3]. Le crime se prépare dans sa tête, en quelque sorte, en dehors de sa conscience; le couteau qu'il tient à la main, il le voit se couvrir de sang, l'instruire ainsi de ce qu'il doit faire [4]; il est le jouet de cette vision sanglante, et ses yeux sont devenus les fous de ses autres sens [5].

Lady Macbeth connaît la faiblesse de son mari [6]; elle l'entraîne dans l'action. Elle sait le prendre par sa

[1] Je suis, pour *Macbeth*, l'édition classique de Darmesteter. Delagrave, 1881.

[2] « Why do you *start*... (I, 3, 52) », et « That he seems *rapt* withal (I, 3, 58). »

[3] «.... Chance may crown me — Without my stir (I, 3, 145). »

[4] « It is the bloody business wich informs — Thus to mine eyes (II, 1, 50). »

[5] « Mine eyes are made the fools o' th' other senses — Or else worth all the rest (I, 1, 46). »

[6] «.. . Wouldst not play false — And yet wouldst wrongly win (I, 5, 20). »

sensualité, qui le fait docile [1]. Elle lui met le crime sous la main, et plus Macbeth en est proche, plus il en a l'épouvante. Il y tend tous les ressorts de son être, et finalement ils cassent. Dans la scène du banquet, plus tard, il est la proie d'une hallucination véritable. Il voit le spectre de Banquo, assassiné tout à l'heure, assis à la place qu'on lui désigne, et il est seul à le voir. Il trahirait son secret, si lady Macbeth ne lui soufflait à l'oreille qu'il faut se montrer homme, et elle l'excuse auprès des convives en alléguant qu'il a été ainsi depuis sa jeunesse [2].

Elle paraît bien forte, lady Macbeth; elle succombera la première. Elle a beau répondre à son mari, qui s'effraye d'avoir du sang sur la main, qu'un peu d'eau les lavera de ce crime [3]; toute son assurance ne la sauve pas du trouble physiologique. Elle a moins de moralité que son mari : l'absence de tout sentiment social la fait son inférieure. Ce qu'elle a de sensibilité morale ne lui vient que d'impressions des sens (elle eût frappé Duncan s'il n'eût, dans son sommeil, ressemblé à son père); et de même son remords sera fait des émotions matérielles de la vue et du toucher. En somme, elle est une névrosée, d'une constitution aussi instable que ses convoitises sont tenaces. Déjà dans la scène où le meurtre de Duncan est découvert, elle s'évanouit. et on doit l'emporter. Désormais ses nuits sont mauvaises; elle est atteinte d'accès de somnambulisme, et le poète nous l'a montrée en un de ces accès, on se rappelle avec quel art !

A quelque espèce de somnambulisme que nous ayons

[1] «.... From this time — Such I account thy love (I, 7, 38). »

[2] «... My lord is often thus — And hath been from his youth (III, 4, 53). »

[3] « A little water clears us of this deed (II, 2, 72). »

affaire ici [1], cet état morbide se développe, on le sait, dans l'hystérie, et il s'y présente quelquefois avec des hallucinations impulsives. Lady Macbeth frotte, dans son sommeil, ses mains tachées du sang de Duncan (elle en a barbouillé les épées des chambellans tués par Macbeth auprès de leur maître). « Oh! moi, j'ai une idée, je lécherais ma main, » disait un jour Mlle Rachel, préoccupée de jouer ce personnage après Mrs. Siddons. Elle eut pu lui donner ce geste inférieur de l'instinct, sans sortir de la vérité. Il suffit que le geste en effet, trahisse l'origine de l'hallucination finale. Le germe en a été déposé dans l'esprit de lady Macbeth par les paroles de son mari après le meurtre [2]. Les mots mêmes lui reviennent pendant l'accès : tous les parfums de l'Arabie ne purifieraient pas sa petite main [3]. Là est l'indication profonde de son mal. Une idée peut devenir, dans ces cas, la cause initiale de changements organiques, au lieu de n'être qu'un résultat, et c'est le contraire de l'évolution psychique normale, qui va de bas en haut, et non de haut en bas.

Passons aux fous de l'amour, et d'abord aux « fétichistes ».

Le fétichisme dans l'amour, étudié par A. Binet [4], est proprement le choix d'une partie de la personne aimée, l'œil, la main, les cheveux, la voix, l'odeur ; en tant

[1] Gilles de la Tourette distingue : 1° le somnambulisme naturel, premier anneau d'une chaine, qui, dans la plupart des cas, aboutira au somnambulisme hystérique ; 2° le somnambulisme pathologique, syndrome d'une maladie non reconnue au moment où l'on observe le phénomène; 3° le somnambulisme hystérique. — *L'hypnotisme et les états analogues au point de vue médico-légal*, avec une préface du Dr Brouardel. Paris, Plon, 1887.

[2] « Will all great Neptune's ocean wash this blood — clean from my hand? (II, 2, 65). »

[3] « All the perfumes of Arabia will not sweeten this little hand (V, 1, 46). » — Petite et nerveuse, pâle et sèche, telle on peut se figurer cette femme criminelle.

[4] *Revue philosophique*, août et septembre 1887.

que la partie préférée, bien entendu, est recherchée exclusivement ou prend une importance exagérée, qu'elle devient l'objet d'une obsession ou provoque un désir trop intense, et que l'amoureux fétichiste, en un mot, sort des conditions normales de l'amour. Binet en a pris des exemples à *La Femme gênante* de G. Droz, à une nouvelle de Dumas fils, *La Maison du vent*, à *La Bouche de Mme X...* et aux *Baigneuses de Trouville*, d'Adolphe Belot.

Une qualité de l'âme peut devenir également l'objet du fétichisme, qualité bonne ou mauvaise, défaut de caractère, humeur impérieuse, etc. Binet cite la *Lydie* de Dumas fils, la *Rosalba* et la *Vellini* de Barbey d'Aurevilly. La Rosalba séduit son amant par la simulation d'une pudeur raffinée, et la Vellini, laide, ridée, jaune comme un citron, fascine le sien par la férocité de son amour haineux, toujours prêt à jouer du couteau.

On pourrait trouver d'autres exemples. Ne sait-on pas quelle puissance d'excitation extraordinaire Zola attribue à l'odorat ! Notre roman moderne s'est établi, d'ailleurs, dans la pathologie. Si la plupart des héroïnes d'Octave Feuillet sont bien, comme l'a dit un critique, des névrosées du grand monde, le romancier les a prises du moins dans les salons où il fréquente, et il ne les donne pas complaisamment pour de simples malades, que leurs nerfs puissent innocenter. Mais les de Goncourt ont peint sans déguisement dans *Germinie Lacerteux* une hystérique. Il n'en manque pas d'autres à joindre à celle-là. Ce n'était pas assez du roman ! On a mis au théâtre la Renée de *La Curée*, autant pervertie qu'elle est malade. Cette littérature ne me paraît pas être dans un bon chemin. Les cas de psychose qualifiée ne peuvent jamais être étudiés par le romancier comme ils le sont par le clinicien ; le dégénéré ne devient personnage du drame et agent responsable que par un mensonge du poète; la manière libre et géniale d'un Shakspeare est interdite aux écoliers trop exacts, et il arrive, dans nos œuvres modernes, que l'intérêt littéraire décroît souvent à mesure que le souci purement scientifique augmente. En tous cas, c'est grand'pitié, lorsque des écrivains médiocres portent la main sur des sujets qui les dépassent. On ne tardera guère à se fatiguer de cette clinique romanesque. Son sentiment moral interdira même à l'écrivain d'exposer au grand jour certaines peintures, qui deviennent dangereuses par le fait du penchant des hommes à l'imitation.

Il est d'autres situations qu'on pourrait rattacher à la pathologie de l'amour : j'entends une excessive tendresse paternelle, comme on la trouve dans *Le père Goriot* de Balzac, ou la passion du frère pour la sœur, dans le *René* de Chateaubriand. Un contemporain de Shakspeare, le poète Ford, avait mis sur la scène les amours incestueux d'un frère et de sa sœur, en un drame dont le titre au moins est singulier[1]. A la vérité, ces amours se manifestent normalement, et elles ne sont anormales que par leur objet. Cette anomalie dans le choix de l'objet ne signifie pas, du reste, un trouble morbide, une perversion sexuelle qui ressortirait à la folie des dégénérés. Mais les mœurs n'ont pas opposé à nos désirs une borne si infranchissable, qu'ils ne puissent sauter par-dessus, et la passion fait réapparaître quelquefois chez l'homme civilisé l'homme primitif, le simple animal, dont l'appétit naturel n'a été façonné à aucune obéissance extérieure.

[1] *'Tis a pity she is a whore. (Il est dommage qu'elle soit une p...)*

A cette série l'on peut rattacher le *Torquato Tasso* de Goethe[1]. Extrême est chez lui l'émotivité habituelle aux poètes, aux artistes, au point d'accuser un commencement de dégénérescence. Le besoin d'excitation auquel il cède, accuse du moins un profond état névropathique, et Goethe n'a pas omis de le peindre, par la bouche d'Antonio, comme indocile aux conseils du médecin, buvant du vin pur, mangeant des mets épicés, se laissant séduire, comme un enfant, par tout ce qui flatte son palais (Acte V, scène I). L'amour décevant que lui inspire la princesse d'Este devient la cause occasionnelle d'un trouble mental qui se manifeste par de la mélancolie et par la manie de la persécution.

« Celui-là seul craint les hommes, qui ne les connaît pas, dit Alphonse d'Este, et celui qui les évite doit bientôt les méconnaître. Tel est le Tasse... S'il arrive qu'une lettre s'égare, qu'un valet passe de son service à celui d'un autre, qu'un papier sorte de ses mains, aussitôt il voit un dessein, il voit une trahison et une ruse qui travaillent sourdement à sa perte. — Acte I, scène II. » En effet, nous le voyons prendre en défiance le sage Antonio, quand celui-ci lui tend la main, puis l'aimable Eléonore Sanvitale, qui le conseille, puis le duc, à cause de sa bonté même, et enfin la princesse, en qui il soupçonne un moment l'Armide de son poème. Les égards qu'on lui témoigne, il les interprète mal. Si le duc veut garder son manuscrit pour l'avoir dans sa forme primitive, le malheureux poète se persuade qu'on veut l'empêcher de le parfaire. Il ne tient pas en place; il s'irrite qu'on le retienne de partir, ou qu'on le prie de demeurer. Lui-même il se juge faible, d'un orgueil effréné,

[1] J'use de la traduction de J. Porchat.

d'une sensibilité outrée et d'une sombre obstination. (Acte IV, scène IV). « Son esprit, fait observer Antonio, veut embrasser à la fois les dernières extrémités de toutes choses. — Acte III, scène IV. » Il s'autorise de l'affection discrète de la princesse pour la saisir dans ses bras, et se compromet par cet éclat amoureux, qu'il n'a pu réprimer. Sa raison vacille : « le gouvernail est brisé, le navire craque de toutes parts, le plancher éclate et s'ouvre sous mes pieds. »

Cette figure inquiète emplit la scène ; le drame, cependant, nous laisse encore cette impression de sérénité, d'apaisement, qui est particulière aux œuvres de Goethe. Ce grand poète a procédé à la manière des peintres, qui font le repos autour de la figure principale et la laissent se détacher sur un fond tranquille ; les quatre personnages qui entourent le Tasse demeurent d'autant plus calmes qu'il est plus agité ; cet infortuné ne cesse jamais d'être attachant, et nous n'ôtons pas de son front la couronne de laurier qu'une noble main y a posée.

La manie raisonnante et la folie morale sont, comme on les a définies récemment, des états subdélirants très voisins, qui relèvent encore de la psychiâtrie. Les individus atteints de folie morale sont tous des dégénérés ; ils peuvent être, du reste, intelligents, très cultivés, parfaitement corrects. Ils savent qu'un acte est punissable, ils ne sentent pas qu'il est immoral. Bien des gens de par le monde approchent beaucoup de cet état, et je ne serais pas éloigné d'y assigner les menteurs, tant le mensonge est avilissant !

Celui de Corneille amuse d'abord. On peut croire qu'il ment par folie de jeunesse, pour le désir de plaire ; ce frais émoulu du Digeste veut s'introduire « à titre de vaillant » auprès des dames; il s'attribue l'honneur d'une collation et d'une fête sur l'eau, qu'il n'a pas données, il les décrit en artiste. Son valet Cliton n'en revient pas :

> Mais parlons du festin : Urgande et Mélusine
> N'ont jamais sur-le-champ mieux fourni leur cuisine ;
> Vous allez au delà de leurs enchantements :
> Vous seriez un grand maître à faire des romans.
>
> (Acte I, scène v.)

Sous le défaut, cependant, perce le vice. Dorante en fait accroire à son père, et Géronte allait devenir ridicule, si le poète ne lui eût donné une dignité qui fait paraître la bassesse de son fils. L'aventure tourne à bien, il le fallait pour la comédie. Mais ce Dorante ne se corrigera jamais; il improvise le mensonge sans s'en douter, cela est dans son caractère, et il n'a pas même idée qu'on ne l'estime point.

Qu'il est innocent auprès du *don Juan* de Molière ! Le Dr Despine, qui a étudié, l'un des premiers, la folie morale, en a cherché les principaux traits dans don Juan [1]. Ce personnage, dit-il, manque de tout bon sentiment, et Sganarelle caractérise bien, dès la première scène, l'insensibilité morale de son maître. Celui-ci achève aussitôt l'esquisse de son propre caractère. « Il n'est rien, dit-il, qui puisse arrêter l'impétuosité de mes désirs... Ah ! n'allons point songer au mal qui peut nous arriver, et songeons seulement à ce qui nous peut donner du plaisir. » Violence des impulsions, naïveté dans le vice, imprévoyance dans la conduite, disposition d'esprit à ne pas considérer les châtiments éloignés,

[1] *La Science du cœur humain ou la Psychologie des sentiments et des passions, d'après les œuvres de Molière.* Paris, Savy, 1884.

tranquillité morale dans le crime, perversité des instincts et raffinement dans la perversité, le Dr Despine reconnaît en don Juan tous ces traits du type criminel. Il rappelle en passant la réponse ironique de Dumollard aux exhortations de l'aumônier de la prison : « Mais couvrez-vous donc, monsieur l'abbé, le temps est froid et humide; vous vous enrhumerez. » De même don Juan fait à son père, qui vient de parler si noblement, cette réponse moqueuse, plus révoltante que l'injure et l'outrage : « Monsieur, si vous étiez assis, vous en seriez mieux pour parler. »

Alfred de Musset n'a vu qu'un roué vulgaire dans ce don Juan français,

> Bernant monsieur Dimanche et disant à son père
> Qu'il serait mieux assis pour lui faire un sermon.

Ce débauché funèbre lui gâtait l'image du débauché rêveur et charmant, caressée par lui avec trop de complaisance. Un certain public, et même de fins critiques, ont surtout reproché à Molière de nous séduire à l'impiété de son héros ; mais, s'il nous fait rire avec lui, c'est une exigence du théâtre. On peut disputer sur la convenance de la forme dramatique ; la vérité est que ce don Juan cynique prend un singulier grossissement dans le cadre bourgeois où Molière l'a placé, et le hasard de la composition a été de moitié dans le dessein du maître.

« Je crois que deux et deux sont quatre, Sganarelle, et que quatre et quatre sont huit », répond don Juan aux questions de son valet touchant la religion et la morale. Il prouverait ainsi que ses facultés intellectuelles demeurent intactes, quand sa moralité est nulle. S'il donne au pauvre « pour l'amour de l'humanité », ce n'est pas d'un mouvement généreux : il raille plutôt cet amour, qu'il ne sent point ; il lui manque les bons instincts, qui font voir les choses de la vie « mieux que tous les livres », comme dit Sganarelle ; et c'est au moins une thèse juste de Molière, que notre moralité ne vient pas de nos connaissances, mais de nos sentiments, qu'elle n'est pas, pour parler la langue des philosophes, un état purement intellectuel, mais un état affectif.

Si l'interprétation de Despine est recevable, avec quelques réserves, pour le don Juan, je ne le suivrai pas jusqu'à chercher dans *le Misanthrope* [1] ou dans *don Quichotte* la peinture exacte de ces passions d'origine morale qu'on nomme des fanatismes. On ne peut guère établir qu'une simple comparaison entre les états pathologiques décrits par le clinicien et les états passionnels représentés par le poète. Celui-ci donne en général à ses personnages, pour les faire plus objectifs, un grossissement qui les peut faire aussi paraître extrêmes, et la fidélité même de son observation contribuerait à égarer les critiques doués de beaucoup de science et pas assez de littérature. Il ne faut pas aller au delà de cette comparaison, sans regarder à la nature de l'œuvre, au procédé particulier de chaque poète, et l'on peut, je crois, affirmer hardiment que la vue de Shakspeare créant Macbeth n'était pas celle de Molière créant Alceste, ni la vue de Cervantes celle d'aucun des deux. Avec des romans et des poèmes, tels surtout que sont *Roland furieux* et *don Quichotte*, nous vivons en plein dans le monde de la fantaisie. Le poète, moqueur et capricieux, imagine ici des aventures autant qu'il trace des caractères. Le dicton populaire, par exemple, —Ne

[1] Mais le prodigue *Timon d'Athènes*, de Shakspeare, serait un « prédisposé », que l'ingratitude des hommes pousse à une sorte de démence et au suicide.

pas se battre contre les moulins à vent, — accuse peut-être le dessein de Cervantes, qui a été de railler les esprits chimériques plutôt que de peindre expressément une forme du délire, et le critique aurait fort à faire de démêler l'alliage qui s'est produit de l'observation et de l'imagination dans le cerveau dont nous est venu ce pauvre et loyal chevalier de la Manche.

Je réclame le bénéfice de cette remarque pour la peinture de la folie logique, non moins difficile à définir que la folie morale. Le Robespierre de quelques poètes allemands peu connus chez nous, et d'abord celui de Georges Büchner, nous en offrira le type. Mais on ne peut séparer Robespierre des autres héros de la Révolution, et j'emprunte pour mémoire trois portraits au dernier et impitoyable historien des Jacobins, c'est Taine [1] que je veux dire.

Ces héros de la Révolution, Taine juge sans hésiter qu'ils le sont devenus « par la difformité ou la déformation de leur esprit et de leur cœur ». Il les fait tous tributaires de la pathologie mentale, sauf Danton. Les poètes semblent avoir abouti à une conclusion peu différente.

Marat, écrit Taine, « confine à l'aliéné, et il en offre les principaux traits, l'exaltation furieuse, la surexcitation continue, l'activité fébrile, le flux intarissable d'écriture, l'automatisme de la pensée et le tétanos de la volonté, sous la contrainte et la direction de l'idée fixe ; outre cela, les symptômes physiques ordinaires, l'insomnie, le teint plombé, le sang brûlé, la saleté des habits et de la personne ; à la fin, et pendant les cinq

[1] *Les Origines de la France contemporaine. — La Révolution*, tome III, livre III. chap. Ier.

derniers mois, des dartres et des démangeaisons par tout le corps ». Il nous le montre, issu de races disparates, avorton au physique, orgueilleux au moral, dépourvu de talent, incapable de critique, médiocre d'esprit, passant de la manie des persécutions au délire ambitieux, installé dans un cauchemar fixe qui engendre la monomanie homicide, et tel qu'il eût probablement fini dans un asile, en des temps ordinaires.

Cette figure est si repoussante que les poètes n'ont pas essayé de l'embellir. Le pouvaient-ils, dès qu'ils mettaient sur la scène Charlotte Corday, la grâce devant la laideur ? Entre beaucoup d'autres, Robert Griepenkerl[1] l'a marquée assez vigoureusement. Il a choisi, dans ses *Girondins*, l'heure triomphale de Marat, quand le tribunal révolutionnaire le renvoie absous à la Convention, où le porte la populace. Il nous le fait voir à l'assemblée, dans la rue et dans sa cave, toujours toussant, demandant un bain pour adoucir sa peau qui lui démange, de l'eau pour éteindre la brûlure de son gosier, des serviettes pour essuyer la sueur froide qui lui mouille le front, préparant des listes pour la sainte guillotine, et voulant faire couper autant de têtes qu'il y a de mots dans la Bible, son livre favori, afin que la parole égalitaire de la Bible soit vérifiée.

La mort de Marat commence la grandeur de Robespierre. Celui-ci est le parfait interprète de la Révolution, nous dit Taine, et « paré comme elle ». Disciple sans génie de Rousseau, il plane dans l'espace vide, parmi les abstractions, « toujours à cheval sur les principes, incapable d'en descendre, et de mettre le pied dans la

[1] *Die Girondisten*. Trauerspiel in fünf Aufzügen (tragédie en 5 actes). Bremen, Schlodtmann, 1852. — On compte nombre de « Charlotte Corday » dans le théâtre allemand.

pratique ». Son amour-propre, qui a tant souffert d'abord, s'est raidi, et il est comblé. Le « cuistre » en est venu à ce degré de vanité où « l'infatuation froide équivaut à la fièvre chaude, et Robespierre arrive aux idées, presque aux visions de Marat ». Il se croit persécuté, se pose en martyr. Il ne voit autour de lui que des scélérats et des traîtres. Son sens commun est perverti ; il croit « à la volée », sans réfléchir. Ses meilleures raisons sont ses soupçons, et rien ne prévaut contre ses soupçons, pas même l'évidence palpable. Au bout de trois ans, il « a rejoint Marat dans le poste extrême où Marat s'est établi dès les premiers jours, et le docteur s'approprie la politique, le but, les moyens, l'œuvre et presque le vocabulaire du fou ». Sa machine physique se détraque ; il a les mains crispées, des secousses brusques dans les épaules et dans le cou ; son teint est bilieux et livide ; ses yeux verts clignotent. « Au physique comme au moral, il devient un second Marat, plus bourrelé, parce que sa surexcitation n'est pas encore un équilibre, et parce que, sa politique étant une morale, il est obligé d'être plus largement exterminateur. »

Robespierre paraît à peine dans *les Girondins* de Griepenkerl, et Saint-Just ne s'y montre pas encore[1]. Mais leur victoire sur Danton et leur chute sous les Thermidoriens formait le sujet d'une tragédie précédente de l'auteur[2]. Je n'en parlerai pas ; je viens tout de suite au beau drame de Büchner, *La Mort de Danton*[3]. Œuvre d'un jeune homme qui portait en lui le

[1] Je néglige Saint-Just, une misérable figure quand on la regarde avec les yeux de Sainte-Beuve ou de Taine. Büchner a su faire parler Saint-Just ; il lui prête un langage trop magnifique, dont il suffit de crever l'ampoule.

[2] *Maximilian Robespierre*. Tranerspiel in fünf aufzügen. Bremen, Schlodtmann, 1851, 2e édit. — Les *Girondins* sont écrits en prose, le *Robespierre* en prose et vers.

Georg Büchner's Sæmmtliche Werke. Frankfurt am Mein, 1879. M. Auguste

génie du physiologiste et du poète (il mourut à l'âge de vintg-trois ans), ce drame romantique est outré et sauvage ; il y passe un souffle de folie, il y coule du sang et de l'ordure. Nous y assistons à des scènes d'orgie, de prostitution, de bêtise populaire ; nous y sommes à la Convention, aux Jacobins, dans les prisons, au tribunal révolutionnaire et sur la place de la guillotine.

Ecoutez Robespierre aux Jacobins. Il se peint déjà dans son discours : « L'arme de la République est la terreur, la force de la République est la vertu, — la vertu, sans laquelle la terreur est funeste, — la terreur, sans laquelle la vertu est impuissante... Le gouvernement révolutionnaire est le despotisme de la liberté contre la tyrannie... Pitié !... Non ! Toutes les expressions d'une fausse sensibilité me semblent des soupirs qui s'envolent vers l'Angleterre ou l'Autriche... » Ecoutez-le à la Convention : « Quiconque tremble en ce moment est coupable... — Nous n'avons plus que quelques têtes à frapper, et la patrie est sauvée[1] ! »

« Il a joué des doigts à la tribune, rapporte Lacroix à Danton après la séance des Jacobins, et il a dit que la vertu doit régner par la terreur. Cette phrase m'a fait mal au cou. » Le discours de Robespierre aux Jacobins avertissait Danton ; le discours à la Convention désigne sa tête. Danton, avant qu'on l'incarcérât, a vu Robespierre, mais il l'a blessé. Ce jouisseur, ce violent, Büchner

Dietrich m'a communiqué le volume de Büchner ; je me sers, pour *la Mort de Danton*, de l'excellente traduction qu'il en a faite, et qui paraîtra prochainement chez Louis Westhausser.

[1] Une scène de Büchner, bien caractéristique. Le peuple ameuté crie : « A mort, qui n'a pas de trou à son habit ! » Robespierre intervient : « Au nom de la loi ! » — *Premier Citoyen* ; « Qu'est-ce que la loi ? » — *Robespierre* : « La volonté du peuple. » — *Premier Citoyen* : « Nous sommes le peuple, et nous voulons qu'il n'y ait pas de loi. *Ergò* : cette volonté est la loi. *Ergò* : au nom de la loi, qu'il n'y ait plus de loi. *Ergò* : à mort ! » — La caricature achève de rendre le modèle.

se plaît à le faire parler ; il est un peu sentencieux quelquefois, du moins il sait la vie, et sa séduction a été d'aimer la vie.

« Rien du fou chez Danton », écrit Taine encore. Il a l'esprit le plus sain, il possède même l'aptitude politique à un degré éminent. Il est un génie original, spontané, point scribe, ni raisonneur. « Il *regardait*, et *voyait*. » Mais il est, par tempérament, et par caractère, un « barbare » ; capable de donner un coup d'épaule, incapable d'un travail régulier et assidu ; il a pu faire et laisser faire les massacres de septembre, il ne sera jamais un bourreau méthodique ; nul sens moral chez lui, nulle conscience ; mais il a des entrailles, et même du cœur.

Ce brutal puissant gêne le craintif Robespierre. Ecoutons-les dans la belle scène de Büchner :

DANTON

Où cesse la défense légitime, commence le meurtre ; je ne vois pas de raison qui nous contraigne plus longtemps à tuer.

ROBESPIERRE

La révolution sociale n'est pas encore achevée... La bonne société n'est pas encore morte... Le vice doit être châtié, la vertu doit régner par la terreur.

DANTON

...Avec ta vertu, Robespierre ! Tu n'as pas volé d'argent, tu n'as pas fait de dettes, tu n'as pas couché avec des femmes, tu as toujours porté un habit décent et tu ne t'es jamais grisé. Robespierre, tu es insupportablement honnête. J'aurais honte de m'agiter trente années entre terre et ciel avec la même physionomie morale, seulement pour jouir du misérable plaisir de trouver les autres pires que moi. N'est-il donc rien en toi qui te dise parfois tout bas et en secret : Tu mens, tu mens ?

ROBESPIERRE

Ma conscience est pure.

DANTON

La conscience est un miroir devant lequel un singe se tourmente; chacun se pare comme il peut et joue son jeu à sa façon... As-tu le droit de faire de la guillotine une cuve à lessive pour le linge sale des autres hommes, et de leurs têtes tranchées des morceaux de savon pour leurs vêtements crasseux, parce que tu portes un habit toujours soigneusement brossé?... Es-tu l'agent de police du ciel? Et, si tu ne peux soutenir cette vue aussi bien que ton cher bon Dieu, alors mets ton mouchoir devant les yeux.

ROBESPIERRE

Tu nies la vertu?

DANTON

Et le vice. Il n'y a que des épicuriens, les uns grossiers, les autres délicats. Christ fut le plus délicat... N'est-ce pas, incorruptible, il est cruel de t'arracher ainsi les talons des souliers?... D'ailleurs, pour demeurer dans tes principes, nos coups doivent être utiles à la République; il ne faut pas frapper les innocents avec les coupables.

ROBESPIERRE

Qui te dit donc qu'un innocent ait été frappé?

DANTON

Entends-tu, Fabricius? Il n'est mort aucun innocent!

Et Danton sort, disant à Panis : « Nous n'avons pas un moment à perdre. » Robespierre, demeuré seul, s'interroge ; il se hausse un moment, et puis retombe dans son idée fixe :

« M'arracher les talons des souliers! — Pour demeurer dans tes principes!... On dira que sa figure gigantesque jetait trop d'ombre sur moi, que c'est pour ce motif que je l'ai chassé de mon soleil. — Et si on avait raison ? — Est-ce donc si nécessaire ? Oui, oui... — C'est ridicule, comme mes pensées se surveillent les unes les autres ! — Il doit disparaître !... Arrière la faction qui a dépouillé de ses habits la défunte aristocratie, et en a hérité la lèpre !... La vertu, le talon de mes souliers ! Dans mes principes ! — Comme cela me revient toujours ! — Pourquoi ne puis-je me délivrer de cette pensée ? — Elle me fait sans cesse signe là, là, avec un doigt sanglant !... — Je ne sais pas ce qui en moi se joue du reste... Ne sommes-nous pas des somnambules, notre activité ne ressemble-t-elle pas à celle du rêve ?...

(Saint-Just entre.)

Hé, qui est là dans l'obscurité ? Hé, de la lumière, de la lumière ! »

Saint-Just déclare qu'il attaquera à la Convention Danton et ses amis. Robespierre n'a plus que des mots saccadés : « Beaucoup de façons !... — Alors, vite ! Demain ! Pas de longue agonie ! Depuis quelques jours je suis sensible. » Et, de nouveau seul, il se compare au Messie : « Il avait la volupté de la douleur, et moi j'ai la torture du bourreau. »

Il semble impossible, à qui n'a pas vu de près la besogne révolutionnaire, qu'un homme médiocre ait réussi à devenir le maître d'un peuple, et que Robespierre n'ait pas eu quelque génie. Mais que ne peut faire la poussée des violents, dans une nation désorganisée par la violence ! Quel faible effort personnel y peut suffire pour être un dieu ! Robespierre fut une intelligence ordinaire, appliquée à un objet qu'elle est impuissante à embrasser tout entier ; les ressorts de la vie étaient tendus en lui vers une chimère de son propre cerveau, et sa quantité personnelle d'émotion n'a fait que fournir à la meule de sa logique. Chez cet homme c'est *l'Idée* qui hait et qui est impitoyable, ainsi qu'un autre poète allemand, Robert Hamerling [1], le lui fait dire.

Le Robespierre de Hamerling vient rafraîchir ses pensées à l'ermitage de Rousseau, dans la forêt de Montmorency ; il se fait doux avec la nature, et ramasse un oisillon tombé du nid dans le moment même où la tête puissante de Danton roule dans le panier du bourreau. C'est qu'il est vertueux, vraiment, et peut-être sensible. Mais, chez ce déclassé, les émotions ne sont plus en équilibre. Ni sa sensibilité ne le retient de verser le sang, ni sa moralité ne l'avertit que sa politique est monstrueuse. La fonction raisonnante a affaibli, et presque absorbé, les autres fonctions de la nature ; mise au service de la vanité, de la jalousie, elle a amené la perversion dans la conduite. En l'absence d'autres signes bien accusés, Robespierre et ceux qui lui ressemblent portent au moins ce caractère frappant d'un état mental défectueux, qui est le méfait continu de leur logique [2].

La figure du « barbare » a servi, à Hamerling comme à Büchner, d'un repoussoir vigoureux à celle du « cuistre ». La nature saine de Danton fait mieux paraître l'homme artificiel dans Robespierre. Celui-ci n'a pas touché à la folie, je l'accorde volontiers. Mais les poètes qui ont voulu le faire revivre l'en ont assez approché pour que j'eusse licence de le ranger dans cette série des héros pathologiques.

Il est des personnages de comédie que j'y aurais aussi pu faire entrer : *l'Etourdi* de Molière, *les Plaideurs* de

[1] *Danton und Robespierre.* Tragödie in fünf Aufzügen. — Hamburg, Richter, 1877. 4e édit. — La tragédie de Hamerling est en prose et en vers. Elle est moins géniale que le drame de Büchner, mais plus patiemment construite.

[2] La manie raisonnante n'est-elle pas quelquefois bien visible dans Proudhon?

Racine, *le Distrait* et *le Joueur* de Regnard, etc. Leurs défauts, si marqués qu'ils ne les connaissent pas eux-mêmes, dénotent, à un certain degré, l'indépendance des centres inférieurs vis-à-vis des centres supérieurs de contrôle et d'inhibition, comme on dit dans l'école. Ces défauts ne sont que des travers ; mais les travers occupent le champ entre la santé et la maladie, un vaste champ, où les « originaux » de La Bruyère font bonne figure. On est « déséquilibré », plus ou moins, sans être fou ; on peut approcher de la folie, sans y verser jamais, et ce serait un abus de langage que d'étendre le signe et d'accorder le bénéfice de la maladie à tous les passionnés, à tous les excentriques. A plus forte raison, les extrêmes du génie et de la folie ne se touchent pas, il s'en faut bien, quoique des aptitudes remarquables se montrent souvent dans plusieurs sujets d'une famille, au début de sa dégénérescence.

Je termine là ce rapide examen. La quantité des exemples n'ajouterait guère à l'instruction qu'on en peut tirer, soit sur l'emploi de la folie dans le drame, soit sur les variations ordinaires de la volonté[1].

[1] J'aurais pu revenir dans ce chapitre sur mon étude d'*Hamlet*, pour y ajouter et y corriger aussi. Selon M. G. Dumas (*Les états intellectuels dans la mélancolie*, Paris, F. Alcan, 1895), *Hamlet* offrirait un cas net d'aboulie et de mélancolie, la pensée gardant son équilibre; le drame serait, d'un bout à l'autre, une observation clinique des plus intéressantes. J'engage mes lecteurs à consulter son ouvrage, en ayant égard au « sens du théâtre » qui guide toujours Shakspeare. (Note de la 3e édition.)

CHAPITRE IX

L'ÉVOLUTION ET LA RACE

Questions d'éthologie. — Les émotions conservatrices et les émotions sympathiques (les poèmes homériques ; les chants norses ; la *Saga de Frithiof*, de Tegnér ; la *Nibelunge* de Jordan ; la *Chanson de Roland*). — Le sentiment religieux ; ses degrés. La poésie grecque. L'épopée hindoue. La comédie de Dante. — Les passages de l'épopée à la tragédie. Les déchéances (la légende d'Achille et de Polyxène). — L'autonomie morale dans le monde moderne. L'homme complet de Shakspeare. L'homme raisonnable de Voltaire. L'amour et le devoir dans Schiller. La liberté de l'amour dans George Sand et les romantiques. — Retour à la règle sociale, dans la littérature. Répétitions et dissemblances.

Les chapitres précédents contiennent déjà des indications nombreuses sur quelques états historiques de la moralité. Il resterait à poser la question d'une éthologie des peuples, à laquelle je ne prétends pas d'ailleurs beaucoup contribuer. Le drame n'est pas le témoin unique, ni même le plus important, du fait moral, et ce fait, tel que je l'ai présenté, ne traduit pas non plus tout le « caractère ». L'évolution morale se montre constante et assez régulière à travers les variétés des groupes humains. Quant au caractère, on peut voir, si l'on y regarde bien, que nos diverses émotions s'harmonisent d'une manière différente pour composer la moralité, suivant le moment historique, ou peut-être aussi selon la race. C'est la question même d'une éthologie, prise dans les limites du sujet de ce livre.

Les émotions conservatrices ont une extrême importance dans les sociétés primitives. Les qualités de conservation, et d'abord la valeur, sont aussi les plus estimées dans les chants antiques des grandes races. Elles y représentent la loi et le devoir.

Les héros des poèmes homériques vivent bonnement la vie, la pleine vie au soleil, sous la main des dieux qui se font visibles quelquefois, et sous la menace de la destinée, qui apparaît plus grande que les dieux et demeure à jamais impénétrable. L'idée de nation existe à peine. On a le sentiment d'appartenir à une souche commune, et l'occasion pourra décider les chefs à agir en commun. Les nations sont encore des domaines ; les rois, des propriétaires. Les devoirs restent peu étendus, comme le milieu où ils s'exercent. La figure d'Agamemnon, à la vérité, se détache en assez haut relief : il a la majesté, et il porte le commandement ; mais l'action pratique du chef est assez faible, et les devoirs généraux sont faibles aussi. En définitive, la qualité la plus estimée, c'est la force, la valeur, et c'est, au même degré, la ruse, la finesse de l'esprit, qualités non moins conservatrices.

Achille semble figurer le luxe de la vie guerrière, dans l'*Iliade*; Ulysse y est le plus précieux agent, peut-être le vrai héros. Il a déjà la marque distinctive de la race, et cet « Odusseus » fin et rusé est l'ancêtre spirituel de beaucoup d'autres Grecs, qui furent des sophistes ou des poètes. La déesse même de la Sagesse, cette Athénè qui vient souvent au premier plan du divin monde homérique, est indulgente aux mensonges de son héros préféré ; elle lui sourit, quand il essaye de la tromper elle-même, et la morale qu'elle professe n'est pas trop rigide. Elle ne condamne pas les trames qui sont bien ourdies, ni les ruses qui ont réussi. La perfidie peut prendre une certaine forme qui la justifie à ses yeux, et cette divine sagesse est femme pour le mal comme pour le bien.

La force et la ruse sont pareillement estimées chez toutes les nations primitives. Dans la mythologie scandinave, l'homme est entré en sincère communion avec la nature. « Une très vaillante, vraie vieille race d'hommes, écrivait Carlyle [1], que ces Northmans » ; et dignes d'elle ses poètes, presque tous nés sur la sauvage terre d'Islande. La croyance pratique des vieux chants norses n'était probablement, selon Carlyle, pas beaucoup plus que ceci : croyance aux Valkyries et au palais d'Odin ; à une inflexible destinée ; et que la seule chose nécessaire pour un homme, c'était d'être brave. Les Valkyries sont « choisisseuses des tués » ; alors qu'elles conduisaient les braves au céleste Palais d'Odin, seuls les bas et les serviles étaient plongés dans les royaumes de Héla, la déesse de mort. « Les vieux rois, aux approches de la mort, se faisaient mettre dans un navire ; le navire était lancé, avec ses voiles dehors et un feu lent qui le brûlait ; afin que, une fois en pleine mer, il pût s'incendier et flamber haut, et de cette façon ensevelir dignement le vieux héros, à la fois dans le ciel et dans l'Océan. »

Les rudes chants des races du Nord n'ont pas le charme varié de l'épopée grecque. Je n'oserais dire que les qualités du héros y sont plus hautes. Mais la vaillance d'Ulysse n'y est pas servie par la perfidie d'Ulysse. L'homme y est brave plutôt avec témérité, et pour être brave. Il fait montre du mépris de la vie, et il la risque sous la

[1] *Les Héros, Le culte des Héros et l'Héroïque dans l'histoire*. Trad. J.-B.-J. Izoulet-Loubatières. Paris, Colin, 1888. — Conférence I.

domination de cet autre sentiment conservateur, qui est l'orgueil, et la dignité de soi.

Je trouve dans la *Saga de Frithiof*, une œuvre moderne où le poète suédois Tegner a fait revivre l'esprit des âges passés, un épisode qui peint ces qualités de la race. Lorsque Frithiof aborde, après la tempête, sur les côtes où le Jarl Angantyr commande, Atle le guerrier, à la barbe noire, vient à lui et le provoque, pour savoir s'il est vrai, comme le dit la renommée, qu'il sait endormir les glaives et qu'il ne demande jamais merci. « Frithiof terrasse son ennemi, et, lui mettant le genou sur la poitrine, il lui fait entendre ces paroles de colère : « Si j'avais mon glaive, guerrier à la barbe noire, j'en-« verrais sa lame aiguë à travers ton corps. » — « Qu'à « cela ne tienne, » répond le superbe Atle, « va chercher « ton glaive, je ne bougerai pas. L'un et l'autre, nous « devons voir le Valhalla. C'est mon tour aujourd'hui ; « demain, peut-être, ce sera le tien. » — Frithiof s'empresse de revenir, car il veut en finir avec ce jeu. Il lève Angurvadel (son épée) ; Atle demeure immobile. Alors, le cœur du héros s'émeut ; il maîtrise sa colère, et, retenant le coup prêt à tomber, il prend la main du vaincu. »

Frithiof, errant sur les mers solitaires, écrit des lois pour les guerriers de son bord ; ces lois font un devoir au Viking de la témérité. « Le manteau de Thor, le victorieux, est court, le glaive de Frey n'a qu'une aune de longueur. Cela suffit. Si tu as du cœur, affronte de près ton ennemi, et ton glaive ne sera point trop court. — Quand la tempête gronde avec force, hisse la voile; il est doux de cingler sur la mer courroucée. En avant, en avant ! Lâche qui amène la voile ! plutôt couler à fond ! — Les blessures sont le gain du Viking ; elles décorent le héros, quand elles brillent sur son front ou sur sa poitrine. Laisse-les saigner, attends la fin du jour pour y mettre l'appareil, si tu veux être compté parmi les nôtres [1]. »

La *Nibelunge* tissée par Wilhelm Jordan avec les vieilles histoires exalte la bravoure des héros anciens, qui combattaient les monstres, ou risquaient leur vie pour conquérir une femme, et elle rappelle à la moderne Germanie son âge héroïque. Dans le prélude de son premier lied, paru dès 1863, le poète invoquait en ces termes la « Sage », la chanson : « Veille maintenant ô divine Sage, toi, immortelle mémoire de la famille tudesque, à ce que, délivré enfin de ses chaînes, le premier des peuples sorte de son profond sommeil, uni et fort, pour les batailles, pour obtenir à son tour sur la ronde terre le trône dont il a été frustré, car ce qui assure seulement aux chants héroïques le succès pour une longue durée est le soleil de la victoire [2]. » Et il lui était permis de chanter, dix ans plus tard, la victoire prédite :

« ... Oui, elle est venue, cette tourmente,... telle qu'il n'en avait pas soufflé encore. Comme des héros seulement pouvaient donner salut et aide, alors nous fut suscité celui qui triompherait du monde. Oui, nous avons trouvé le conducteur vers la pleine guérison. Nous les avons combattues avec succès, les glorieuses batailles, nous avons paré les guerriers avec des guirlandes, et forgé la couronne d'une puissance unie [3]. »

[1] Trad. Léouzon Le Duc. Paris, Lacroix-Verboeckoven, 1867. — Voy. plutôt la traduction allemande, en vers, de Edmund Lobedanz, *Die Frithiofs-Sage*, Stuttgart, collection Speemann.

[2] W. *Jordan's Nibelunge. Erstes Lied, Sigfridsage*, Frankfurt. a M. *Vorgesang*. S. 6 (zwolfte Auflage, 1884).

[3] *Zweites Lied, Hildebrants Heimkehr. Nachgesang*, S. 309 (siebente Auflage, 1885).

Les sentiments de pitié, de sympathie, ont un rôle à peine moins important dans la morale des peuples primitifs. Que d'expressions touchantes des sentiments tendres et généreux nous admirons dans les chants homériques ! L'épopée des races du nord en est moins riche; mais la note douce y est si juste, si sincère, que l'absence de l'ancienne grâce grecque en est rachetée.

La valeur si rude du héros norse n'excluait pas la pitié, ni la douceur. Lorsque Balder, le Dieu blanc, est mort, Frigga sa mère prie Hermoder de l'aller chercher dans le royaume de la mort. Mais Hela, inexorable, ne veut pas le rendre. Il envoie son anneau à Odin. Nanna, sa femme, qui s'était volontairement offerte à aller avec lui, à mourir avec lui, envoie son *dé* à Frigga, comme souvenir.

La vaillance reste la qualité la plus haute dans la *Chanson de Roland.* La grâce n'y paraît que dans l'épisode de la belle Aude. Cette chaste fille aime son Roland, et elle meurt de l'avoir perdu; elle défaille, à l'annonce de sa mort, aux pieds du grand Charles. Ce coup droit dans le cœur, c'est une faveur, dans les chants des races nouvelles, que d'en être frappée et d'en mourir. Il a suffi de cette apparition de jeune fille, avec ses doux yeux qui se ferment et sa blonde chevelure qui se répand sur la terre (cela même, le poète ne le dit pas), pour éclairer d'un rayon ce poème des batailles et y laisser le parfum enivrant du féminin.

> Alde la belle est à sa fin alée (3723).

Mais les hommes se souviennent toujours d'elle. Il est une nouveauté dans la délicatesse de cet amour, et dans cette plainte un charme infini. Si l'épopée grecque nous a donné l'épouse fidèle avec Pénélope, l'épouse repentante avec Hélène, et la vierge avec Iphigénie, la fiancée est une création des chants nouveaux. La jeune fille y a pris une place considérable; elle est aimée pour elle-même, et accorde librement son amour; elle inspire l'action de l'homme qui la désire ou qui l'a conquise; la fidélité des amants est devenue un idéal, parce que l'amour se fonde sur la libre recherche et sur le consentement mutuel des personnes.

De même, si l'antiquité nous a laissé de beaux exemples d'amitié, et si le terrible Achille pleure, dans l'Iliade, son cher Patrocle, il semble que la confraternité d'armes ait donné chez nos ancêtres plus de vigueur aux affections masculines. On sent du moins, en lisant nos vieux poèmes, que les émotions sympathiques et les sentiments tendres vont se créer une langue différente. Le respect de la foi conjugale n'est plus commandé seulement par l'intérêt social; mais la tendresse se dégage, en quelque sorte, de tout ce qui n'est pas elle. L'homme conçoit une beauté morale de l'amour, qui comporte le sacrifice et le pardon des injures, et les émotions sympathiques, celles qui regardent autrui, confinent, à ce degré, aux émotions esthétiques, à celles qui ne sont liées, comme s'expriment les psychologues, ni à des états conservateurs, ni à des états destructeurs.

Nos diverses émotions concourent à former le sentiment religieux : il en signifierait peut-être un certain état, sans avoir rien qui le constitue en propre[1]. La crainte seule n'a pas pu faire les dieux; la terreur religieuse n'est pas encore toute la religion. Mais la sympathie humaine a pris une telle forme, qu'elle est devenue le pardon, le sacrifice, en vue d'un idéal situé hors de

[1] Voy. mon *Journal d'un philosophe*. XXVI, Paris, Alcan, 1887.

l'humanité ; l'émotion de la beauté, l'admiration des grands spectacles de la nature, ont jeté l'homme dans l'attitude d'un sublime étonnement ou d'un plaisir délicat, et le travail de l'intelligence a élevé enfin la religion purement émotionnelle à la religion métaphysique. D'une manière générale, le sentiment religieux serait toujours, si l'on peut parler ainsi, un état esthétique de l'émotion : il détache les sentiments inférieurs de leur objet grossier, pour les rapporter à une idée générale de puissance ; il a plus ou moins, dans les âmes hautes, ce signe de l'émotion du beau, d'être désintéressé.

On pourrait donc avoir une marque de son caractère, en recherchant quelle classe d'émotions a été prépondérante dans la religion d'un peuple. La crainte de Dieu, par exemple, resta le fondement de toute la religion d'Israël, et l'idée de la divinité, chez les peuples sémites, est associée à celle de la terreur ; le culte chinois, même dans le confucisme, n'est pas dégagé de l'intérêt pratique ; les religions de l'Asie Mineure n'ont point dépassé la philosophie de l'égoïsme, et d'un égoïsme voluptueux, plutôt que délicat; les émotions sympathiques ont dominé chez les Hindous, les émotions esthétiques chez les Hellènes.

La grande rivale de la sagesse, dans le ciel homérique, c'est la beauté : la beauté qui se donne, celle de Vénus. Les vieillards troyens, assis à la porte de leur ville, regardent passer Hélène, et ils ne se sentent plus le courage de la maudire, parce qu'ils la trouvent belle. Un sentiment de l'art est dans la race, qui peut dompter les émotions grossières, mais corrompre aussi les émotions supérieures. Il semble que la finesse de l'esprit et le plaisir des yeux soient les régulateurs de la sagesse divine et humaine dans ce monde hellénique.

Si l'émotion dominante est un indice du caractère, la moralité dans la religion est un signe de l'avancement. La religion, en effet, n'eut pendant longtemps rien à faire avec la morale; souvent même les principes de l'une se sont trouvés en opposition directe avec les principes de l'autre. « Les deux grandes religions, écrit Gustave Le Bon[1], qui, les premières, ont pris pour base la morale, c'est-à-dire les devoirs réciproques des hommes, sont le bouddhisme et le christianisme. Aussi ont-elles révolutionné le monde... Nous ne voulons pas dire que ce soient elles qui aient fait triompher la morale dans le monde. Elles ont concordé avec le développement du sens moral, mais ne l'ont pas précédé. Elles ne pouvaient naître... que lorsque le sens moral eut atteint dans l'humanité un certain degré de développement. Elles se sont appropriées cet esprit de charité qui commençait à flotter, pour ainsi dire, dans l'air : souffle bienfaisant et doux, inconnu jadis parmi les rudes orages de la barbarie, et qui s'élevait au sein des sociétés apaisées, à mesure que la lutte pour la vie devenait moins dure. »

Les religions grossières enferment déjà une confuse explication des faits de l'existence. Il n'est pas de religion digne de ce nom, où la pensée intelligente n'ait achevé, comme elle pouvait, l'ordre du monde. Le génie hindou fit porter l'évolution des êtres, dont l'idée lui était si familière, sur la perfection morale, sur l'amour. On retrouve d'ailleurs dans ses grands poèmes, monuments anciens remaniés durant les âges postérieurs, les caractères des chants guerriers de l'Occident. La vigueur y est estimée ce qu'elle vaut : Râma obtient son épouse,

[1] *Les premières civilisations*, chap. IV, p. 94. Paris, Marpon, ouvrage en cours de publication.

cette Sitâ dont les yeux sont grands comme les pétales des nymphées et le visage beau comme la lune, en bandant l'arc *énorme* de Civâ, *que traînent* avec *effort* huit cents hommes d'une stature élevée. Les princes sont qualifiés « tigre des hommes », « taureau des hommes »; mais ils sont vantés surtout parce qu'ils « connaissent le devoir » et pratiquent la justice.

Râma subit un exil de quatorze années pour ne pas faire mentir son père, qu'une de ses femmes a circonvenu en faveur du fils qu'elle a porté. A son retour, il supplie son père défunt de pardonner à la méchante épouse. Daçaratha, l'immortel, apparaît sur un char, et il parle ainsi à Râma : « Tu as vu, héros, quatorze années s'écouler pendant que tu habitais pour l'amour de moi les forêts, en compagnie de ta Vidéhaine et de Lakshmana. Ton séjour dans les bois est donc aujourd'hui une dette acquittée, et ta promesse est accomplie. Ta piété filiale a sauvegardé, mon fils, la vérité de ma parole, et la mort de Râvana, immolé de ta main dans la bataille, a satisfait les dieux. Maintenant, paisible avec tes frères dans ton royaume, goûte le bonheur d'une longue vie. » Au roi des hommes, qui parlait ainsi, Râma fit cette réponse, les mains réunies en coupe : « Je suis heureux de voir que ta majesté, objet naturel de ma vénération, est contente de moi. Mais je voudrais obtenir de ton amour une grâce utile : c'est que tu rendes, ô toi qui sais le devoir, ta faveur à Kêkéyî et à Bharata. « Je t'abandonne avec ton fils ! » telles sont les paroles qui furent jetées par toi-même à Kêkéyî. Que cette malédiction, seigneur, ne frappe ni cette mère ni son fils ! »

Leur modestie grandit ces héros, et leur humilité ne les abaisse pas. L'héroïsme se manifeste, dans ces poèmes hindous, par des pénitences extraordinaires, autant que par des actes de courage; il y règne une folie du sacrifice, et des milliers d'années d'épreuves n'épuisent pas le désir de la mortification chez ces personnages illustres, guerriers ou brahmes, à qui les poètes ne mesurent pas le temps. Il ne naît pas aux couples royaux un digne héritier, qu'ils ne l'aient mérité en s'imposant des privations inouïes. Les malheurs qui frappent l'homme puissant proviennent le plus souvent d'injures, volontaires ou involontaires, faites aux brahmes ou aux saints anachorètes, dont la malédiction est difficile à purger. On vit dans un monde de sainteté, de piétisme, où le ressort de la volonté humaine se détend, où domine trop le sentiment de l'instabilité des choses. La mort est comparée à une caravane en marche, que rejoignent tous les êtres placés sur la route du monde : belle image qui trahit ici le poète d'une race fatiguée. Dans le bruit lointain des aventures mythiques, on devine la lassitude incurable de vivre et de résister. La contemplation incessante du néant où viennent les êtres accable ou endort les âmes des vivants.

Dans l'Occident chrétien, il faut arriver à la *Comédie* de Dante, pour trouver un beau monument à la fois religieux et littéraire. Ici, la loi du devoir est symbolisée avec rigueur, la morale est fondée sur une critique de l'âme humaine. Dante avait une psychologie, et il l'explique lui-même par la bouche de Virgile, notamment au dix-huitième chant du *Purgatorio*.

« D'où vient l'intelligence de ses premières notions, l'homme ne le sait pas, et non plus la pente de ses premiers appétits, — lesquels sont en vous, comme dans l'abeille la passion de faire le miel : et cette première volonté ne mérite ni blâme ni louange. — Or, pour que tout dérive vers cette première volonté, en vous est née la vertu qui conseille (la raison) et qui doit se tenir sur le seuil du commandement[1]. »

Cette partie de la *Divine Comédie* est à quelques égards la plus intéressante. Le poète y met en scène le grand acte chrétien du repentir, qui ouvre le chemin à la perfection des âmes. Il monte lui-même des abîme du monde infernal, chargé des sept péchés, et il gravit la montagne, plus léger à mesure que l'ange l'en décharge. Le premier, et le plus lourd, c'est le péché d'orgueil. Quelle différence de la conception païenne à celle-ci ! Le vice qui est châtié dans la religion d'Odin, c'est la lâcheté ; le vice capital dans la religion du Christ, c'est l'orgueil. La bravoure est la qualité la plus prisée chez les nations barbares ; dans la culture chrétienne, c'est l'humilité. Mais l'humilité n'y est pas couardise ; elle est valeur morale, courage de ne se pas estimer soi-même plus qu'on ne vaut, et l'un des exemples d'humilité peints sur le mur du premier cercle de son Purgatoire est emprunté par Dante à la vie du noble empereur Trajan[2].

Venons à la tragédie. Si les chants primitifs la préparaient, elle ne s'est pas toujours produite, ou elle n'a pas été frappée au même coin. L'apparition ou l'absence du drame scénique chez un peuple, serait un indice de son caractère. Un signe non moins remarquable serait dans

[1] Trad. A. Brizeux.

Pero, là onde vegna lo' ntelletto,
 Della prime notizie, uomo non sape,
 E de' primi appetibili l'affetto,
Che sono in voi, si come studio in ape
 Di far lo mele : e questa prima voglia
 Merto di lode o di biasma non cape.
Or, perchè a quasta ogni altra si raccoglia
 Innata v'e la virtu, che consiglia,
 E dell' assenso de' tener la soglia. (XVII, 55 et suiv.)

[2] Dans la religion de Léon Tolstoï, dirai-je en passant, on sent revivre peut-être l'âme hindoue autant que l'âme chrétienne.

l'état des questions proposées, discutées sur le théâtre.

Dans les sociétés moralement actives et progressives, il se fait un continuel travail de transformation des sentiments en devoirs, et de conciliation des sentiments, qui s'accuse surtout par les conflits tragiques. Si le drame n'accuse pas ces conflits, c'est que la morale est venue, comme peut-être celle des Hindous, à une sorte de fixité, ou que la poésie dramatique n'a pas fleuri à un moment favorable. Ainsi les Romains, dont l'action a été si féconde dans le domaine pratique du droit, ne nous ont pas donné une tragédie originale. Mais l'absence du drame véritable proviendrait moins, généralement, d'une inaptitude littéraire ou des circonstances, que d'un manque d'activité créatrice dans l'ordre des faits sociaux les plus élevés. Elle signifierait donc une faiblesse, et la race hellénique resterait pour nous la plus féconde, au moins dans la spéculation pure, et la plus active du monde ancien, parce que ses poètes ont su, qu'ils ont osé exposer devant le peuple, sous une forme vivante, les hautes questions de la vie sociale et de la destinée humaine.

Nous trouvons dans le théâtre des Grecs des situations bien diverses, en raison, soit de la légende qui a fourni le sujet du drame, soit de la personnalité morale du poète qui l'a mise en œuvre. J'ai signalé déjà la substitution, dans l'aventure d'Oreste, de l'intérêt social à l'intérêt domestique, c'est-à-dire le conflit entre deux formes historiques du sentiment de la conservation. Antigone est une héroïne de l'intérêt familial ; mais les poètes du ve siècle lui ont attribué des sentiments de sympathie plus capables d'attacher les spectateurs de leur temps. Sophocle, nous l'avons vu, a prêté même à son Antigone la rébellion de la logique morale; et, quoique la tragédie grecque, avec Euripide, vive encore des antiques légendes, le ton de ses sentences nous laisse deviner la marche lente vers un état moral où l'intérêt individuel s'affirmera contre l'intérêt social, autant qu'il parle la langue de la pitié ou de la justice. Ce n'est pas un retour à ces temps barbares où l'égoïsme farouche de l'individu n'avait pas reçu encore la discipline sociale; mais c'est réellement un progrès, marqué par l'influence plus grande des émotions sympathiques et d'un idéal tout rationnel.

Cette révolution, du reste, eut ses excès. On n'ignore pas ce que les légendes homériques étaient devenues vers la fin du monde grec. Poètes ou prosateurs s'amusaient à les défaire, à les affadir. Ils prirent, par exemple, dans le grammairien Hygin, la légende d'un Achille amoureux de Polyxène, qui aurait été tué par Déiphobe et Pâris dans une entrevue où il venait demander la main de son amante. Dans tous les auteurs des romans épiques sur la guerre de Troie, nous dit Chassang [1], la mort d'Achille est racontée de cette manière. « Il a été victime d'un piège tendu à son amour, tandis que dans les anciens poètes il mourait en combattant, frappé d'une flèche par Apollon. » C'était plus, ici, qu'une déchéance littéraire ; c'était la ruine sociale.

Si nous sautons brusquement au XVIe siècle et à Shakspeare, le même travail nous apparaît dans sa continuation. La marque générale des sociétés nouvelles est dans le rôle prépondérant des émotions intellectuelles, dans l'activité créatrice de l'esprit. Quant à la marque spéciale de chaque peuple, elle pourrait être cherchée

[1] *Histoire du roman et de ses rapports avec l'histoire dans l'antiquité grecque et latine*. Paris, Didier, 1862. Relisez le fin dialogue de Boileau, *Les Héros de roman*, où le satirique raille la Calprenède, Scudéry, etc.

dans la qualité des idées et des faits sociaux qu'il a produits; mais le fait de l'évolution domine sans doute, ici, celui de la race, et ce que l'étude des œuvres littéraires nous donnerait, ce seraient d'abord les signes de la vie morale dans les derniers siècles, avec certains caractères qui seraient moins ceux d'une nation, que d'une génération d'hommes, et quelquefois d'un simple individu.

Essayons pourtant d'esquisser à larges traits les types génériques dont quelques poètes ont conçu l'image, et qu'ils ont réussi à faire vivre.

Shakspeare occupe, entre tous, une place singulière : il a donné le premier, sans leur être inférieur, une forme dramatique différente de celle des anciens, et il a peint dans sa rudesse puissante un monde nouveau. Il fait agir et parler ses personnages, autant qu'il est possible, selon le moment historique où il les choisit, et selon le caractère qu'il leur donne; mais sa propre nature le dispose à mettre en jeu toutes les émotions humaines, et l'homme vivant, celui qu'il a observé de ses yeux, perce à chaque instant le masque des héros qu'il ressuscite. L'homme de Shakspeare suit ses passions ; il se déploie dans sa liberté et dans sa force. S'il est en conflit perpétuel avec la société, ce n'est pas qu'il soit révolté ou insoumis : il n'est que prodigieusement actif, et le plus capable d'agir sur son milieu. Il coupe le vêtement social à sa taille, commode et large. Il ne s'entoure pas, comme fait l'Espagnol, de dignité hautaine, jaloux de ses droits de mari ou de gentilhomme, honorant le joug qu'il subit, afin d'obéir sans honte, enflant son orgueil pour tenir un peu plus de place. Mais il est toujours dans la mêlée, avec ses semblables. Il a un génie pratique, un bon sens, qui le fait solide, le retient dans ses écarts ; une imagination, une volonté qui le rendent audacieux et novateur. Il n'est pas le héros d'une doctrine ou d'un sentiment; il est l'animal « entier », qui n'abdique rien, ni de son égoïsme féroce, ni de ses chaudes sympathies: grossier, au fond, sensuel, éducable malgré cela, avec un germe d'idéal que sa fantaisie peut féconder.

Le poète n'a pas souci, d'ailleurs, de le créer tel que nous le définissons. Il n'a pas même posé expressément l'homme de son temps devant la société de son temps, ainsi qu'Euripide le faisait d'une manière déguisée; mais la révolution morale qui s'accuse dans l'œuvre d'Euripide, et par laquelle l'individu devenait une valeur indépendante, un petit monde pour soi, sans cesser d'être une personne sociale, cette révolution est accomplie dans Shakspeare. Il peint juste, parce qu'il sait regarder et voir. Il a le don du psychologue, du moraliste. Il est l'observateur qui a sondé les dessous de l'âme humaine, reconnu la puissance de l'émotion, et qui se plait à mettre en scène les tempêtes de l'esprit et de la chair. Il est aussi le chrétien, dont la conscience morale ne reçoit plus de l'Etat sa règle unique. Cette conscience entrera bientôt en révolte contre la foi extérieure, et elle proclamera enfin, dans les ouvrages des philosophes, l'autonomie de la « raison pratique ».

Ce sera l'œuvre de Kant et du génie allemand. Voyez la construction philosophique de Kant : toute sa philosophie des sciences, on l'a fort bien dit, est comme suspendue à sa philosophie des mœurs. L'homme que les poètes allemands, à son exemple ou durant la même période, ont imaginé, ce n'est plus l'homme entier de Shakspeare, c'est un « héros moral », dont la qualité est de créer le devoir, en quelque sorte, et dont l'indépendance consiste à lui obéir.

Goethe, en apparence, fait exception. L'homme qu'il veut être, et qu'il réalise dans le monde varié de sa création poétique, est le plus hautement privilégié : il jouit des biens de la vie en pur artiste ; il extrait des choses, à son usage, la beauté qu'elles enferment; dans la passion même il cherche l'épanouissement libre de sa noble nature. La loi sociale, pourvu qu'elle ne gêne point trop ses membres ni sa pensée, ce héros « esthétique » ne la viole pas, ne la méprise pas ; il se désintéresse volontairement de la changer. Il n'est pas indifférent à l'abondance nourricière du corps, et son âme supérieure n'a pas de fausse honte pour la « guenille ». Il ne place pas sa dignité dans le sacrifice des besoins, dans l'immolation des penchants ; il la trouve dans le pouvoir souverain de goûter le beau et de le produire autour de soi. Il devient enfin absolument moral, parce qu'il se détache des réalités vulgaires pour entrer dans l'harmonie idéale d'un monde purifié.

La beauté et la moralité ne se fondent pas moins complètement dans le type de Schiller. Il a subordonné, dans *Wallenstein* (nous connaissons ce conflit), les droits de l'amour au devoir moral; cela n'est guère douteux. Cependant son Max Piccolomini cherche la mort dans la bataille, parce qu'il lui faut renoncer à son amante, et le trépas du héros n'est point un simple expédient dramatique : mais l'amour paraît aussi nécessaire que le devoir à l'achèvement de sa personnalité. Dans le drame shakspearien, la femme est le plus souvent une créature faible et gracieuse, attachée à l'homme par la loi brutale du sexe ; ou encore elle se montre capable d'agir, d'exister par elle-même. Dans le drame de Schiller, la femme n'est point cet être passif; elle ne vaut d'ailleurs tout son prix que dans le couple ; elle s'appuie sur l'homme, et elle le pare de sa beauté; elle complète en lui le héros idéal, conçu dans la plénitude de sa nature aimante et agissante.

Ces différences dans la conception du héros ont influé sur la composition du drame. Dans le drame anglais, une passion violente emplit la scène; mais l'action offre le désordre apparent de la vie réelle, avec ses nombreux incidents et ses comparses. Le drame allemand est un ensemble construit par larges parties. Telle partie allonge quelquefois l'action, elle peut sembler inutile à la peinture des caractères, elle suspend même la suite de l'événement ; mais elle concourt à produire l'émotion qui est dans l'âme du poète et qu'il veut faire passer dans la nôtre. Ainsi, dans *Guillaume Tell*, si l'épisode de Jean le Parricide n'ajoute pas à l'intérêt scénique étroitement compris, il achève cette émotion esthétique et morale qui était le dernier objet de l'œuvre.

La tragédie française n'a pas l'abondance de Shakspeare et l'ampleur de Schiller. Elle vaut par la clarté et par la simplicité logique. Sa logique est dans la suite de l'événement, dans les extrêmes conséquences d'un fait ou d'une idée. Si différentes qu'elles soient entre elles, la tragédie de Corneille et celle de Racine ont une marque commune. La volonté, chez le héros de Corneille, est une réaction nécessaire de son caractère, parfaitement calculée. Ce héros « volontaire » agit d'après la même logique fatale que sa passion impose au héros aveugle de Racine. Ni l'un ni l'autre, dans ses plus grandes oscillations, ne s'écarte guère d'une ligne moyenne, qui est inflexible.

Lorsque le théâtre, au XVIIIe siècle, affectera chez nous d'être moral et réformateur, ses personnages régleront leur conduite sur leurs raisonnements ; ils seront mus par une chimère du cerveau, plutôt que par l'appétit du ventre ou par le désir du cœur. La tendance de la race est à créer un être de raison, un héros logique; on sera conduit à le vouloir faire vivre hors du théâtre, dans la vie réelle, et l'on tombera dans l'absurde par l'application d'une formule simpliste au gouvernement des faits, dont la variété déjoue sans cesse nos syllogismes.

Cette tendance aboutit, dans la littérature romantique, à une explosion de l'individualisme. Ce n'était pas ici la révolte soudaine des passions, toujours irritées par la contrainte légale; mais c'était une doctrine opposant à la raison commune le privilège absolu de la raison individuelle. Le roman de George Sand a été une longue revendication des droits de l'amour, de la liberté de la passion; il visait même au nivellement des classes par le rapprochement des sexes. Le théâtre de Victor Hugo porte sur des antithèses; les personnages y sont comme les termes positifs ou négatifs d'une équation algébrique: figures sans existence, que le poète fait jouer avec les gros fils du mélodrame.

Le romantisme exagérait l'action de l'individu sur le milieu; les nouveaux romanciers font valoir au contraire la réaction du milieu sur l'individu. On remarquait bien ici et là, notamment chez Dumas fils[1], une tendance manifeste à replacer l'homme sous la règle de la religion et de l'Etat. Mais une école plus récente de littérature, qui se déclare étroitement déterministe, appli-

[1] La comédie du *Demi-Monde* roule sur ce conflit, à savoir si M. de Jalin doit ou ne doit pas dire à M. de Nanjac, qui la veut épouser, que la prétendue baronne Suzanne d'Ange a été sa maîtresse. Le marquis de Tonnerins, lui, son premier amant, déclare nettement à Suzanne, que du jour où, par des circonstances indépendantes de lui, il connaîtrait l'homme d'honneur qu'elle voudrait épouser, il apprendrait la vérité à cet homme. M. de Jalin accepte un duel pour avoir le droit de dire la même chose que le marquis se fait un devoir de déclarer: « C'est la justice, c'est la loi sociale qui veut qu'un honnête homme n'épouse qu'une honnête femme. »

que les données de la science moderne avec une logique si excessive, qu'elle risque, à son tour, de passer le but. Elle ignore la force lente des « bonnes volontés »; elle méconnaît trop ce qu'il y a dans l'homme de spontané et d'original, ce qui est, comme l'a dit Marion [1], « la cause de toute invention et innovation sociale ».

Il est curieux de constater ces retours. A quelque siècles d'intervalle, les hommes reprennent la même position. Ainsi les révolutions principales recommencent: certaines formes politiques, ébauchées dans les sociétés anciennes, se reproduisent aux âges postérieurs, et il semblerait que nous soyons incapables de constituer un organisme social ayant quelque solidité. Mais cette répétition des arrangements politiques est une répétition progressive. Des éléments similaires ont une valeur toute différente, selon le stage où on les rencontre. La féodalité des îles Hawaï ou du Zululand n'était pas celle, par exemple, de l'Europe chrétienne ; et l'analogie des formes sociales ne doit pas faire méconnaître la qualité profondément différente, suivant les cas, des rapports et des idées qui les soutiennent.

L'évolution morale pourra donc offrir des ressemblances apparentes, mais non pas reproduire des caractères semblables. L'homme social des nations modernes ne sera pas le citoyen de la cité antique. Les rapports de notre vie émotionnelle avec notre vie intellectuelle paraissent soumis enfin à une variation continue, qui emporterait le perfectionnement des appareils pratiques de la culture, sinon de l'homme lui-même [2].

[1] *De la solidarité morale*, etc. Paris, G. Baillière, 1883, 2e édit., p. 333.

[2] Voy, sur le progrès, ce que dit Marion, dans la conclusion de l'*ouvrage précité*. — Voy. aussi mon *Journal d'un philosophe*, XXXV, XXXVI et XLIII.

CHAPITRE X

LA SANCTION ET LA VIE FUTURE

De la responsabilité. — De la croyance en une vie future comme motif de la volonté.— Sentences d'Euripide. L'école des dieux. — Puissance des effets prochains sur la volonté des hommes (Olivier de *la Chanson de Roland*, *le Miracle de Théophile* du trouvère Rutebœuf). — Quelques positions morales (*Une tempête sous un crâne*, dans *les Misérables*). — La sanction dans la tragédie grecque. La justice poétique. La sanction dans les hautes religions.

Les poètes ont jugé que l'homme est responsable, comme il est libre, sous certaines réserves. Leur observation corrigeait presque toujours leur doctrine, et le théâtre n'a pas vécu de formules, mais de compromis. Dans les mélodrames, le châtiment qui frappe le coupable est extérieur, mesuré à son forfait plutôt qu'à son caractère : le dramaturge accepte à la fois la responsabilité absolue du criminel devant son dieu et sa conscience, et sa responsabilité relative devant la loi humaine. Au contraire le romancier réaliste nous donne des personnages qui ne sont ni responsables ni libres, au sens ordinaire de ces mots; mais il ne les porte pas tels quels sur le théâtre, et le sens moral des spectateurs lui impose certains arrangements scéniques, dont il demande le secret à l'homme du métier.

La responsabilité n'existe pas « absolument », puisque nos actes germent, si je puis dire, dans le fond inconscient de notre nature; elle n'existe que « relativement » à un idéal moral, à un intérêt public, dont nous avons plus ou moins claire conscience. Mais elle est *entière*, au point de vue de la protection sociale; elle est, ou elle n'est pas. On enferme les fous dans des asiles, comme on enferme les malfaiteurs dans les prisons : leurs actes ont le même caractère nuisible. La situation du criminel sain serait comparable, à quelques égards, à celle de l'aliéné, quoique celui-ci ne soit jamais moralement responsable. Chez l'aliéné complet, nous trouvons une évolution pathologique des centres nerveux, qui a pour cause, soit l'hérédité, soit un accident ayant amené des troubles dans la nutrition de ces centres; chez le criminel sain, une évolution anormale du caractère, qui s'explique, le plus souvent, par des causes sociales, et se lie peut-être à des changements organiques pour nous inappréciables. Entre les deux, flotte ce type mal défini du « criminel-né », qui touche au premier par certaines particularités anatomiques et physiologiques, et se rattache au second par les déterminations occasionnelles. Dans toute la série des anormaux, on n'aurait à considérer, en somme, que des différences d'état, emportant des différences dans le traitement pratique pour la guérison, ou dans la portée du châtiment.

La société songe d'abord à se défendre. La répression qu'elle exerce est légitime, écrivait Espinas [1], parce qu'elle est nécessaire; elle a le droit de punir, ayant le droit d'exister. Mais les hautes religions visent plus loin ; elles vengent la morale absolue, et les sanctions divines,

[1] Compte rendu de l'ouvrage de Lombroso, *l'Uomo delinquente*, in *Revue philosophique*, fév. 1879. — Voy. ce que dit J. Pérez, sur certaines imperfections de l'instinct « que la sélection n'est point parvenue à corriger », dans son livre précité, *Les Abeilles*, p. 110, 111. — G. Tarde. *La Criminalité comparée*.

qu'elles font prochaines et tangibles, achèvent enfin l'ordre moral.

Dans le monde de la loi écrite, la loi exprime l'ordre et porte la peine qui garantit l'obéissance à cet ordre. Les sanctions légales sont, à bien regarder, une sorte de régulateur des sanctions naturelles. Ce sont les effets observés des actes qui conduisent les sociétés primitives à s'organiser d'une certaine façon ; le « fait » redresse l'homme dans les choses de la société et de la justice, comme il contrôle toutes ses expériences. Cependant, ni les sanctions naturelles ne s'épuisent sur l'individu : elles frappent sur plusieurs générations d'hommes ; ni les sanctions légales ne sont infaillibles. Nous concluons logiquement des faits à un idéal de justice sociale qui n'est pas réalisé. Que la croyance en la survie des âmes ait eu son origine dans la crainte de la mort, dans la difficulté même de concevoir le non-être, ou bien dans les phénomènes du rêve, qui montrait le mort vivant d'une vie insaisissable, et pourtant à demi réelle aux yeux de l'homme primitif, on justifia du moins cette croyance par le désir de la justice. On continua dans un monde ultérieur le monde actuel pour le parfaire ; on imagina des châtiments et des plaisirs qui seraient la sanction dernière des actes de la vie inférieure ; et la crainte de ces châtiments inévitables, l'espérance de ces félicités divines, furent un mobile de la volonté humaine.

Mon dessein n'est pas d'exposer ici ni de critiquer les doctrines de la vie future. Le drame ne touche guère à ces spéculations, et il nous permet tout au plus de reconnaître la valeur de la croyance comme motif général de la conduite. Encore nous la montre-t-il beaucoup plus faible qu'elle n'a été sans doute.

Les Grecs d'Homère se figurent une manière d'existence après la mort, existence chétive : Achille préférerait être misérable gardien de pourceaux sur la terre que de commander aux ombres dans les Champs-Elysées. De même que la théologie antique était distincte de la morale, l'immortalité était aussi sans justice. La seule vengeance des dieux s'exerçait dans le Tartare ; les supplices célèbres de l'Adès sont des cas particuliers qui ne tiennent pas à une doctrine générale de réparation. D'ailleurs la religion domestique, divinisant tous les ancêtres, vénérait un Pélops et un Tantale sans leur reprocher leurs crimes. Les quelques devoirs qui découlaient de la croyance, et même le culte des morts, avaient un effet politique plutôt que moral.

Chez les tragiques, la promesse ou la terreur d'une justice divine ne détermine expressément les actions d'aucun personnage. Ce fut Platon qui introduisit l'idée de la justice dans la conception de la vie future. Mais les tragiques, qui avaient reçu la légende de dieux grossiers et scélérats, entreprirent l'éducation des dieux et les corrigèrent selon leur propre conscience. Euripide, à cet égard, est le plus intéressant. Il dit, par la bouche d'*Iphigénie en Tauride :* « Je ne crois pas que les dieux, assis au festin servi par Tantale, se soient repus avec joie de la chair d'un enfant ; ce sont les habitants de ce pays, altérés de sang humain, qui attribuent à la divinité leurs instincts barbares. Je ne puis penser qu'aucun des dieux soit méchant. » Dans *Hercule furieux*, Thésée console Hercule égaré par Junon et meurtrier de ses enfants, d'un ton fort irrévérencieux envers les habitants de l'Olympe : « N'ont-ils pas formé entre eux des unions que nulle loi n'autorise ? N'ont-ils pas, pour régner, chargé leurs pères de liens honteux ? Et cependant ils continuent d'habiter l'Olympe, et les fautes qu'ils ont commises ne leur pèsent point. » Il fallait s'élever à la notion d'un être qui fût digne des respects des hommes, devenus supérieurs, en moralité, aux anciens dieux. « O toi, dit Hécube, dans *les Troyennes*, qui portes la terre et as ton siège sur la terre, quelle que soit ton essence difficile à connaître, nécessité de la nature ou intelligence des mortels ! je t'adore, ô Jupiter : car, à travers des voies mystérieuses, tu diriges avec justice toutes les choses humaines. » « Nous sommes esclaves et sans force, gémit la malheureuse Hécube, je le veux bien ; mais la force est aux dieux et à la loi qui règne sur eux, car c'est par la loi que nous connaissons les dieux et que nous avons fixé les règles du juste et de l'injuste. »

L'idée qui mène à concevoir le divin est donc celle du juste, supérieure aux dieux mêmes. L'homme les crée sur le modèle de sa propre justice, et il les charge de dispenser les maux et les biens. Ils le font inégalement, et ils ne paraissent pas toujours équitables, si l'on regarde le détail ; mais le poète accepte que l'ensemble des choses est dirigé vers le bien et que la somme de l'œuvre justifie les dieux. Dans *Hippolyte* se trouve une explication singulière du malheureux sort de ce héros. Diane y dit à Thésée que c'est une loi établie parmi les immortels, que, loin de s'opposer au dessein arrêté de l'un d'entre eux, les autres s'effacent devant lui ; sinon, et si elle ne craignait Zeus, elle n'eût pas laissé périr celui des mortels qu'elle chérissait le plus, mais elle a sa part de chagrin, « car les dieux ne se réjouissent pas de voir mourir les hommes pieux, tandis que nous exterminons les méchants, eux, leur postérité et leur race ».

La croyance aux dieux infernaux, si souvent invoqués,

resta vague chez les Grecs. Euripide lui-même se plaît quelquefois à dire que « les morts ne sont rien, les vivants ont l'espérance — *les Troyennes* » ; et que « mieux vaut mourir que de vivre dans la douleur : car le sentiment du malheur est étranger à ceux qui ne sont plus — *ibid.* ». Ou encore : « la mort passe, en effet, pour être le souverain remède à tous les maux — *les Héraclides* ». Il professe pourtant une doctrine de l'éternité des âmes, fondée sur la dualité de la substance. Il dit, avec Pylade, que les principes qui constituent l'être humain iront se réunir aux éléments d'où ils étaient tirés, les principes terrestres à la terre, les principes éthérés à l'éther (*Oreste*). Dans *Hélène*, « l'âme de ceux qui ne sont plus, dit Hélène bien docte, cesse de vivre ; mais réunie à l'immortel éther, elle conserve un sentiment qui ne meurt point ». Thésée, enfin, dans *les Suppliantes :* « Souffrez désormais que la terre recouvre leurs cadavres, et que le double élément qui les compose retourne à son origine, l'esprit à l'éther, le corps à la terre[1]. »

Mais cette doctrine n'a pas d'effet dans le drame. La vengeance divine appelée par les justes ne menace le coupable qu'en sa vie présente, dans ses biens, son pouvoir, et ses plaisirs. Le méchant est retenu par la crainte d'une intervention possible des dieux dans les affaires de ce monde, ou bien les suites naturelles des mauvaises actions sont attribuées par le poète à la main d'une Providence qui les a préparées et qu'on ne peut pas

[1] Où nous sommes deux, le corps et l'âme, l'Egyptien était quatre, six, et plus peut-être. Il avait un corps, qui devenait la momie ; un *double*, qui durait matériellement en s'appuyant sur les statues qu'on avait faites de lui et qui étaient enfermées dans son tombeau ; puis une âme, servant elle-même d'enveloppe à une parcelle du feu divin ou de l'intelligence divine, couple qui émigrait dans l'autre monde, tandis que l'autre restait sur la terre, pour y naître et y mourir indéfiniment à la manière du soleil. — Maspero, *Histoire des âmes dans l'Egypte ancienne*, in *Revue scientifique*, 1er mars 1879.

tromper. L'homme est organisé pour le combat de la vie, et la considération des effets actuels a toujours plus de prise sur sa volonté que l'attente des châtiments ou des plaisirs promis dans les régions obscures du trépas.

Dans *Çakountala* (j'ai cité plus haut cette élégante composition), le roi adresse en ces termes une dernière demande au saint Kaçyapa :

« Que les rois tiennent le sceptre pour le bonheur des peuples ; que les brahmes les plus versés dans les Védas cultivent les autels de Saraswatî, et que Çiva, l'Etre-existant-par-lui-même, anéantisse pour moi, en récompense de ma dévotion, la nécessité de renaître ! »

Ce souhait révèle un motif supérieur de la piété du monarque : mais ce motif religieux est trop général pour le retenir de suivre ses passions, ses penchants. De même la croyance a fourni, dans le drame hindou, la « machinerie » de l'œuvre poétique, sans dégager pour cela les personnages des liens de l'existence terrestre.

Le renoncement chrétien ne détachera pas non plus les hommes des intérêts de la terre. Dans la *Chanson de Roland*, œuvre toute de mouvement, une promesse divine sert les mobiles pratiques, mais elle ne les domine pas. Gagnez l'empire de ce monde, vous aurez le bonheur céleste par surcroît. L'archevêque Turpin promet aux braves le paradis, à défaut de la victoire et de la gloire ici-bas. « Si vous mourez, vous serez tous martyrs. Dans le grand paradis vos places sont toutes prêtes (1134-35). » Olivier, frappé à mort, prie Dieu qu'il lui donne son paradis :

> Si preiet Deu que pareïs li dunget
> Et beneiet Carlun et France dulce. (2016-17)

Ayant fini sur terre, il songe au ciel.

Le moyen âge, dont la morale était construite sur l'espérance et la crainte de la mort, a produit quelques compositions où la béatitude céleste est l'objet avoué de la conduite. Qu'on relise cette pièce curieuse, *le Miracle de Théophile*, rimé par le célèbre trouvère Rutebœuf[1]. Théophile, afin de rentrer dans sa charge dont son évêque l'a dépouillé, se donne au diable. Il infligerait volontiers à Dieu, qui a laissé faire l'injustice, s'il le pouvait atteindre là-haut, une volée de bois vert.

Iroi-je me noier ou pendre ?
Je ne m'en puis pas à Dieu prendre,
C'on ne puet à lui avenir.
Ha ! qui or le pourroit tenir
Et bien batre à la retornée,
Moult auroit fet bonne journée.

Il éprouve bien quelque hésitation à se donner au diable :

Si je renie saint Nicholas,
Et saint Jehan et saint Thomas,
Et Nostre Dame,
Que fera ma chétive d'âme ?
Elle sera arse en la flame
D'enfer le noir.

Il s'y décide pourtant ; il remet ses lettres à Satanas et mène pendant sept ans une vie de mauvaiseté et d'impiété. A la fin, le repentir lui vient. Mais il a moins souci, cet avisé pécheur, de réparer les maux qu'il a causés, que de racheter son âme. Il s'aperçoit qu'il a fait un mauvais marché, que Dieu le rejettera et que le diable le trahit. L'enfer ne lui plaît point, et il a perdu sa place au ciel. Il ne sait où loger. Il s'adresse à la

[1] XIIIe siècle. — *Théâtre français au moyen âge*, par F. Michel et Monmerqué.

Vierge, dans la crainte que Dieu lui ait gardé rancune. La Vierge le rabroue, puis elle l'exauce en faveur de son ancienne piété; elle va quérir sa charte des mains du diable, et ordonne que l'évêque la lise devant tout le peuple, en sainte église.

Ces œuvres gardent une saveur littéraire, mais le caractère moral en est étroit, elles n'ont pas assez l'onction et la chaleur du génie chrétien. Une doctrine qui dédaigne les fins pratiques est débilitante. La sagesse solitaire du stoïcisme, dans la bouche même d'un Marc-Aurèle, ne me satisfait point [1]. Au sage Epictète, qui se fait de la vertu une arme de défense, je préfère Cicéron qui en fait une qualité de société. Celui-ci incline à la croyance d'une immortalité de l'âme, que refusent Sénèque, Epictète et Marc-Aurèle. Mais, chez Aristote et Cicéron, cette croyance n'est pas la clef du monde moral, tandis que, chez Sénèque et Epictète, la vertu se nourrit dans la contemplation de la mort, du néant des hommes et des choses. La sagesse de la mort, qu'elle donne pour prix à la vertu la gloire du ciel, ou l'anéantissement final de la conscience individuelle, n'a inspiré jamais qu'un théâtre d'exemple et de récréation, où l'homme ne s'élève pas jusqu'aux luttes morales fécondes et vraiment dramatiques.

Un mourant s'est déclaré coupable d'un crime pour lequel un innocent avait subi déjà plusieurs années de travaux forcés. Quels sentiments, pitié, remords ou crainte de Dieu, ont arraché à ce mourant un pareil aveu ? Comment un poète le ferait-il parler devant le

[1] Ce n'est pas que le stoïcisme ait été sans action sur la vie sociale. Lire un *Mémoire concernant l'influence du stoïcisme sur la doctrine des jurisconsultes romains*, par P. Laferriere, in *Mém. de l'Acad. des sc. mor. et polit*, tome X, 2e série.

public, sur le théâtre? Plusieurs positions morales sont possibles. Les circonstances du crime auront pu être telles, qu'un trouble physique l'ait suivi; et le moribond avoue lorsqu'il sait le faire sans danger. Ou bien, si son remords est la blessure d'une conscience plus haute, l'aveu sortira à la fin sous la pression d'une idée dominante de justice. Il se pourra aussi que le criminel soit incapable de justice et de remords, mais que les menaces de la religion l'assaillent à son chevet, et qu'il parle sous la terreur des châtiments prochains, dont la confession de son crime lui épargnerait la lourde éternité. Cette terreur, dans les deux premiers cas, aura pesé peut-être sur la détermination, mais elle pourra en avoir été absente, et c'est dans le dernier seulement qu'elle aura été si efficace. Encore le criminel qui serait accessible à la crainte religieuse serait-il capable aussi de quelque sentiment de pitié et de justice qui supporte la croyance, et ce sentiment, agissant seul, aurait pu avoir assez de force pour le contraindre.

Hugo, dans *les Misérables*, a présenté une lutte palpitante. Son M. Madeleine, quand il apprend qu'on tient sous les verroux un pauvre homme pour être Jean Valjean, délibère (on connaît ce beau chapitre, *Une tempête sous un crâne*) s'il ira se livrer à la justice, lui, le vrai forçat Valjean, ou s'il profitera de cette méprise et continuera d'être M. Madeleine, l'industriel honoré et bienfaisant. Il se décide au sacrifice, il vient dire la vérité en plein tribunal. Il est riche et plein de vie, il ne s'inquiète pas du juge suprême et il ne fait pas l'aveu sous la protection auguste de la mort. Ce qui le détermine, c'est la pitié, c'est la droiture ; il cède à la force de ce qu'il sait être son devoir. S'il se fût tu, il n'eût pas emporté son lourd secret dans la tombe, il eût parlé à la dernière heure, il eût réparé, parce qu'il est devenu un « juste ».

Quoique spiritualiste religieux, Hugo s'est complu cette fois à préparer une situation où l'agent moral obéit au devoir pur. Sa croyance en la vie future prend ici une forme intellectuelle, et sa doctrine ne fait qu'ouvrir le champ à la perfection indéfinie des consciences humaines. Le dogme d'une sanction ultérieure n'est pas, pour son héros Valjean, de nécessité morale, puisque la règle de sa conduite n'en dépend pas, mais semble de nécessité logique.

Les difficultés ne manquent pas, dès qu'on vise à réconcilier la raison individuelle avec la raison universelle. Il suffit, pratiquement, que la sanction ait quelque part une réalité, et il n'est pas douteux qu'elle s'exerce dans le for intime. Mais le vulgaire ne sépare pas d'abord les sanctions de l'utile de celles du juste. On veut punir la mauvaise conscience par la chair ; on veut que le drapier de la *Farce* restitue au moins à Dieu les profits qu'il a faits en volant sur l'aune ; on veut trouver un dédommagement à la douleur physique, aux inégalités des conditions, et l'on prolonge le monde par delà pour y distribuer, à sa façon, les biens et les maux. Les religions grossières ont peuplé des enfers et des paradis ; elles ont porté dans le royaume des Ombres la pénalité du talion ; elles ont laissé aux âmes une enveloppe de matière, capable d'endurer la faim et la soif, le froid et le chaud ; elles ont sanctionné le juste par des peines et des jouissances corporelles. Déjà pourtant les religions plus hautes ont joint aux effets sensibles le sentiment heureux ou douloureux de la conscience qui se connaît elle-même. Origène et Scot Erigène envisageaient les châtiments célestes comme régénérateurs et les faisaient consister dans la conscience du mal accompli !

La loi n'a pas la puissance d'infliger le châtiment moral. Elle frappe le délinquant matériellement ; le reste ne dépend pas du juge qui applique la loi, mais du juge qui est en nous-mêmes, redresseur plus ou moins sévère suivant les incidences complexes de l'éducation et de l'hérédité. L'existence future, pour prolonger la présente, ne la sanctionnerait pas autrement. Le théâtre a donc bien des raisons d'être positif : il produit toujours un ensemble moral qui est défini, et qui se soutient. Le drame s'ouvre et finit sur cette terre.

La justice, dans la tragédie grecque, est satisfaite humainement, non pas divinement. Œdipe subit la conséquence de crimes involontaires ; mais la cruelle rigueur du destin le justifie, la pitié qu'il inspire aux hommes le venge des dieux, et il tire de son infortune un caractère qui le grandit. Le poète respecte dans les événements l'ordre caché des dieux ; il lui suffit de la croyance que le monde obéit à des lois qui le dirigent vers le bien. Le spectacle des malheurs d'Œdipe est un exemple propre à nous rendre sages : qui de nous est à l'abri du malheur ? Quand nous retrouvons le fils de Laïus à Colone, près de mourir, il est sorti de ses épreuves avec la figure d'un demi-dieu ; ce roi, violent et entêté au temps de sa prospérité, a gagné une majesté souveraine, il est consolé par le respect qui s'attache à sa personne, et il goûte la paix profonde de la conscience. Sophocle a cherché et trouvé la sanction dans la dignité morale du héros.

Euripide ramène contre toute vraisemblance sur la scène son Hippolyte démembré et déchiré ; le malheureux fils voit pleurer son père, et les larmes de Thésée le lavent de l'imposture de Phèdre. Racine épargne à nos yeux la vue de ce corps défiguré ; son Hippolyte meurt sans s'entendre justifier, mais il est fort de son innocence et il espère qu'elle éclatera au jour.

Il s'en faut que le poète soit toujours content des dieux et prenne son parti des injustices du sort. Dans *les Suppliantes*, les demi-chœurs s'interpellent de cette façon : « Ainsi tu crois à la justice des dieux ? — Ne sont-ils pas, eux seuls, les dispensateurs des événements ? — Je crois qu'ils les dispensent inégalement aux mortels. » Dans *Hippolyte*, le chœur : « Certes, quand j'y pense, je trouve une grande consolation dans l'idée d'une divine providence ; mais cette foi dans la Providence m'abandonne, quand je considère les destinées et les actions des mortels. » Ainsi parle le poète, tandis qu'il raisonne, mais le dramatiste met l'action morale en équilibre par les moyens humains de la loi et de l'opinion, du mépris et de l'estime de soi. Finalement, à défaut de sanctions matérielles ou de promesses divines, il suffit au spectateur, pour châtier le méchant, de son mépris, et pour récompenser le juste, de son respect. Le poète règle le compte des actes ici-bas, il fait justice sur la scène, et tout se passe comme finissant avec la vie. Il nous paraît que l'ordre moral est achevé, quand notre opinion est faite sur les personnes ; nos imprécations accablent le méchant, et notre sourire console les bons. Le spectateur ne s'inquiète guère, au théâtre, des sanctions éternelles. Il veut que de la logique certaine des effets sortent des motifs qui l'encouragent au bien et le détournent du mal.

Autre chose est le jugement que nous portons sur le monde. Le héros tragique expierait, selon Schopenhauer, non pas ses fautes personnelles, mais les fautes héréditaires, le crime de l'existence elle-même ; le spectacle de ses malheurs immérités nous devrait donc inspirer l'amer mécontentement et le dégoût de la vie, produire en nous la mort de la volonté.

Cette thèse n'a pas besoin d'être refutée, autant qu'elle exprime l'émotion particulière du philosophe. Elle n'est pas soutenable, dès qu'il veut que cette émotion soit aussi la nôtre, et qu'il suggère au poète de la faire naître. Elle revient, en somme, à la question de la justice poétique, à laquelle notre sujet nous a ramenés.

Le héros tragique, a-t-on objecté à Schopenhauer, estime encore la vie au moment de la perdre, et il n'est jamais, d'ailleurs, absolument innocent. On a beau jeu contre lui. Mais Schopenhauer embarrasserait fort ses adversaires, s'il leur demandait d'expliquer tous les rapports qui échappent entre le caractère des personnages et l'événement ; il lui serait permis de nier que la faute du héros explique jamais suffisamment son malheur, pour notre raison ou pour notre sensibilité.

Un critique allemand, E. Reich[1], qui a réfuté récemment cette théorie pessimiste de la tragédie, me semble avoir eu trop souci de justifier la destinée en établissant la culpabilité réelle des victimes. Œdipe, sans doute, a été violent, imprévoyant ; le roi Lear a été orgueilleux ; Hamlet a tué Polonius, et causé la mort d'Ophélie ; Ophélie a servi d'amorce aux ennemis d'Hamlet ; Desdemona s'est abandonnée au More bien légèrement ; le vertueux marquis de Posa a pratiqué la maxime condamnable, que la fin justifie les moyens ; Gretchen a

[1] Emil Reich. *Schopenhauer als Philosoph der Tragœdie. Eine kritische Studie.* Wien, Konegen, 1888. — Voy. mon compte rendu de cet ouvrage dans la *Revue philosophique*, 1er semestre 1889.

péché ; Jeanne Darc (celle de Schiller) a épargné Lionel. Est-ce que cela importe à l'art ? Toute créature humaine est faillible, et, pour avoir failli, les doux et les nobles n'en restent pas moins supérieurs au coup qui les frappe. La thèse de Schopenhauer ne regarde pas la culpabilité étroite ; elle vise cette imparfaite nature de l'homme, qui le laisse faible et ondoyant, la nécessité pour l'espèce d'un avancement moral dans l'angoisse du doute et la douleur, la fatalité des conflits tragiques où le héros porte la faute des dieux.

C'est une erreur, à mon sens, que d'attribuer aux grands poètes un tel souci de la justice poétique, qu'il les ait guidés dans la création de leurs figures. Hettner nous dit, avec de bonnes raisons, que la tragédie représente la nécessité intérieure de l'ordre moral du monde. Nous réglons naturellement le monde que nous voyons; le plaisir dramatique n'existe plus, si notre tendance morale est contrariée, ou si seulement elle n'est pas satisfaite. Est-ce pourtant que Sophocle aurait songé, dans l'aventure d'Œdipe, à châtier ce prince pour son entêtement, ou à mesurer ses malheurs aux vices de son caractère ? Shakspeare aurait-il vraiment puni Cordelia d'avoir armé contre sa patrie le roi français, l'ennemi héréditaire ? aurait-il montré Desdemona sensuelle, pour diminuer notre pitié ? Iago, nous l'avons vu, rappelle la faute de Desdemona, afin d'exciter la jalousie d'Othello : ce n'est là qu'un moyen dramatique, trouvé dans la donnée même des caractères ; l'événement est conforme à cette donnée, il est construit sur les passions des personnages, et il suffit enfin que le poète ait produit en nous l'émotion pure de l'art. Shakspeare n'accuse pas plus les dieux qu'il ne les excuse ; si son drame est compris nécessairement dans un système moral, il n'est pas le poète, pour cela, de l'ordre moral du monde. Notre philosophie lui vient en surcroît, quand elle profite de son observation.

La tragédie, je l'accorde volontiers à Reich, introduit la justice dans la vie, là où elle manque, afin d'en achever la beauté. Elle n'explique pas le monde, je le dis aussi avec lui, pour les penseurs, mais pour le vulgaire; tout spectateur, au théâtre, devient peuple. Les conditions mêmes de son art interdisent au dramatiste d'aller au delà de la vie présente, au delà des faits; il ne spécule pas dans l'absolu; encore moins a-t-il souci de nous encourager à vivre ou de nous décourager d'être. S'il a jugé la vie, il nous la donne comme nous la devons prendre, et comme nous la vivons en dépit de nos sophismes: poètes tous en ce point, que nous unissons à la réflexion profonde du moraliste la joie naïve de l'enfant [1].

Diderot loue en ces termes Richardson : « S'il importe aux hommes d'être persuadés qu'indépendamment de toute considération ultérieure à cette vie, nous n'avons rien de mieux à faire pour être heureux que d'être vertueux, quel service Richardson n'a-t-il pas rendu à l'espèce humaine ? Il n'a point démontré cette vérité, mais il l'a fait sentir... Qui est-ce qui voudrait être Lovelace, avec tous ses avantages ? Qui est-ce qui ne voudrait pas être Clarisse, malgré toutes ses infortunes [2] ? »

La paix intérieure et l'estime de nos semblables, tels sont les biens les plus précieux. Quelle force pour l'homme juste que le témoignage d'une bonne conscience !

[1] Ce mot est du poète Grillparzer.
[2] *Eloge de Richardson*, 1742.

« Les méchants n'ont jamais de joie véritable, dit admirablement l'*Imitation* [1] ; la gloire des bons est dans leur conscience même et non dans la bouche des hommes. » Ce que le ciel offre aux bons, c'est toujours cette joie qu'ils trouvent en eux-mêmes. Fénelon gradue les félicités ainsi que les châtiments : « Ces autres, dit à Télémaque le divin Arcésius, que tu vois assez près d'eux, mais séparés par ce petit nuage, ont une gloire beaucoup moindre ; ce sont des héros, à la vérité..., mais ils n'ont point été aimables et vertueux : aussi ne sont-ils que dans la seconde demeure des Champs-Elysées [2]. » L'imagination de Fénelon n'a pas trouve d'autre récompense que la satisfaction intime et profonde de bien faire. Il n'en pourrait jamais être une plus haute.

[1] Livre II, chap. VI.
[2] *Télémaque*, XIX.

CONCLUSION

Rechercher dans les œuvres littéraires, et principalement dans les œuvres dramatiques, l'évolution de la morale au cours des siècles, tel était l'objet de ce travail. Devant nous s'ouvrait le plus vaste champ. Notre sujet nous amenait à décrire ces transformations lentes de l'homme et des sociétés qui constituent le progrès moral, à montrer les voies, les moyens, les circonstances de ce progrès, à discuter les doctrines morales elles-mêmes. Nous entrions ainsi dans la psychologie historique et dans la critique littéraire.

Il n'était pas possible de s'y engager sans avoir reconnu d'abord les sources de l'activité morale. Nous ne pouvions les chercher et les trouver que dans la nature affective et intellectuelle de l'homme, dans ses passions et dans sa logique. L'analyse des émotions fondamentales impliquait le fait du progrès moral : il nous a paru consister, en partie du moins, dans l'éducation des passions, et quelques exemples nous en ont donné une première vue d'ensemble.

C'est cet ensemble qu'il fallait reprendre maintenant par le détail. Nous avons vu naître les devoirs positifs, l'idée de l'obligation, les conflits moraux et le remords; nous avons étudié le mécanisme de la volonté, la responsabilité, la sanction, considérée dans la vie présente et dans la vie future. Mais je ne voudrais pas donner ici un résumé de l'ouvrage qu'on vient de lire. Beaucoup d'aperçus, peut-être les plus intéressants, n'y sauraient entrer. Il me suffira de rappeler quelques faits, d'appuyer sur certaines considérations.

J'ai commencé par relever, dans l'épopée et le drame primitif, l'expression des grandes fins sociales : ce qui était, on l'a remarqué sans doute, envisager les sentiments dans leur objet, l'action humaine dans ses résultats, et, si je peux dire, le devoir par son côté extérieur. Sainteté de la sépulture, durée de la famille, triomphe de la cité, sont les fins positives sur lesquelles la passion se règle encore dans la tragédie antique. Les fables des poètes nous ont montré en même temps cette influence durable de l'intelligence sur la sensibilité, ces associations d'idées et de sentiments, ces longues habitudes, qui ont incliné la volonté des hommes, enchaîné la violence de leurs penchants, et produit en eux de nouveaux motifs d'actions; nous avons vu comment leurs émotions se développaient et s'harmonisaient entre elles, à mesure qu'elles créaient les organismes sociaux, comment le milieu réagissait enfin sur les individus ; l'obligation, nous a-t-il semblé, n'est que l'aspect intérieur du devoir, et le déterminisme psychologique ne s'explique bien que dans ses relations avec le déterminisme social.

Cette correspondance, toutefois, ne s'établit pas d'emblée; elle n'est pas un fait si simple dans la vérité des choses. L'idéal social, variable et toujours modifié, n'offre jamais une conciliation assez parfaite de tous nos désirs, pour qu'ils le réalisent naturellement. Le milieu change sans cesse; la position respective des individus n'est pas la même dans la grande mêlée des intérêts; les différences de caste, de métier et de croyance font que les hommes qui vivent ensemble ne sont pas absolument des contemporains. Que de déviations dans la morale! Que de révoltes dans le cœur humain, de doutes dans les consciences! Les conflits moraux répondent à ces doutes, à ces révoltes : ils ont donc appelé notre attention. Nous avons pu, en les étudiant, saisir sur le vif la création morale. Le drame a évoqué devant nos yeux, en de nobles figures, les crises tragiques de l'histoire. Le problème de l'existence nous est apparu, difficile et douloureux : le droit contre la loi, dans nos sociétés mêmes; la force contre le droit, dans l'ordre général de la nature. Les poètes nous ont laissés aux misères de la lutte pour la vie, en présence de cette énigme du monde toujours ouverte à nos spéculations.

Les critiques n'avaient pas donné assez d'importance à la question du conflit moral. Ils n'ont pas tout dit, non plus, sur le remords. Le doute n'est tragique, la faute n'est suivie d'angoisse que par la rupture de cet état d'équilibre entre nos diverses émotions qui constitue la santé morale. Le drame, le roman, nous ont fourni de nombreux exemples, d'après lesquels il a été facile de reconnaître les éléments essentiels du remords et d'en décrire les formes successives : analyse ordinairement trop négligée.

Ce que le drame nous montre toujours, c'est l'événement moral. Il nous révèle le mécanisme des actes volontaires, sans nous instruire sur la question métaphysique de la liberté. J'ai été curieux de rechercher quelle doctrine de la volonté se décèle chez les grands poètes, quelle influence l'école a exercée sur leur génie. Il semblerait que la différence des littératures, à cet égard, viendrait de ce qu'on a vu plutôt, soit l'action de l'individu sur le milieu, soit la réaction du milieu sur l'individu, en d'autres termes la nécessité, ou psychologique, ou sociale.

A cette partie de notre étude se rattachait celle des troubles morbides de la volonté. J'ai fait un choix des héros littéraires qui sont aussi des sujets pathologiques : fous de l'égoïsme, fous de l'amour, fous moraux et fous logiques. J'ai critiqué l'emploi de la folie au théâtre et dans le roman; j'ai essayé de marquer dans quelles conditions elle pourrait convenablement y paraître. Cette discussion, appuyée sur les faits cliniques, aura prouvé combien l'homme sain diffère du malade, et aussi par quelles nuances insensibles on passe pourtant de l'un à l'autre. J'espère qu'on ne me reprochera point de m'être attardé dans ce champ encore presque inexploré de la critique littéraire.

Arrivés à ce point de notre recherche, il nous a paru utile de mettre en plus vive lumière quelques-unes des idées éparses dans l'ouvrage, et entre autres de mieux indiquer le rôle graduellement plus considérable des émotions supérieures dans la vie des grandes races. Les sociétés, à notre avis, si instables que les fasse la révolte continuelle des passions contre la loi, tendraient cependant à s'organiser d'une certaine façon, à produire des arrangements durables. Le progrès moral consisterait moins dans le changement de l'homme lui-même que dans le perfectionnement du milieu social, du déterminisme supérieur qu'il a créé; il serait dans la réforme des appareils de la civilisation et dans la richesse des habitudes acquises, plutôt que dans l'augmentation du pouvoir des individus et dans leur plus haute vertu, morale ou intellectuelle.

Il restait enfin à parler de la sanction en général, et de la justice poétique, dans le sens où, selon l'expression de quelques philosophes, le drame jugerait la vie. L'efficacité pratique de toute croyance concernant la vie future nous a paru moindre dans le drame, et peut-être dans la vie réelle, que son efficacité logique ne l'est dans nos théories. Nous voyons, en effet, réclamer dans nos théories la continuité de la conscience individuelle pour l'achèvement du monde moral, ou chercher, du moins, la perfection logique de la morale, soit dans l'immortalité de la personne, soit dans la permanence des rapports entre les mondes.

Ces dernières considérations sont hors de notre sujet. Nous avons dû cependant les indiquer, vu l'importance qu'elles ont en philosophie et qu'elles peuvent encore, avoir dans le drame. La psychologie a précédé cette étude ; la métaphysique s'y ajoute.

Toutes les inductions propres à fonder une morale cosmique, toutes les hypothèses qu'on peut faire sur les destinées de l'âme, appartiennent à la spéculation pure. Nos recherches positives n'y conduisaient point; elles ne les excluaient pas davantage. La métaphysique ne fait que donner une dernière forme à l'idéal moral que nous avons vu se construire peu à peu dans l'humanité. Tout ambitieux qu'il soit de régler le monde à son usage, l'homme ne sait pas le rôle qu'il tient lui-même dans la nature : son plus haut effort est de la penser comme elle est peut-être, et sa misère est de ne la pouvoir pénétrer jamais. Ce désir toujours renaissant, jamais assouvi, suffit du moins à justifier la conjecture la plus téméraire, ne fût-elle, après tout, qu'une vaine et poétique illusion.

TABLE DES MATIÈRES

CHAPITRE III

L'OBLIGATION MORALE

CHAPITRE IV

LES CONFLITS MORAUX

CHAPITRE V

LA SANCTION ET LE REMORDS

CHAPITRE VI

LE DRAME JUSTICIER

CHAPITRE VII

LE MÉCANISME DE LA VOLONTÉ

CHAPITRE VIII

LES HÉROS PATHOLOGIQUES

CHAPITRE IX

L'ÉVOLUTION ET LA RACE

CHAPITRE X

LA SANCTION ET LA VIE FUTURE

EVREUX, IMPRIMERIE DE CHARLES HÉRISSEY

LIBRAIRIE FÉLIX ALCAN

MAISONS FÉLIX ALCAN ET GUILLAUMIN RÉUNIES

EXTRAIT DU CATALOGUE

SCIENCES — MÉDECINE — HISTOIRE — PHILOSOPHIE
ECONOMIE POLITIQUE — STATISTIQUE — FINANCES

TABLE DES MATIÈRES

PARIS

108, BOULEVARD SAINT-GERMAIN, 108 (6e)

JANVIER 1911

BIBLIOTHÈQUE SCIENTIFIQUE INTERNATIONALE

Volumes in-8, cartonnés à l'anglaise.

Derniers volumes publiés :

CUÉNOT (L.). **La genèse des espèces animales**, illustré. 12 fr.
LE DANTEC (Félix). **La stabilité de la vie.** 6 fr.
ROUBINOVITCH (Dr J.). **Aliénés et anormaux**, illustré. 6 fr.

Précédemment parus :

Sauf indication spéciale, tous ces volumes se vendent 6 *francs.*

ANGOT. **Les aurores polaires**, illustré.
ARLOING. **Les virus**, illustré.
BAGEHOT. **Lois scientifiques du développement des nations.** 7e édition.
BAIN (Alex.). **L'esprit et le corps**, 6e édition.
— **La science de l'éducation**, 11e édition.
BENEDEN (Van). **Les commensaux et les parasites dans le règne animal**, 4e édition, illustré.
BERNSTEIN. **Les sens**, 5e édition, illustré.
BERTHELOT, de l'Institut. **La synthèse chimique**, 10e éd.
— **La révolution chimique, Lavoisier**, ill., 2e édition.
BINET. **Les altérations de la personnalité**, 2e édition.
BINET et FÉRÉ. **Le magnétisme animal**, 5e éd., illustré.
BLASERNA et HELMHOLTZ. **Le son et la musique**, 5e éd.
BOURDEAU (L.). **Histoire du vêtement et de la parure.**
BRUNACHE. **Au centre de l'Afrique; autour du Tchad**, ill.
CANDOLLE (A. de). **Origine des plantes cultivées**, 4e édit.
CARTAILHAC. **La France préhistorique**, 2e éd., illustré.
CHARLTON BASTIAN. **Le cerveau et la pensée**, 2e éd., 2 vol. illustrés.
— **L'évolution de la vie**, avec figures dans le texte et 12 planches hors texte.
COLAJANNI. **Latins et Anglo-Saxons.** 9 fr.
CONSTANTIN (Cne). **Le rôle sociologique de la guerre et le sentiment national.**
COOKE et BERKELEY. **Les champignons**, 4e éd., illustré.
COSTANTIN (J.). **Les végétaux et les milieux cosmiques** (*Adaptation, évolution*), illustré.
— **La nature tropicale**, illustré.
— **Le transformisme appliqué à l'agriculture**, illustré.
DAUBRÉE, de l'Institut. **Les régions invisibles du globe et des espaces célestes**, 2e édition, illustré.
DEMENY (G.). **Les bases scientifiques de l'éducation physique**, 4e éd., illustré.
— **Mécanisme et éducation des mouvements**, 4e éd. 9 fr.
DEMOOR, MASSART et VANDERVELDE. **L'évolution régressive en biologie et en sociologie**, illustré.
DRAPER. **Les conflits de la science et de la religion.** 12e éd.
DUMONT (Léon). **Théorie scientifique de la sensibilité**, 4e éd.
GELLÉ (E.-M.). **L'audition et ses organes**, illustré.

GRASSET (J.). **Les maladies de l'orientation et de l'équilibre,** illustré.
GROSSE (E.). **Les débuts de l'art,** illustré.
GUIGNET (E.) et E. GARNIER. **La céramique ancienne et moderne,** illustré.
HERBERT SPENCER. **Introduction à la science sociale,** 14e éd.
— **Les bases de la morale évolutionniste,** 7e édition.
HUXLEY (TH.-H.). **L'écrevisse,** 2e édition, illustré.
JACCARD. **Le pétrole, le bitume et l'asphalte,** illustré.
JAVAL. **Physiologie de la lecture et de l'écriture,** 2e éd. illustré.
LAGRANGE (F.). **Physiologie des exercices du corps,** 10e éd.
LALOY. **Parasitisme et mutualisme dans la nature,** ill.
LANESSAN (de). **Introduction à la botanique.** *Le sapin,* 2e édit., illustré.
— **Principes de colonisation.**
LE DANTEC. **Théorie nouvelle de la vie,** 4e éd., illustré.
— **Évolution individuelle et hérédité.**
— **Les lois naturelles,** illustré.
LOEB. **La dynamique des phénomènes de la vie,** ill. 9 fr.
LUBBOCK. **Les sens et l'instinct chez les animaux,** ill.
MALMÉJAC. **L'eau dans l'alimentation,** illustré.
MAUDSLEY. **Le crime et la folie,** 7e édition.
MEUNIER (STANISLAS). **La géologie comparée,** illustré.
— **Géologie expérimentale,** 2e éd., illustré.
— **La géologie générale,** 2e édit., illustré.
MEYER (de). **Les organes de la parole,** illustré.
MORTILLET (G. de). **Formation de la nation française,** 2e édition, illustré.
MOSSO. **Les exercices physiques et le développement intellectuel.**
NIEWENGLOWSKI. **La photographie et la photochimie,** illust.
NORMAN LOCKYER. **L'évolution inorganique,** illustré.
PERRIER (ED.), de l'Institut. **La philosophie zoologique avant Darwin,** 3e édition.
PETTIGREW. **La locomotion chez les animaux,** 2e éd., ill.
QUATREFAGES (A. DE). **L'espèce humaine,** 15e édition.
— **Darwin et ses précurseurs français,** 2e édition.
— **Les émules de Darwin,** 2 vol.
RICHET (Ch.). **La chaleur animale,** illustré.
ROCHÉ. **La culture des mers en Europe,** illustré.
SCHMIDT. **Les mammifères dans leurs rapports avec leurs ancêtres géologiques,** illustré.
SCHUTZENBERGER, de l'Institut. **Les fermentations,** 6e édit. illustré.
SECCHI (Le Père). **Les étoiles,** 3e édit., 2 vol. illustrés.
STALLO. **La matière et la physique moderne,** 3e édition.
STARCKE. **La famille primitive**
STEWART (BALFOUR). **La conservation de l'énergie,** 6e éd.
THURSTON. **Histoire de la machine à vapeur,** 3e éd., 2 vol.
TOPINARD. **L'homme dans la nature,** illustré.
VRIES (HUGO DE). **Espèces et variétés,** 1 vol. 12 fr.
WHITNEY. **La vie du langage,** 4e édition.
WURTZ, de l'Institut. **La théorie atomique,** 8e édition.

NOUVELLE COLLECTION SCIENTIFIQUE

DIRECTEUR : ÉMILE BOREL, professeur à la Sorbonne.

VOLUMES IN-16 A 3 FR. 50 L'UN

Derniers volumes publiés.

L'aviation, par PAUL PAINLEVÉ et ÉMILE BOREL. 4e édit., revue et augmentée. 1 vol. in-16, avec figures . . . . . 3 fr. 50

La race slave, *statistique, démographie, anthropologie*, par LUBOR NIEDERLE, professeur à l'Université de Prague. Traduit du tchèque et précédé d'une préface par L. LÉGER, de l'Institut. 1 vol. in-16, avec une carte en couleurs hors texte . . . . 3 fr. 50

L'évolution des théories géologiques, par STANISLAS MEUNIER, professeur au Muséum d'Histoire naturelle. 1 vol. in-16, avec gravures. . . . . 3 fr. 50

Précédemment parus.

Éléments de philosophie biologique, par F. LE DANTEC, chargé du cours de biologie générale à la Sorbonne. 1 vol. in-16. 2e éd. . . . . 3 fr. 50

La voix. *Sa culture physiologique. Théorie nouvelle de la phonation*, par le Dr P. BONNIER, laryngologiste de la clinique médicale de l'Hôtel-Dieu. 3e éd. in-16. 3 fr. 50

De la méthode dans les sciences :

1. *Avant-propos*, par M. P.-F. THOMAS, docteur ès lettres, professeur de philosophie au lycée Hoche. — 2. *De la science*, par M. EMILE PICARD, de l'Institut. — 3. *Mathématiques pures*, par M. J. TANNERY, de l'Institut. — 4. *Mathématiques appliquées*, par M. PAINLEVÉ, de l'Institut. — 5. *Physique générale*, par M. BOUASSE, professeur à la Faculté des Sciences de Toulouse. — 6. *Chimie*, par M. JOB, professeur au Conservatoire des arts et métiers. — 7. *Morphologie générale*, par M. GIARD, de l'Institut. — 8. *Physiologie*, par M. LE DANTEC, chargé de cours à la Sorbonne. — 9. *Sciences médicales*, par M. PIERRE DELBET, professeur à la Faculté de médecine de Paris. — 10. *Psychologie*, par M. TH. RIBOT, de l'Institut. — 11. *Sciences sociales*, par M. DURKHEIM, professeur à la Sorbonne. — 12. *Morale*, par M. LÉVY-BRUHL, professeur à la Sorbonne. — 13. *Histoire*, par M. G. MONOD, de l'Institut. 2e éd. 1 vol. in-16. . . . . 3 fr. 50

L'éducation dans la famille. *Les péchés des parents*, par P.-F. THOMAS, professeur. 1 vol. in-16. 3e édit. . . 3 fr. 50

La crise du transformisme, par F. LE DANTEC. 2e éd. 1 vol. in-16. . . . . 3 fr. 50

L'énergie, par W. OSTWALD, prof. honoraire à l'Université de Leipzig (prix Nobel de 1909), traduit de l'allemand par E. PHILIPPI, licencié ès sciences. 2e éd. 1 vol. in-16. 3 fr. 50

Les états physiques de la matière, par CH. MAURAIN, professeur à la Faculté des Sciences de Caen. 2e édit. 1 vol. in-16, avec figures. . . . . 3 fr. 50

La chimie de la matière vivante, par JACQUES DUCLAUX, préparateur à l'Institut Pasteur. 2e édit. 1 vol. in-16. 3 fr. 50

COLLECTION MÉDICALE

ÉLÉGANTS VOLUMES IN-12, CARTONNÉS A L'ANGLAISE, A 4 ET A 3 FRANCS

DERNIERS VOLUMES PUBLIÉS :

Manuel de pratique obstétricale à l'usage des sages-femmes, par le Dr E. PAQUY, avec 107 gravures dans le texte. 4 fr.

Essais de médecine préventive, par le Dr P. LONDE. 4 fr.

La joie passive, par le Dr R. MIGNARD. Préface du Dr G. DUMAS. 4 fr.

Guide pratique de puériculture, à l'usage des docteurs en médecine et des sages-femmes, par le Dr DELÉARDE. 4 fr.

PRÉCÉDEMMENT PARUS :

La mimique chez les aliénés, par le Dr G. DROMARD. 4 fr.

L'amnésie, par les Drs G. DROMARD et J. LEVASSORT. 4 fr.

La mélancolie, par le Dr R. MASSELON, médecin adjoint à l'asile de Clermont. (*Couronné par l'Académie de médecine*). 4 fr.

Essai sur la puberté chez la femme, par Mlle le Dr MARTHE FRANCILLON, ancien interne des hôpitaux de Paris. 4 fr.

Hygiène de l'alimentation dans l'état de santé et de maladie, par le Dr J. LAUMONIER, avec gravures. 3e éd. 4 fr.

Les nouveaux traitements, par *le même*. 2e édit. 4 fr.

Les embolies bronchiques tuberculeuses, par le Dr CH. SABOURIN, médecin du sanatorium de Durtol, avec gravures. 4 fr.

Manuel d'électrothérapie et d'électrodiagnostic, par le Dr E. ALBERT-WEIL, avec 88 gravures. 2e éd. 4 fr.

La mort réelle et la mort apparente, diagnostic et traitement de la mort apparente, par le Dr S. ICARD, avec gravures. 4 fr.

L'hygiène sexuelle et ses conséquences morales, par le Dr S. RIBBING, prof. à l'Univ. de Lund (Suède). 3e édit. 4 fr.

Hygiène de l'exercice chez les enfants et les jeunes gens, par le Dr F. LAGRANGE, lauréat de l'Institut. 9e édit. 4 fr.

De l'exercice chez les adultes, par *le même*. 6e édition. 4 fr.

Hygiène des gens nerveux, par le Dr LEVILLAIN, avec gravures. 5e éd. 4 fr.

L'éducation rationnelle de la volonté, son emploi thérapeutique, par le Dr PAUL-EMILE LÉVY. Préface de M. le prof. BERNHEIM. 8e édition. 4 fr.

L'idiotie. *Psychologie et éducation de l'idiot*, par le Dr J. VOISIN, médecin de la Salpêtrière, avec gravures. 4 fr.

La famille névropathique, *Hérédité, prédisposition morbide, dégénérescence*, par le Dr CH. FÉRÉ, médecin de Bicêtre, avec gravures. 2e édition. 4 fr.

L'instinct sexuel. *Évolution, dissolution*, par *le même*. 2e éd. 4 fr.

Le traitement des aliénés dans les familles, par *le même*. 3e édition. 4 fr.

L'hystérie et son traitement, par le Dr PAUL SOLLIER. 4 fr.

Manuel de psychiatrie, par le Dr J. ROGUES DE FURSAC, ancien chef de clinique à la Faculté de Paris. 3e éd. 4 fr.

L'éducation physique de la jeunesse, par A. MOSSO, professeur à l'Univers. de Turin. Préface du commandant LEGROS. 4 fr.

Manuel de percussion et d'auscultation, par le Dr P. SIMON, professeur à la Faculté de médecine de Nancy, avec grav. 4 fr.

Morphinisme et Morphinomanie, par le Dr PAUL RODET. (*Couronné par l'Académie de médecine.*) 4 fr.

La fatigue et l'entraînement physique, par le Dr PH. TISSIÉ. avec gravures. Préface de M. le prof. BOUCHARD. 3e édition. 4 fr.

Les maladies de la vessie et de l'urèthre chez la femme, par le Dr KOLISCHER ; trad. de l'allemand par le Dr BEUTTNER, de Genève; avec gravures. 4 fr.

Grossesse et accouchement, *Étude de socio-biologie et de médecine légale* par le Dr G. MORACHE, professeur de médecine légale à l'Université de Bordeaux. 4 fr.

Naissance et mort, *Étude de socio-biologie et de médecine légale*, par *le même*. 4 fr.

La responsabilité, *Étude de socio-biologie et de médecine légale*, par le Dr G. MORACHE, prof. de médecine légale à l'Université de Bordeaux, associé de l'Académie de médecine. 4 fr.

Traité de l'intubation du larynx *de l'enfant et de l'adulte, dans les sténoses laryngées aiguës et chroniques*, par le Dr A. BONAIN, avec 42 gravures. 4 fr.

Pratique de la chirurgie courante, par le Dr M. CORNET, Préface du Pr OLLIER, avec 111 gravures. 4 fr.

Dans la même collection :

COURS DE MÉDECINE OPÉRATOIRE

de M. le Professeur **Félix Terrier** :

Petit manuel d'antisepsie et d'asepsie chirurgicales, par les Drs FÉLIX TERRIER, professeur à la Faculté de médecine de Paris, et M. PÉRAIRE, ancien interne des hôpitaux, avec grav. 3 fr.

Petit manuel d'anesthésie chirurgicale, par *les mêmes*, avec 37 gravures. 3 fr.

L'opération du trépan, par *les mêmes*, avec 222 grav. 4 fr.

Chirurgie de la face, par les Drs FÉLIX TERRIER, GUILLEMAIN et MALHERBE, avec gravures. 4 fr.

Chirurgie du cou, par *les mêmes*, avec gravures. 4 fr.

Chirurgie du cœur et du péricarde, par les Drs FÉLIX TERRIER et E. REYMOND, avec 79 gravures. 3 fr.

Chirurgie de la plèvre et du poumon, par *les mêmes*, avec 67 gravures. 4 fr.

MÉDECINE

Dernières publications :

HARTENBERG (Dr P.). **L'Hystérie et les hystériques.** 1 vol. in-16. 3 fr. 50

JANET (Dr Pierre). **L'État mental des hystériques.** 2e édition. 1 vol. in-8, avec gravures dans le texte. 18 fr.

LEGUEU (Prof. F.). **Traité chirurgical d'urologie.** Préface de M. le Prof. GUYON. 1 fort vol. gr. in-8 de VIII-1382 p., avec 663 grav. dans le texte et 8 pl. en couleurs hors texte, cartonné à l'angl. 40 fr.

LÉVY (Dr P.-E.). **Neurasthénie et névroses.** *Leur guérison définitive en cure libre.* 2e édit. 1 vol. in-16. 5 fr.

MARIE (Dr A.). **Traité international de psychologie pathologique.** TOME I : *Psychopathologie générale*, par MM. les Prof. GRASSET, DEL GRECO, Dr A. MARIE, Prof. MALLY, MINGAZZINI, Drs DIDE. KLIPPEL, LEVADITI, LUGARO, MARINESCO, MÉDÉA, L. LAVASTINE, Prof, MARRO, CLOUSTON, BECHTEREW, FERRARI, Prof. CARRARRA. 1 vol. gr. in-8, avec 353 gr. dans le texte. 25 fr.

TOME II : *Psychopathologie clinique*, par MM. les Prs, BAGENOFF, BECHTEREW, Drs COLIN, CAPGRAS, DENY, HESNARD, LHERMITTE, MAGNAN, A. MARIE, Prs PICK, PILCZ, Drs RICHE, ROUBINOVITCH, SÉRIEUX, SOLLIER, Pr ZIEHEN, 1 vol. gr. in-8, avec 341 gr. 25 fr.

TOME III terminant l'ouvrage. (*Sous presse*).

MONOD (Pr Ch.) et VANVERTS (J.). **Chirurgie des artères,** *Rapport au XXIIe Congrès de chirurgie.* 1 vol. in-8. 2 fr.

REVERDIN (Pr J.-L.). **Leçons de chirurgie de guerre.** *Des blessures faites par les balles des fusils.* Préface de H. NIMIER. 1 vol. in-8, avec 7 pl. en phototypie hors texte. 7 fr. 50

STEWART (Dr PIERRE). **Le diagnostic des maladies nerveuses.** Traduction et adaptation française, par le Dr GUSTAVE SCHERB. Préface de M. le Dr E. HELME. 1 vol. in-8 avec 208 fig. et diagrammes. 15 fr.

PRÉCÉDEMMENT PARUS :

Pathologie et thérapeutique médicales.

BERGER et LOEWY. **Les troubles oculaires d'origine génitale chez la femme.** 1 vol. in-18. 3 fr. 50

CAMUS ET PAGNIEZ. **Isolement et psychothérapie.** *Traitement de la neurasthénie.* Préface du Pr DÉJERINE. 1 vol. gr. in-8. 9 fr.

CORNIL (V.), RANVIER, BRAULT ET LETULLE. **Manuel d'histologie pathologique.** 3e édition entièrement remaniée.

TOME I, par MM. RANVIER, CORNIL, BRAULT, F. BEZANÇON et M. CAZIN. — *Histologie normale. — Cellules et tissus normaux. — Généralités sur l'histologie pathologique. — Altération des cellules et des tissus. — Inflammations. — Tumeurs. — Notions sur les bactéries. — Maladies des systèmes et des tissus. — Altérations du tissu conjonctif.* 1 vol. in-8, avec 387 gravures en noir et en couleurs. 25 fr.

TOME II, par MM. DURANTE, JOLLY, DOMINICI, GOMBAULT et PHILIPPE. — *Muscles. — Sang et hématopoïèse. — Généralités sur le système nerveux.* 1 vol. in-8, avec 278 grav. en noir et en couleurs. 25 fr.

Tome III, par MM. Gombault, Nageotte, A. Riche, R. Marie, Durante, Legry, F. Bezançon. — *Cerveau. — Moelle. — Nerfs. — Cœur. — Larynx. — Ganglion lymphatique. — Rate.* 1 vol. in-8, avec 382 grav. en noir et en couleurs. 35 fr.

Tome IV et dernier, par MM. Milian, Dieulafé, Herpin, Decloux, Critzmann, Courcoux, Brault, Legry, Hallé, Klippel et Lefas. — *Poumon. — Bouche. — Tube digestif. — Estomac. — Intestin. — Foie. — Rein. — Vessie et urèthre. — Rate.* (*Sous presse*).

DESCHAMPS (A.). **Les maladies de l'énergie.** Les asthénies générales. *Épuisements, insuffisances, inhibitions.* (Clinique et Thérapeutique). Préface de M. le professeur Raymond. 1 vol. in-8. 2e édit. 8 fr. (*Couronné par l'Académie de médecine*).

FÉRÉ (Ch.). **Les épilepsies et les épileptiques.** 1 vol. gr. in-8, avec 12 planches hors texte et 67 grav. dans le texte. 20 fr.

— **La pathologie des émotions.** 1 vol. in-8. 12 fr.

FINGER (E.). **La syphilis et les maladies vénériennes.** Trad. de l'allemand avec notes par les docteurs Spillmann et Doyon. 3e édit. 1 vol. in-8, avec 8 planches hors texte. 12 fr.

FLEURY (Maurice de), de l'Académie de médecine. **Introduction à la médecine de l'esprit.** 8e édit. 1 vol. in-8. 7 fr. 50. (*Couronné par l'Académie française et par l'Académie de médecine.*)

— **Les grands symptômes neurasthéniques.** 4e édition, revue. 1 vol. in-8. (*Couronné par l'Académie des sciences.*) 7 fr. 50

— **Manuel pour l'étude des maladies du système nerveux.** 1 vol. gr. in-8, avec 132 grav. en noir et en couleurs, cart. à l'angl. 25 fr.

FRENKEL (H. S.). **L'ataxie tabétique.** *Ses origines, son traitement.* Préface de M. le Prof. Raymond. 1 vol. in-8. 8 fr.

GRASSET. **Les maladies de l'orientation et de l'équilibre.** 1 vol. in-8, cart. à l'angl. 6 fr.

— **Demifous et demiresponsables.** 2e édition. 1 vol. in-8. . 5 fr.

GUÉPIN. **Traitement de l'hypertrophie sénile de la prostate.** 1 vol. in-18. 4 fr. 50

HARTENBERG (P.). **Psychologie des neurasthéniques.** 2e édition. 1 vol. in-16. . . . . 3 fr. 50

JANET (P.) et RAYMOND (F.). **Névroses et idées fixes.**

Tome I. — *Etudes expérimentales*, par P. Janet. 2e éd. 1 vol. gr. in-8 avec 68 gr. 12 fr.

Tome II. — *Fragments des leçons cliniques*, par F. Raymond et P. Janet 2e éd. 1 vol. grand in-8, avec 97 gravures. 14 fr

(*Couronné par l'Académie des Sciences et par l'Académie de médecine.*)

JANET (P.) et RAYMOND (F.). **Les obsessions et la psychasthénie.**

Tome I. — *Etudes cliniques et expérimentales*, par P. Janet. 2e édit. 1 vol. gr. in-8, avec grav. dans le texte. 18 fr.

Tome II. — *Fragments des leçons cliniques*, par F. Raymond et P. Janet. 1 vol. in-8 raisin, avec 22 gravures dans le texte. 14 fr.

JOFFROY (le prof.) et DUPOUY. **Fugues et vagabondage.** 1 vol. in-8 . . . . 7 fr.

LABADIE-LAGRAVE et LEGUEU. **Traité médico-chirurgical de gynécologie.** 3e édition entièrement remaniée. 1 vol. grand in-8, avec nombreuses fig., cart. à l'angl. 25 fr.

LAGRANGE (F.). **Les mouvements méthodiques et la « mécanothérapie ».** 1 vol. in-8, avec 55 gravures dans le texte. 10 fr.

— **La médication par l'exercice.** 1 vol. gr. in-8, avec 68 grav. et une planche en couleurs hors texte. 2e éd. 12 fr.

— **Le traitement des affections du cœur par l'exercice et le mouvement.** 1 vol. in-8 avec figures. 6 fr.

LE DANTEC (F.). **Introduction à la pathologie générale.** 1 fort vol. gr. in-8. 15 fr.

LEPINE (le prof. R.). **Le Diabète sucré.** 1 vol. gr. in-8. . . 16 fr.

MARVAUD (A.). **Les maladies du soldat.** 1 vol. grand in-8. (*Ouvrage couronné par l'Académie des sciences.*) 20 fr.

MOSSÉ. **Le diabète et l'alimentation aux pommes de terre.** 1 vol. in-8. 5 fr.

SERIEUX et CAPGRAS. **Les folies raisonnantes.** 1 vol. in-8. 7 fr.

SOLLIER (P.). **Genèse et nature de l'hystérie.** 2 vol. in-8. 20 fr.

UNNA. **Thérapeutique des maladies de la peau.** Traduit de l'allemand par les Drs DOYON et SPILLMANN. 1 vol. gr. in-8. 8 fr.

VOISIN (J.). **L'épilepsie.** 1 vol. in-8. 6 fr.

Pathologie et thérapeutique chirurgicales.

CORNIL (le prof. V.). **Les tumeurs du sein.** 1 vol. gr. in-8, avec 160 fig. dans le texte. 12 fr.

DE BOVIS. **Le cancer du gros intestin.** 1 volume in-8. 5 fr.

DELORME. **Traité de chirurgie de guerre.** 2 vol. gr. in-8. TOME I, 16 fr. — TOME II, 26 fr. (*Ouvrage couronné par l'Académie des sciences.*)

DURET (H.). **Les tumeurs de l'encéphale.** *Manifestations et chirurgie.* 1 fort vol. gr. in-8, avec 300 figures. 20 fr.

ESTOR. (le prof.) **Guide pratique de chirurgie infantile.** 1 vol. in-8, avec 165 gravures. 2e édition, revue et augmentée. 8 fr.

HENNEQUIN ET LOEWY. **Les luxations des grandes articulations, leur traitement pratique.** 1 vol. gr. in-8, avec 125 grav. dans le texte. 16 fr.

LEGUEU. **Leçons de clinique chirurgicale** (Hôtel-Dieu, 1901). 1 vol. grand in-8, avec 71 gravures dans le texte. 12 fr.

LIEBREICH. **Atlas d'ophtalmoscopie,** représentant l'état normal et les modifications pathologiques du fond de l'œil vues à l'ophtalmoscope. 3e éd. Atlas in-f° de 12 pl. en coul. et texte explicatif. 40 fr.

NIMIER (H.). **Blessures du crâne et de l'encéphale par coup de feu.** 1 vol. in-8, avec 150 fig. 15 fr.

NIMIER (H.) ET DESPAGNET. **Traité élémentaire d'ophtalmologie.** 1 fort vol. gr. in-8, avec 432 gravures. Cart. à l'angl. 20 fr.

NIMIER (H.) ET LAVAL. **Les projectiles de guerre** et leur action vulnérante. 1 vol. in-12, avec grav. 3 fr.

— **Les explosifs, les poudres, les projectiles d'exercice,** leur action et leurs effets vulnérants. 1 vol. in-12, avec grav. 3 fr.

— **Les armes blanches,** leur action et leurs effets vulnérants. 1 vol. in-12, avec grav. 6 fr.

— **De l'infection en chirurgie d'armée,** évolution des blessures de guerre. 1 vol. in-12, avec grav. 6 fr.

— **Traitement des blessures de guerre.** 1 fort vol. in-12, avec gravures. 6 fr.

F. TERRIER ET M. PÉRAIRE. **Manuel de petite chirurgie.** 8e édition, entièrement refondue. 1 fort vol. in-12, avec 572 fig., cartonné à l'anglaise. 8 fr.

— et AUVRAY (M.). **Chirurgie du foie et des voies biliaires.** — TOME I. *Traumatismes du foie et des voies biliaires. — Foie mobile. — Tumeurs du foie et des voies biliaires.* 1901. 1 vol. gr. in-8, avec 50 gravures. 10 fr.

TOME II. *Echinococcose hydatique commune. — Kystes alvéolaires. — Suppurations hépatiques. — Abcès tuberculeux intra-hépatique. — Abcès de l'actinomycose.* 1907. 1 vol. gr. in-8, avec 47 gravures. 12 fr.

*

Thérapeutique. Pharmacie. Hygiène.

BOSSU. **Petit compendium médical.** 6e édit. in-32, cart. 1 fr. 25

BOUCHARDAT. **Nouveau formulaire magistral.** 31e édition. *Collationnée avec le Codex de 1908.* 1 vol. in-18, cart. 4 fr.

BOUCHARDAT ET DESOUBRY **Formulaire vétérinaire,** 6e édit. 1 vol. in-18, cartonné. 4 fr.

BOUCHUT ET DESPRÉS. **Dictionnaire de médecine et de thérapeutique médicale et chirurgicale,** comprenant le résumé de la médecine et de la chirurgie, les indications thérapeutiques de chaque maladie, la médecine opératoire, les accouchements, l'oculistique, l'odontotechnie, les maladies d'oreilles, l'électrisation, la matière médicale, les eaux minérales, et un formulaire spécial pour chaque maladie, mis au courant de la science par les Drs MARION et F. BOUCHUT. 7e édition, très augmentée, 1 vol. in-4, avec 1097 fig. dans le texte et 3 cartes. Broché, 25 fr.; relié. 30 fr.

BOURGEOIS (G.). **Exode rural et tuberculose.** 1 vol. gr. in-8. 5 fr.

LAGRANGE (F.). **La médication par l'exercice.** 1 vol. grand in-8, avec 68 grav. et une carte en couleurs. 2e éd. 12 fr.

— **Les mouvements méthodiques et la « mécanothérapie ».** 1 vol. in-8, avec 55 gravures. 10 fr.

LAHOR (Dr Cazalis) et Lucien GRAUX. **L'alimentation à bon marché saine et rationnelle.** 1 vol. in-16. 2e édit. 3 fr. 50
(Couronné par l'Institut).

Anatomie. Physiologie.

BELZUNG. **Anatomie et physiologie végétales.** 1 fort volume in-8, avec 1700 gravures. 20 fr.

— **Anatomie et physiologie animales.** 10e édition revue. 1 fort volume in-8, avec 522 gravures dans le texte, broché, 6 fr.; cart. 7 fr.

BÉRAUD (B.-J.). **Atlas complet d'anatomie chirurgicale topographique,** composé de 109 planches représentant plus de 200 figures gravées sur acier, avec texte explicatif. 1 fort vol. in-4.
Prix : Fig. noires, relié, 60 fr. — Fig. coloriées, relié, 120 fr.

CHASSEVANT. **Précis de chimie physiologique.** 1 vol. gr. in-8, avec figures. 10 fr.

CORNIL (V.), RANVIER, BRAULT ET LETULLE. **Manuel d'histologie pathologique.** 3e édition entièrement remaniée.

TOME I, par MM. RANVIER, CORNIL, BRAULT, F. BEZANÇON et M. CAZIN. — *Histologie normale. — Cellules et tissus normaux. — Généralités sur l'histologie pathologique. — Altération des cellules et des tissus. — Inflammations. — Tumeurs. — Notions sur les bactéries. — Maladies des systèmes et des tissus. — Altérations du tissu conjonctif.* 1 vol. in-8, avec 387 gravures en noir et en couleurs. 25 fr.

TOME II, par MM. DURANTE, JOLLY, DOMINICI, GOMBAULT et PHILLIPE. — *Muscles. — Sang et hématopoïèse. — Généralités sur le système nerveux.* 1 vol. in-8, avec 278 grav. en noir et en couleurs. 25 fr.

TOME III, par MM. GOMBAULT, NAGEOTTE, A. RICHE, R. MARIE, DURANTE, LEGRY, F. BEZANÇON. — *Cerveau. — Moelle. — Nerfs. — Cœur. — Larynx. — Ganglion lymphatique. — Rate.* 1 vol. in-8, avec 382 grav. en noir et en couleurs. 35 fr.

TOME IV ET DERNIER, par MM. MILIAN, DIEULAFÉ, HERPIN, DECLOUX, CRITZMANN, COURCOUX, BRAULT, LEGRY, HALLÉ, KLIPPEL et LEFAS. — *Poumon. — Bouche. — Tube digestif. — Estomac. — Intestin. — Foie. — Rein. — Vessie et urèthre. — Rate.* (*Sous presse.*)

CYON (E. DE). **Les nerfs du cœur.** 1 vol. gr. in-8 avec fig. 6 fr.

DEBIERRE. **Traité élémentaire d'anatomie de l'homme.** Ouvrage complet en 2 volumes. (*Cour. par l'Acad. des Sciences*). 40 fr.

TOME I. *Manuel de l'amphithéâtre.* 1 vol. gr. in-8 de 950 pages, avec 450 figures en noir et en couleurs dans le texte. 20 fr.; — TOME II. 1 vol. gr. in-8, avec 515 fig. en noir et en couleurs dans le texte. 20 fr.

— **Atlas d'ostéologie,** comprenant les articulations des os et les insertions musculaires. 1 vol. in-4, avec 253 grav. en noir et en couleurs, cart. toile dorée. 12 fr.

— **Leçons sur le péritoine.** 1 vol. in-8, avec 58 figures. 4 fr.

— **Le cerveau et la moelle épinière.** 1 vol. in-8 illustré. 15 fr.

DEMENY (G.). **Mécanisme et éducation des mouvements.** 3e éd. 1 vol. in-8, avec grav. cart. 9 fr.

FAU. **Anatomie des formes du corps humain,** à l'usage des peintres et des sculpteurs. 1 atlas in-folio de 25 planches. Prix : Figures noires, 15 fr. — Figures coloriées. 30 fr.

FÉRÉ. **Travail et plaisir.** *Études de psycho-mécanique.* 1 vol. gr. in-8, avec 200 fig. 12 fr.

GELLÉ. **L'audition et ses organes.** 1 vol. in-8, avec grav. . 6 fr.

GLEY (E.). **Études de psychologie physiologique et pathologique.** 1 vol. in-8 avec gravures. 5 fr.

JAVAL (E.). **Physiologie de la lecture et de l'écriture.** 1 vol. in-8. 2e édit. 6 fr.

LE DANTEC. **L'unité dans l'être vivant.** *Essai d'une biologie chimique.* 1 vol. in-8. 7 fr. 50

— **Les limites du connaissable.** *La vie et les phénomènes naturels.* 2e édit. 1 vol. in-8. 3 fr. 75

— **Traité de biologie.** 1 vol. grand in-8, avec fig., 2e éd. 15 fr.

PREYER. **Éléments de physiologie générale.** Traduit de l'allemand par M. J. SOURY. 1 vol. in-8. 5 fr.

RICHET (Ch.), professeur à la Faculté de médecine de Paris, **Dictionnaire de physiologie,** publié avec le concours de savants français et étrangers. Formera 12 à 15 volumes grand in-8, se composant chacun de 3 fascicules; chaque volume, 25 fr.; chaque fascicule, 8 fr. 50. Huit volumes parus.

TOME I (*A-Bac*). — TOME II (*Bac-Cer*). — TOME III (*Cer-Cob*). — TOME IV (*Cob-Dig*). — TOME V (*Dig-Fac*). — TOME VI (*Fiam-Gal*). — TOME VII (*Gal-Gra*). — TOME VIII (*Gra-Hys*).

SNELLEN. **Echelle typographique pour mesurer l'acuité de la vision.** 17e édition. 4 fr.

REVUE DE MÉDECINE

Directeurs : MM. les Professeurs BOUCHARD, de l'Institut; CHAUFFARD, CHAUVEAU, de l'Institut; LANDOUZY; LÉPINE, correspondant de l'Institut; PITRES; ROGER et VAILLARD. Rédacteurs en chef : MM. LANDOUZY et LEPINE. Secrétaire de la Rédaction : Dr JEAN LÉPINE.

REVUE DE CHIRURGIE

Directeurs : MM. les Professeurs E. QUÉNU, PIERRE DELBET, PIERRE DUVAL, A. PONCET, F. LEJARS, F. GROSS, E. FORGUE, A. DESMONS, E. CESTAN. Rédacteur en chef; M. E. QUÉNU. Secrétaire adjoint : Dr X. DELORE.

La *Revue de médecine* et la *Revue de chirurgie*, paraissent tous les mois; chaque livraison de la *Revue de médecine* contient de 5 à 6 feuilles grand in-8, avec gravures; chaque livraison de la *Revue de chirurgie* contient de 10 à 14 feuilles grand in-8, avec gravures.

PRIX D'ABONNEMENT :

Pour la Revue de Médecine. Un an, du 1er Janvier, Paris. 20 fr. — Départements et étranger. 23 fr. — La livraison : 2 fr.

Pour la Revue de Chirurgie. Un an, Paris. 30 fr. — Départements et étranger. 33 fr. — La livraison : 3 fr.

Les deux Revues réunies : un an, Paris 45 fr. ; départ. et étranger. 50 fr.

BIBLIOTHÈQUE GÉNÉRALE
DES SCIENCES SOCIALES

Secrétaire de la rédaction. DICK MAY, Secrét. gén. de l'Éc. des Hautes Études sociales.

Volumes in-8 carré de 300 pages environ, cart. à l'anglaise.

Chaque volume, 6 fr.

Derniers volumes publiés :

La Belgique et le Congo, par E. VANDERVELDE.

Médecine et pédagogie, par MM. le Dr ALBERT MATHIEU, le Dr GILLET, le Dr S. MÉRY, P. MALAPERT, le Dr LUCIEN BUTTE, le Dr PIERRE RÉGNIER, le Dr L. DUFESTEL, le Dr LOUIS GUINON, le Dr NOBÉCOURT. Préface de M. le Dr E. MOSNY, membre du Conseil supérieur d'hygiène.

La lutte contre le crime, par J.-L. DE LANESSAN.

L'individualisation de la peine, par R. SALEILLES, prof. à la Faculté de droit de l'Univ. de Paris, et G. MORIN, doc. 2e *édition.*

L'idéalisme social, par EUGÈNE FOURNIÈRE, 2e édit.

Ouvriers du temps passé (XVe et XVIe siècles), par H. HAUSER, professeur à l'Université de Dijon, 3e édition.

Les transformations du pouvoir, par G. TARDE, 2e édit.

Morale sociale, par MM. G. BELOT, MARCEL BERNÈS, BRUNSCHVICG, F. BUISSON, DARLU, DAURIAC, DELBET, CH. GIDE, M. KOVALEVSKY, MALAPERT, le R. P. MAUMUS, DE ROBERTY, G. SOREL, le PASTEUR WAGNER. Préface de M. ÉMILE BOUTROUX, de l'Institut. 2e édit.

Les enquêtes, *pratique et théorie*, par P. DU MAROUSSEM.

Questions de morale, par MM. BELOT, BERNÈS, F. BUISSON, A. CROISET, DARLU, DELBOS, FOURNIÈRE, MALAPERT, MOCH, D. PARODI, G. SOREL. 2e édit.

Le développement du catholicisme social, depuis l'encyclique *Rerum Novarum*, par MAX TURMANN. 2e édit.

Le socialisme sans doctrines, par A. MÉTIN. 2e édit.

L'éducation morale dans l'Université, par MM. LÉVY-BRUHL, DARLIN, M. BERNÈS, KORTZ, ROCAFORT, BIOCHE, Ph. GIDEL, MALAPERT, BELOT.

La méthode historique appliquée aux sciences sociales, par CH. SEIGNOBOS, professeur à l'Univ. de Paris. 2e édit.

Assistance sociale. *Pauvres et mendiants,* par PAUL STRAUSS.

L'hygiène sociale, par E. DUCLAUX, de l'Institut,

Le contrat de travail. *Le rôle des syndicats professionnels*, par P. BUREAU, professeur à la Faculté libre de droit de Paris.

Essai d'une philosophie de la solidarité, par MM. DARLU, RAUH, F. BUISSON, GIDE, X. LÉON, LA FONTAINE, E. BOUTROUX.

L'éducation de la démocratie, par MM. E. LAVISSE, A. CROISET, SEIGNOBOS, MALAPERT, LANSON, HADAMARD. 2e édit.

L'exode rural et le retour aux champs, par E. VANDERVELDE. 2e édit.

La lutte pour l'existence et l'évolution des sociétés, par J.-L. De Lanessan, ancien ministre.

La concurrence sociale et les devoirs sociaux, par le même.

La démocratie devant la science, par C. Bouglé, chargé de cours à l'Université de Paris. 2e édit. revue.

L'individualisme anarchiste. *Max Stirner*, par V. Basch, chargé de cours à l'Université de Paris.

Les applications sociales de la solidarité, par MM. P. Budin, Ch. Gide, H. Monod, Paulet, Robin, Siegfried, Brouardel.

La paix et l'enseignement pacifiste, par MM. Fr. Passy, Ch. Richet, d'Estournelles de Constant, E. Bourgeois, A. Weiss, H. La Fontaine, G. Lyon.

Études sur la philosophie morale au XIXe siècle, par MM. Belot, A. Darlu, M. Bernès, A. Landry, Ch. Gide, E. Roberty, R. Allier, H. Lichtenberger, L. Brunschvicg.

Enseignement et démocratie, par MM. A. Croiset, Devinat, Boitel, Millerand, Appell, Seignobos, Lanson, Ch.-V. Langlois.

Religions et sociétés, par MM. Th. Reinach, A. Puech, R. Allier, A. Leroy-Beaulieu, le Bon Carra de Vaux, H. Dreyfus.

Essais socialistes, *La religion. L'alcoolisme, L'art,* par E. Vandervelde, professeur à l'Université nouvelle de Bruxelles.

Le surpeuplement et les habitations à bon marché, par H. Turot et H. Bellamy.

L'individu, l'association et l'État, par E. Fournière, prof. au Conservatoire des Arts et Métiers.

Les trusts et les syndicats de producteurs, par J. Chastin. (*Récompensé par l'Institut*).

Le droit de grève, par MM. Ch. Gide, H. Berthélemy, P. Bureau, A. Keufer, C. Perreau, Ch. Picquenard, A.-E. Sayous, F. Fagnot, E. Vandervelde.

Morales et religions, par MM. G. Belot, L. Dorison, Ad. Lods, A. Croiset, W. Monod, E. de Faye, A. Puech, le baron Carra de Vaux, E. Ehrardt, H. Allier, F. Challaye.

La nation armée, par MM. le général Bazaine-Hayter, C. Bouglé, E. Bourgeois, Cne Bourguet, E. Boutroux, A. Croiset, G. Demeny, G. Lanson, L. Pineau, Cne Potez, F. Rauh.

La criminalité dans l'adolescence, par G.-L. Duprat. (*Couronné par l'Institut*).

LES MAITRES DE LA MUSIQUE

ÉTUDES D'HISTOIRE ET D'ESTHÉTIQUE

Publiées sous la direction de M. Jean Chantavoine

Collection honorée d'une souscription du Ministère des Beaux-Arts

Chaque volume in-8 de 250 pages environ, **3 fr. 50**

Liste par ordre de publication :

Palestrina, par Michel Brenet. 3e édition.

César Franck, par Vincent d'Indy. 5e édit.

* *

Précédemment parus :

EUROPE

Histoire de l'Europe pendant la Révolution française, par *H. de Sybel*. Traduit de l'allemand par Mlle Dosquet. 6 vol. in-8. Chacun. 7 fr.
Hist. diplomatique de l'Europe (1815-1878), par *Debidour*, 2 v. in-8. 18 fr.
La question d'Orient, depuis ses origines jusqu'à nos jours, par *E. Driault*; préface de *G. Monod*. 1 vol. in-8. 3e édit. . . . . 7 fr.
La papauté, par *I. de Dœllenger*. Trad. de l'allemand. 1 vol. in-8. 7 fr.
Questions diplomatiques de 1904. par *A. Tardieu*. 1 vol. in-16. 3 fr. 50
La conférence d'Algésiras. *Histoire diplomatique de la crise marocaine (janvier-avril 1906)*, par *le même*. 3e édit. Revue et augmentée d'un appendice sur *Le Maroc après la conférence* (1906-1909). In-8. 10 fr.

FRANCE ET COLONIES

La révolution française, par *H. Carnot*. 1 vol. in-16. Nouv. éd. 3 fr. 50
La théophilanthropie et le culte décadaire (1796-1801), par *A. Mathiez*. 1 vol. in-8. . . . . 12 fr.
Contributions a l'histoire religieuse de la révolution française, par *le même*. 1 vol. in-16. . . . . 3 fr. 50
Mémoires d'un ministre du trésor public (1789-1815), par le comte *Mollien*. Publié par *M. Gomel*. 3 vol. in-8. . . . . 15 fr.
Condorcet et la révolution française, par *L. Cahen*. 1 vol. in-8. 10 fr.
Cambon et la révolution française, par *F. Bornarel*. 1 vol. in-8. 7 fr.
Le culte de la raison et le culte de l'être suprême (1793-1794). Étude historique, par *A. Aulard*. 2e éd. 1 vol. in-16. . . . . . . 3 fr. 50
Études et leçons sur la révolution française, par *A. Aulard*. 5 vol. in-16. Chacun . . . . 3 fr. 50
Variétés révolutionnaires, par *M. Pellet*. 3 vol. in-16. Chacun. 3 fr. 50
Hommes et choses de la Révolution, par *Eug. Spuller*. 1 vol. in-16. . . . . 3 fr. 50
Les campagnes des armées françaises (1792-1815), par *C. Vallaux*. 1 vol. in-16, avec 17 cartes. . . . . 3 fr. 50
La politique orientale de Napoléon (1806-1808), par *E. Driault*. 1 vol. in-8. . . . . 7 fr.
Napoléon et la Pologne (1806-1807), par *Handelsman*. 1 vol. in-8. 5 fr.
De Waterloo a Sainte-Hélène (20 juin-16 oct. 1815), par *J. Silvestre*, 1 vol. in-16. 3 fr. 50
Le Conventionnel Goujon, par *L. Thénard et R. Guyot*. 1 vol. in-8. 5 fr.
Histoire de dix ans (1830-1840), par *Louis Blanc*. 5 vol. in-8. Chacun. 5 fr.
Associations et sociétés secrètes sous la deuxième république (1848-1851), par *J. Tchernoff*. 1 vol. in-8. . . . . 7 fr.
Histoire du second empire, par *Taxile Delord*. 6 vol. in-8. Chac. 7 fr.
Histoire du parti républicain (1814-1870), par *G. Weill*. 1 v. in-8. 10 fr.
Histoire du mouvement social (1852-1910), par *le même*. 1 v. in-8. 3e éd. refondue . . . . 10 fr.
Histoire de la troisième république, par *E. Zevort* : I. *Présidence de M. Thiers*. 1 vol. in-8. 3e édit. 7 fr. — II. *Présidence du Maréchal*. 1 vol. in-8. 2e édit. 7 fr. — III. *Présidence de Jules Grévy*. 1 vol. in-8. 2e édition. 7 fr. — IV. *Présidence de Sadi-Carnot*. 1 vol. in-8. . . . 7 fr.
Histoire des rapports de l'Eglise et de l'Etat en France (1789-1870), par *A. Debidour*. 1 vol. in-8 (*Couronné par l'Institut*). . . . 12 fr.
L'État et les Eglises en France, Des origines à la loi de séparation. par *J.-L. de Lanessan*. 1 vol. in-16. . . . . 3 fr. 50
La société française sous la troisième république, par *Marius-Ary Leblond*. 1 vol. in-8. 5 fr.
La liberté de conscience en France (1595-1905), par *G. Bonet-Maury*. 1 vol. in-8, 2e édit. 5 fr.
Les civilisations tunisiennes. par *P. Lapie*. 1 vol. in-16. . 3 fr. 50
Les colonies françaises, par *P. Gaffarel*. 1 vol. in-8. 6e éd. . . 5 fr.
L'œuvre de la France au Tonkin, par *A. Gaisman*. 1 v. in-16. 3 fr. 50
La France hors de France. *Notre émigration, sa nécessité, ses conditions*, par *J.-B. Piolet*. 1 vol. in-8 . . . . 10 fr
L'Indo-Chine française (*Cochinchine, le Cambodge, l'Annam et le Tonkin*), par *J.-L. de Lanessan*. 1 vol. in-8, avec 5 cartes en couleurs. 15 fr.

L'Algérie, par *M. Wahl*. 1 vol. in-8. 5e éd., revue par *A. Bernard*. 5 fr.
Au Congo français. *La question internationale du Congo*, par *F. Challaye*. 1 vol. in-8 . . . . 5 fr.
La France moderne et le problème colonial (1815-1830), par *Ch. Schefer*. 1 vol. in-8. 7 fr.
L'Église catholique et l'État en France sous la troisième république (1870-1906), par *A. Debidour*. Tome I. 1870-1889. 1 vol. in-8. 7 fr. Tome II, 1889-1906. 1 vol. in-8 . . . . 10 fr.
L'Éveil d'un monde. *L'œuvre de la France en Afrique occidentale*, par *L. Hubert*. 1 vol. in-16. 3 fr. 50
Régions et Pays de France, par *Fevre et Hauser*. 1 vol. in-8 ill. 7 fr.

ALLEMAGNE

Le grand-duché de Berg (1806-1813), par *Ch. Schmidt*. 1 vol. in-8. 10 fr.
Histoire de la Prusse, de la mort de Frédéric II à la bataille de Sadowa, par *E. Véron*. 1 vol. in-18. 6e éd. . . . . 3 fr. 50
Les origines du socialisme d'État en Allemagne, par *Ch. Andler*. 2e édit. In-8. . . . . 7 fr.
L'Allemagne nouvelle et ses historiens (*Niebuhr, Ranke, Mommsen, Sybel, Treitschke*), par *A. Guilland*. 1 vol. in-8 . . . . 5 fr.
La démocratie socialiste allemande, par *E. Milhaud*. 1 vol. in-8. 10 fr.
La Prusse et la Révolution de 1848, par *P. Matter*. 1 v. in-16. 3 fr. 50
Bismarck et son temps, par *le même*. 3 vol. in-8, chacun. 10 fr. — I. *La préparation* (1815-1862). — II. *L'action* (1863-1870). — III. *Le triomphe et le déclin* (1870-1896). (*Ouvrage couronné par l'Institut*).

ANGLETERRE

Histoire contemporaine de l'Angleterre, depuis la mort de la reine Anne jusqu'à nos jours, par *H. Reynald*. 1 vol. in-16. 2e éd. 3 fr. 50
Le socialisme en Angleterre, par *Albert Métin*. 1 vol. in-16. 3 fr. 50
A travers l'Angleterre contemporaine, par *J. Mantoux*. 1 vol. in-16. Préface de G Monod, de l'Institut. 1 vol. in-16. . . . . . . 3 fr. 50

AUTRICHE-HONGRIE

Les Tchèques et la Bohême contemporaine, par *Bourlier*, in-16. 3 fr. 50
Les races et les nationalités en Autriche-Hongrie, par *B. Auerbach*, 1 vol. in-8. 2e édit. (*Sous presse*) . . . . 5 fr.
Le pays magyar, par *R. Recouly*. 1 vol. in-16. . . . . 3 fr. 50
La Hongrie rurale, sociale et politique, par le *Comte J. de Mailath*.

ESPAGNE

Histoire de l'Espagne, depuis la mort de Charles III jusqu'à nos jours, par *H. Reynald*. 1 vol. in-16 . . . . 3 fr. 50

GRÈCE et TURQUIE

La Turquie et l'hellénisme contemporain, par *V. Bérard*. 1 vol. in-16. 6e éd. (*Ouvrage couronné par l'Académie française*) . . . . 3 fr. 50
Bonaparte et les îles Ioniennes (1797-1816), par *E. Rodocanachi*. 1 vol. in-8. . . . . 5 fr.

ITALIE

Histoire de l'unité italienne (1814-1871), *Bolton King*. 2 v. in-8. 15 fr.
Bonaparte et les républiques italiennes (1796-1799), par *P. Gaffarel*. 1 vol. in-8. . . . . 5 fr.
Napoléon en Italie (1800-1812), par *J.-E. Driault*. 1 vol. in-8. 10 fr.

SUISSE

Histoire du peuple suisse, par *Daendliker*. Introd. de *Jules Favre*. In-8. 5 fr.

ROUMANIE

Histoire de la Roumanie contemp. (1822-1900), par *Damé*. In-8. 7 fr.

AMÉRIQUE

Histoire de l'Amérique du Sud, par *Alf. Deberle*. In-16. 3e éd. 3 fr. 50
L'Industrie américaine, par *A. Viallate*, professeur à l'École des Sciences politiques. 1 vol. in-8 . . . . 10 fr.

CHINE-JAPON

Histoire des relations de la Chine avec les puissances occidentales (1861-1902), par *H. Cordier*, de l'Instit. 3 vol. in-8, avec cartes. 30 fr

L'expédition de Chine de 1857-58, par *le même*. 1 vol. in-8. . . 7 fr.
L'expédition de Chine de 1860, par *le même*. 1 vol. in-8 . . . . 7 fr.
En Chine. *Mœurs et institutions*. par *M. Courant*. 1 vol. in-16. 3 fr. 50
Le drame chinois, par *Marcel Monnier*. 1 vol. in-16. . . . 2 fr. 50
Le protestantisme au Japon (1859-1907), par *R. Allier*. In-16. 3 fr. 50
La question d'Extrême-Orient, par *E. Driault*. 1 vol. in-8. . . 7 fr.

ÉGYPTE

La transformation de l'Égypte, par *Alb. Métin*. 1 vol. in-16. 3 fr. 50

INDE

L'Inde contemp. et le mouvement national, par *E. Piriou*. In-16. 3 fr. 50

QUESTIONS POLITIQUES ET SOCIALES

Le vandalisme révolutionnaire, par *E. Despois*. 1 vol. in-16. 4e éd. 3 fr. 50
Figures du temps passé, par *M. Dumoulin*. 1 vol. in-16. . . 3 fr. 50
Problèmes politiques et sociaux, par *E. Driault*. 2e éd. 1 vol. in-8. 7 fr.
Vue générale de l'histoire de la civilisation. par *le même*. 2 vol. in-16, illustrés. (*Récompensé par l'Institut*). . . . . 7 fr.
Le monde actuel. par *le même*. *Tableau politique et économique*. 1 v. in-8. . . . . 7 fr.
Souveraineté du peuple et gouvernement, par *E. d'Eichthal*, de l'Institut. 1 vol. in-16. 3 fr. 50
Sophismes socialistes et faits économiques, par *Yves Guyot*. 1 vol. in-16. . . . . 3 fr. 50
Les missions et leur protectorat, par *J.-L. de Lanessan*. 1 vol. in-16. . . . . 3 fr. 50
Le socialisme utopique, par *A. Lichtenberger*. 1 vol. in-16. 3 fr. 50
Le socialisme et la révolution française, par *le même*. 1 v. in-8. 5 fr.
L'ouvrier devant l'État, par *Paul Louis*. 1 vol. in-8. . . . . . 7 fr.
Histoire du mouvement syndical en France (1789-1906), par *le même*. . . . . 3 fr. 50
La dissolution des assemblées parlementaires, par *Paul Matter*. 1 vol. in-8. . . . . 5 fr.
La France et l'Italie devant l'histoire, par *J. Reinach*. 1 vol. in-8. 5 fr.
Le socialisme a l'Étranger. *Angleterre, Allemagne, Autriche, Italie, Espagne, Russie, Japon. Etats-Unis*, par MM. *J. Bardoux, G. Gidel, Kinzo. Gorai, G. Isambert, G. Louis-Jaray. A. Marvaud, Da Motta de San Miguel, P. Quentin-Bauchart, M. Revon, A. Tardieu*. 1 vol. in-16.. . . . . 3 fr. 50
Figures disparues, par *E. Spuller*. 3 vol. in-16, chacun . . . 3 fr. 50
L'éducation de la démocratie, par *le même*. 1 vol. in-16. . . 3 fr. 50
L'évolution politique et sociale de l'Église, par *le même*. 1 v. in-16. 3 fr. 50
La France et ses alliances. *La lutte pour l'équilibre*, par *A. Tardieu*. 1 vol. in-16. . . . . 3 fr. 50
La Vie politique dans les Deux Mondes, 1re année (1906-1907), par *A. Viallate*. 1 fort volume in-8. . . . . 10 fr.
Deuxième année (*1907-1908*). 1 vol. in-8. . . . . 10 fr.
L'École saint-simonienne, par *G. Weill*. 1 vol. in-16. . . 3 fr. 50

MINISTRES ET HOMMES D'ÉTAT

Chaque volume in-16, 2 fr. 50

Bismarck, par H. Welschinger.
Prim, par H. Léonardon.
Disraeli, par M. Courcelle.
Ôkoubo, ministre japonais, par M. Courant.
Chamberlain, par A. Viallate.

* * *

BIBLIOTHÈQUE UTILE

Élégants volumes in-32 de 192 pages chacun.
Chaque volume broché, **60** *cent.*

DERNIERS VOLUMES PARUS :

Collas et Driault. **Histoire de l'Empire ottoman** *jusqu'à la Révolution de 1909.*
Eisenmenger (G.) **Les Tremblements de Terre** avec gravures.
Faque. **L'Indo-Chine française**. *Cochinchine, Cambodge, Annam, Tonkin.* 2e édition, mise à jour jusqu'en 1910.
Yves Guyot. **Les Préjugés économiques.**

Acloque (A.). Les insectes nuisibles, ravages, moyens de destruction (avec fig.).

Amigues (E.). A travers le ciel.

Bastide. Les guerres de la Réforme. 5e édit.

Beauregard (H.). Zoologie générale (avec fig.).

Bellet. (D.). Les grands ports maritimes de commerce (avec fig.).

Bère. Histoire de l'armée française.

Berget (Adrien.) La viticulture nouvelle. (*Manuel du vigneron.*) 3e éd.

— La pratique des vins. 2e éd. (*Guide du récoltant*).

— Les vins de France. (*Manuel du consommateur.*)

Blerzy. Torrents, fleuves et canaux de la France. 3e édit.

— Les colonies anglaises. 2e édit.

Boillot. Les entretiens de Fontenelle sur la pluralité des mondes.

Bondois. (P). L'Europe contemporaine (1789-1879). 2e édit.

Bonant. Les principaux faits de la chimie (avec fig.).

— Hist. de l'eau (avec fig.).

Brothier. Histoire de la terre. 9e éd.

Buchez. Histoire de la formation de la nationalité française.
I. *Les Mérovingiens.* 6e éd. 1 v.
II. *Les Carlovingiens.* 2e éd. 1 v.

Carnot. Révolution française. 8e éd.
I. *Période de création*, 1789-1792.
II. *Période de défense*, 1792-1804.

Catalan. Notions d'astronomie 6e édit. (avec fig.).

Collas et Driault. Histoire de l'empire ottoman jusqu'à la révolution de 1909. 4e édit.

Collier. Premiers principes des beaux-arts (avec fig.).

Combes (L.). La Grèce ancienne. 4e édit.

Coste (A.). La richesse et le bonheur.

— Alcoolisme ou épargne. 6e édit.

Coupin (H.). La vie dans les mers (avec fig.).

Creighton. Histoire romaine.

Cruveilhier. Hygiène générale. 9e éd.

Dallet. La navigation aérienne (avec fig.).

Debidour (A.) Histoire des rapports de l'Eglise et de l'Etat en France (1789-1871). Abrégé par Dubois et Sarthou.

Despois (Eug.). Révolution d'Angleterre. (1603-1688). 4e édit.

Doneaud (Alfred). Histoire de la marine française. 4e édit.

— Histoire contemporaine de la Prusse. 2e édit.

Dufour. Petit dictionnaire des falsifications. 4e édit.

Eisenmenger (G.). Les tremblements de terre.

Enfantin. La vie éternelle, passée, présente, future. 6e éd.

Faque (L.). L'Indo-Chine française. 2e éd. mise à jour jusqu'en 1910.

Ferrière. Le darwinisme. 9e éd.

Gaffarel (Paul). Les frontières françaises et leur défense. 2e édit.

Gastineau (B.). Les génies de la science et de l'industrie. 3e éd.

Geikie. La géologie (avec fig.). 5e éd.

Genevoix (F.). Les procédés industriels.

— Les Matières premières.

Gérardin. Botanique générale (avec fig.).

Girard de Rialle. Les peuples de l'Asie et de l'Europe.

Gossin (H.). La machine à vapeur. Histoire — emploi. (avec fig.)

Grove. Continents et océans, avec fig. 3e éd.

Guyot (Yves). Les préjugés économiques.

Henneguy. Histoire de l'Italie depuis 1815 jusqu'à nos jours.

Huxley. Premières notions sur les sciences. 5e édit.

Jevons (Stanley). L'économie politique. 10e édit.

Jouan. Les îles du Pacifique.

— La chasse et la pêche des animaux marins.

Jourdan (J.). La justice criminelle en France. 2e édit.

Jourdy. Le patriotisme à l'école. 3e édit.

Larbalétrier (A.). L'agriculture française (avec fig.).

— Les plantes d'appartement, de fenêtres et de balcons (avec fig.).

Larivière (Ch. de). Les origines de la guerre de 1870.

Larrivé. L'assistance publique en France.

Laumonier (Dr J.). L'hygiène de la cuisine.

Leneveux. Le budget du foyer. Économie domestique. 3e édit.

— Le travail manuel en France. 2e édit.

Lévy (Albert). Histoire de l'air (avec fig.). 3e édit.

Lock (F.). Jeanne d'Arc (1429-1431). 3e édit.

— Histoire de la Restauration 5e édit.

Mahaffy. L'antiquité grecque (avec fig.).

Maigne. Les mines de la France et de ses colonies.

Mayer (G.). Les chemins de fer (avec fig.).

Merklen (P.). La Tuberculose ; son traitement hygiénique.

Meunier (G.). Histoire de la littérature française. 4e éd.

— Histoire de l'art ancien, moderne et contemporain (avec fig.).

Mongredien. Histoire du libre-échange en Angleterre.

Monin. Les maladies épidémiques. Hygiène et prévention (avec fig.).

Morin. Résumé populaire du code civil, 6e édit., avec un appendice sur *la loi des accidents du travail* et la *loi des associations*.

Noël (Eugène). Voltaire et Rousseau. 5e édit.

Ott (A.). L'Asie occidentale et l'Egypte. 2e édit.

Paulhan (F.). La physiologie de l'esprit. 5e édit. (avec fig.)

Paul Louis. Les lois ouvrières dans les deux mondes.

Petit. Economie rurale et agricole.

Pichat (L.). L'art et les artistes en France. (*Architectes, peintres et sculpteurs*). 5e édit.

Quesnel. Histoire de la conquête de l'Algérie.

Raymond (E.). L'Espagne et le Portugal. 3e édit.

Regnard. Histoire contemporaine de l'Angleterre depuis 1815 jusqu'à nos jours.

Renard (G.). L'homme est-il libre? 6e édit.

Robinet. La philosophie positive. A. Comte et P. Laffitte. 6e éd.

Rolland (Ch.). Histoire de la maison d'Autriche. 3e édit.

Sérieux et Mathieu. L'Alcool et l'alcoolisme. 4e édit.

Spencer (Herbert). De l'éducation. 13e édit.

Turck. Médecine populaire. 7e édit.

Vaillant. Petite chimie de l'agriculteur.

Zaborowski. L'origine du langage. 7e édit.

— Les migrations des animaux. 4e édit.

— Les grands singes. 3e édit.

— Les mondes disparus (avec fig.) 4e édit.

— L'homme préhistorique. 7e édit. (avec fig.)

Zevort (Edg.). Histoire de Louis-Philippe. 4e édit.

Zurcher (F.). Les phénomènes de l'atmosphère. 7e édit.

Zurcher et Margollé. Télescope et microscope. 3e édit.

— Les phénomènes célestes. 2e éd.

BIBLIOTHÈQUE
DE PHILOSOPHIE CONTEMPORAINE

VOLUMES IN-16.

Brochés, 2 fr. 50.

Derniers volumes publiés :

Lord Avebury (Sir John Lubbock).
Paix et bonheur.

G. Compayré.
L'adolescence. 2e édit.

J. Delvolve.
Rationalisme et tradition.

Ch. Dunan.
Les deux idéalismes.

G. Dromard.
Les mensonges de la vie intérieure.

A. Joussain.
Le fondement psychologique de la morale.

N. Kostyleff.
La crise de la psychologie expérimentale.

P. Mendousse.
Du dressage à l'éducation.

D. Parodi.
Le problème moral et la pensée contemporaine.

Fr. Paulhan.
La logique de la contradition.

Péladan.
La philosophie de Léonard de Vinci.

Dr J. Philippe et Dr G. Paul Boncour.
L'éducation des anormaux.

Fr. Queyrat.
La curiosité.

Th. Ribot.
Problèmes de psychologie affective.

Seillière.
Introduction à la philosophie de l'impérialisme.

Alaux.
Philosophie de Victor Cousin.

R. Allier.
Philosophie d'Ernest Renan. 3e éd.

L. Arréat.
La morale dans le drame. 3e édit.
Mémoire et imagination. 2e édit.
Les croyances de demain.
Dix ans de philosophie (1890-1900).
Le sentiment religieux en France.
Art et psychologie individuelle.

G. Aslan.
Expérience et invention en morale.

G. Ballet.
Langage intérieur et aphasie. 2e éd.

A. Bayet.
La morale scientifique. 2e édit.

Beaussire.
Antécédents de l'hégélianisme.

Bergson.
Le rire. 6e édit.

Binet.
Psychologie du raisonnement. 4e éd.

Hervé Blondel.
Les approximations de la vérité.

C. Bos.
Psychologie de la croyance. 2e éd.
Pessimisme, féminisme, moralisme.

M. Boucher.
Essai sur l'hyperespace. 2e éd.

C. Bouglé.
Les sciences sociales en Allemagne.
Qu'est-ce que la sociologie? 2e éd.

J. Bourdeau.
Les maîtres de la pensée. 6e éd.
Socialistes et sociologues. 2e édit.
Pragmatisme et modernisme.

E. Boutroux.
Conting. des lois de la nature. 6e éd.

Brunschvicg.
Introd. à la vie de l'esprit. 2e éd.
L'idéalisme contemporain.

C. Coignet.
Protestantisme français au XIXe siècle

G. Compayré.
L'adolescence.

Coste.
Dieu et l'âme. 2e édit.

Em. Cramaussel.
Le premier éveil intellectuel de l'enfant. 2e édit.

A. Cresson.
Bases de la philos. naturaliste.
Le malaise de la pensée philos.
La morale de Kant. 2e éd.

G. Danville.
Psychologie de l'amour. 5e édit.

L. Dauriac.
La psychol. dans l'Opéra français.

J. Delvolvé.
L'organisation de la conscience morale.

L. Dugas.
Psittacisme et pensée symbolique.
La timidité. 5e édit.
Psychologie du rire. 2e édit.
L'absolu.

L. Duguit.
Le droit social, le droit individuel et la transformation de l'État. 2e éd.

G. Dumas.
Le sourire.

Dunan.
Théorie psychologique de l'espace.

Duprat.
Les causes sociales de la folie.
Le mensonge. 2e édit

Durand (DE GROS).
Philosophie morale et sociale.

E. Durkheim.
Les règles de la méthode sociol. 5e éd.

E. d'Eichthal.
Cor. de S. Mill et G. d'Eichthal.
Pages sociales.

Encausse (PAPUS).
Occultisme et spiritualisme. 2e éd.

A. Espinas.
La philos. expériment. en Italie.

E. Faivre.
De la variabilité des espèces.

Ch. Féré.
Sensation et mouvement. 2e édit.
Dégénérescence et criminalité. 4e éd.

E. Ferri.
Les criminels dans l'art.

Fierens-Gevaert.
Essai sur l'art contemporain. 2e éd.
La tristesse contemporaine. 5e éd.
Psychol. d'une ville. Bruges. 3e éd.
Nouveaux essais sur l'art contemp.

Maurice de Fleury.
L'âme du criminel. 2e éd.

Fonsegrive.
La causalité efficiente.

A. Fouillée.
Propriété sociale et démocratie. 4e édit.

E. Fournière.
Essai sur l'individualisme. 2e édit.

Gauckler.
Le beau et son histoire.

G. Geley.
L'être subconscient. 2e édit.

J. Girod.
Démocratie, patrie et humanité.

E. Goblot.
Justice et liberté. 2e édit.

A. Godfernaux.
Le sentiment et la pensée. 2e édit.

J. Grasset.
Les limites de la biologie. 6e édit.

G. de Greef.
Les lois sociologiques. 4e édit.

Guyau.
La genèse de l'idée de temps. 2e éd.

E. de Hartmann.
La religion de l'avenir. 7e édition.
Le Darwinisme. 9e édition.

R. C. Herckenrath.
Probl. d'esthétique et de morale.

Marie Jaëll.
L'intelligence et le rythme dans les mouvements artistiques.

W. James.
La théorie de l'émotion. 3e édit.

Paul Janet.
La philosophie de Lamennais.

Jankelevitch.
Nature et société.

A. Joussain.
Le fondement psychologique de la morale.

J. Lachelier.
Du fondement de l'induction. 5e éd.
Études sur le syllogisme.

C. Laisant.
L'Éducation fondée sur la science. 3e éd.

Mme Lampérière.
Le rôle social de la femme.

A. Landry.
La responsabilité pénale.

Lange.
Les émotions. 2e édit.

Lapie.
La justice par l'État.

Laugel.
L'optique et les arts.

Gustave Le Bon.
Lois psychol. de l'évol. des peuples. 10e éd.
Psychologie des foules. 16e éd.

F. Le Dantec.
Le déterminisme biologique. 3e éd.
L'individualité et l'erreur individualiste. 3e édit.
Lamarckiens et darwiniens. 3e éd.

G. Lefèvre.
Obligation morale et idéalisme.

Liard.
Les logiciens anglais contem. 5e éd.
Définitions géométriques. 3e édit.

H. Lichtenberger.
La philosophie de Nietzsche. 12e éd.
Aphorismes de Nietzsche. 5e éd.

O. Lodge.
La vie et la matière. 2e édit.

John Lubbock.
Le bonheur de vivre. 2 vol. 11e éd.
L'emploi de la vie. 7e édit.

G. Lyon.
La philosophie de Hobbes.

E. Marguery.
L'œuvre d'art et l'évolution. 2e édit.

Mauxion.
L'éducation par l'instruction. 2e éd.
Nature et éléments de la moralité.

G. Milhaud.
Les conditions et les limites de la certitude logique. 2e édit.
Le rationnel.

Mosso.
La peur. 4e éd.
La fatigue intellect. et phys. 6e éd.

E. Murisier.
Les mal. du sent. religieux. 3e éd.

A. Naville.
Nouvelle classif. des sciences. 2e éd.

Max Nordau.
Paradoxes psychologiques. 6e éd.
Paradoxes sociologiques. 6e édit.
Psycho-physiologie du génie. 4e éd.

Novicow.
L'avenir de la race blanche. 2e édit.

Ossip-Lourié.
Pensées de Tolstoï. 3e édit.
Philosophie de Tolstoï. 2e édit.
La philos. soc. dans le théât. d'Ibsen. 2e édit.
Nouvelles pensées de Tolstoï.
Le bonheur et l'intelligence.
Croyance religieuse et croyance intellectuelle.

G. Palante.
Précis de sociologie. 4e édit.
La sensibilité individualiste.

W.-R. Paterson (Swift).
L'éternel conflit.

Paulhan.
Les phénomènes affectifs. 2e édit.
Psychologie de l'invention. 2e édit.
Analystes et esprits synthétiques.
La fonction de la mémoire.
La morale de l'ironie.

J. Philippe.
L'image mentale.

J. Philippe et G. Paul-Boncour.
Les anomalies mentales chez les écoliers. 2e édit.

F. Pillon.
La philosophie de Charles Secrétan.

Pioger.
Le monde physique.

L. Proal.
L'éducation et le suicide des enfants.

Queyrat.
L'imagination chez l'enfant. 4e édit.
L'abstraction. 2e édit.
Les caractères et l'éducation morale. 4 éd.
La logique chez l'enfant. 3e éd.
Les jeux des enfants. 2e édit.

G. Rageot.
Les savants et la philosophie.

P. Regnaud.
Précis de logique évolutionniste.
Comment naissent les mythes.

G. Renard.
Le régime socialiste. 6e édit.

A. Réville.
Divinité de Jésus-Christ. 4e éd.

A. Rey.
L'énergétique et le mécanisme.

Th. Ribot.
La philos. de Schopenhauer. 12e éd.
Les maladies de la mémoire. 21e éd.
Les maladies de la volonté. 26e éd.
Les mal. de la personnalité. 14e édit.
La psychologie de l'attention. 11e éd.

G. Richard.
Socialisme et science sociale. 3e éd.

Ch. Richet.
Psychologie générale. 8e éd.

De Roberty.
L'agnosticisme. 2e édit.
La recherche de l'Unité.
Psychisme social.
Fondements de l'éthique.
Constitution de l'éthique.
Frédéric Nietzsche.

E. Roerich.
L'attention spontanée et volontaire.

J. Rogues de Fursac.
Mouvement mystique contemp.

Roisel.
De la substance.
L'idée spiritualiste. 2e édit.

Roussel-Despierres.
L'idéal esthétique.

Rzewuski.
L'optimisme de Schopenhauer.

Schopenhauer.
Le libre arbitre. 11e édition.
Le fondement de la morale. 11e éd.
Pensées et fragments. 24e édition.
Ecrivains et style. 2e édit.
Sur la religion. 2e édit.
Philosophie et philosophes.
Ethique, droit et politique.
Métaphysique et esthétique.

P. Sollier.
Les phénomènes d'autoscopie.

P. Souriau.
La rêverie esthétique.

Herbert Spencer.
Classification des sciences. 9e édit.
L'individu contre l'Etat. 8e éd.
L'association en psychologie.

Stuart Mill.
Correspondance avec G. d'Eichthal.
Auguste Comte et la philosophie positive. 8e édition.
L'utilitarisme. 6e édition.
La liberté. 3e édit.

Sully Prudhomme.
Psychologie du libre arbitre.

Sully Prudhomme et Ch. Richet.
Le probl. des causes finales. 4e éd.

Tanon.
L'évol. du droit et la consc. soc. 3e éd.

Tarde.
La criminalité comparée. 7e éd.
Les transformations du droit. 6e éd.
Les lois sociales. 6e édit.

J. Taussat.
Le monisme et l'animisme.

Thamin.
Éducation et positivisme. 3e éd.

P.-F. Thomas.
La suggestion, son rôle. 5e édit.
Morale et éducation. 2e éd.

Wundt.
Hypnotisme et suggestion. 4e édit.

Zeller.
Christ. Baur et l'école de Tubingue.

Th. Ziegler.
La question sociale 4e éd.

VOLUMES IN-8.

Brochés, à 3.75, 5, 7.50 et 10 fr.

Derniers volumes publiés :

R. Brugeilles.
Le droit et la sociologie. 3 fr. 75

L. Cellérier.
Esquisse d'une science pédagogique. 7 fr. 50

E. de Cyon.
Dieu et science. 7 fr. 50

A. Darbon.
L'Explication mécanique et le nominalisme. 3 fr. 75

J. Dubois.
Le problème pédagogique. 7 fr. 50

E. Durkheim.
L'année sociologique, tome XI, 1906-1909. 15 fr.

H. Ebbinghaus.
Précis de psychologie. 5 fr.

R. Eucken.
Les grands courants de la pensée contemporaine. 10 fr.

A. Fouillée.
La démocratie politique et sociale en France. 3 fr. 75

J.-J. Gourd.
Philosophie de la religion. 5 fr.

O. Hamelin.
Le système de Descartes. 7 fr. 50

Ch. Lalo.
Les sentiments esthétiques. 5 fr.

G. Lechalas.
Étude sur l'espace et le temps. 2e édition. 5 fr.

L. Lévy-Bruhl.
Les fonctions mentales dans les sociétés inférieures. 7 fr. 50

A. Matagrin.
La psychologie sociale de Gabriel Tarde. 5 fr.

P. Mendousse.
L'âme de l'adolescent. 5 fr.

Nordau.
Le sens de l'histoire. 7 fr. 50

J. Novicow.
La critique du Darwinisme social. 7 fr. 50

C. Piat.
La morale du bonheur. 5 fr.

F. Pillon.
L'année philosophique, 20e année, 1909. 5 fr.

Ed. Roehrich.
Philosophie de l'éducation. 5 fr.

Jean d'Udine.
L'art et le geste. 5 fr.

Ch. Adam.
La philosophie en France (première moitié du XIXe siècle). 7 fr. 50

Arréat.
Psychologie du peintre. 5 fr.

Dr L. Aubry.
La contagion du meurtre. 5 fr.

Alex. Bain.
La logique inductive et déductive. 5e édit. 2 vol. 20 fr.

J.-M. Baldwin.
Le développement mental chez l'enfant et dans la race. 7 fr. 50

J. Bardoux.
Psychol. de l'Angleterre contemp. (*les crises belliqueuses*). 7 fr. 50
Psychologie de l'Angleterre contemporaine (*les crises politiques*). 5 fr.

Barthélemy Saint-Hilaire.
La philosophie dans ses rapports avec les sciences et la religion. 5 fr.

Barzelotti.
La philosophie de H. Taine. 7 fr. 50

A. Bayet.
L'idée de bien. 3 fr. 75

Bazaillas.
Musique et inconscience. 5 fr.
La vie personnelle. 5 fr.

G. Belot.
Études de morale positive. 7 fr. 50

H. Bergson.
Essai sur les données immédiates de la conscience. 7e édit. 3 fr. 75
Matière et mémoire. 6e édit. 5 fr.
L'évolution créatrice. 7e éd. 7 fr. 50

R. Berthelot.
Evolutionnisme et platonisme. 5 fr.

A. Bertrand.
L'enseignement intégral. 5 fr.
Les études dans la démocratie. 5 fr.

A. Binet.
Les révélations de l'écriture. 5 fr.

C. Bloch.
La philosophie de Newton. 10 fr.

J.-H. Boex-Borel.
(*J.-H. Rosny aîné*).
Le pluralisme. 5 fr.

Em. Boirac.
L'idée du phénomène. 5 fr.
La psychologie inconnue. 5 fr.

Bouglé.
Les idées égalitaires. 2e éd. 3 fr. 75
Essais sur le régime des castes. 5 fr.

L. Bourdeau.
Le problème de la mort. 4e éd. 5 fr.
Le problème de la vie. 7 fr. 50

Bourdon.
L'expression des émotions. 7 fr. 50

Em. Boutroux.
Études d'histoire de la philosophie. 2e édit. 7 fr. 50

Braunschvig.
Le sentiment du beau et le sentiment politique. 7 fr. 50

L. Bray.
Du beau. 5 fr.

Brochard.
De l'erreur. 2e éd. 5 fr.

M. Brunschvicg.
Spinoza. 2e édit. 3 fr. 75
La modalité du jugement. 5 fr.

L. Carrau.
Philosophie religieuse en Angleterre. 5 fr.

Ch. Chabot.
Nature et moralité. 5 fr.

A. Chide.
Le mobilisme moderne. 5 fr.

Clay.
L'alternative. 2e éd. 10 fr.

Collins.
Résumé de la phil. de H. Spencer. 4e éd. 10 fr.

Cosentini.
La sociologie génétique. 3 fr. 75

A. Coste.
Principes d'une sociol. obj. 3 fr. 75
L'expérience des peuples. 10 fr.

C. Couturat.
Les principes des mathématiques. 5 f.

Crépieux-Jamin.
L'écriture et le caractère. 5e éd. 7.50

A. Cresson.
Morale de la raison théorique. 5 fr.

Dauriac.
Essai sur l'esprit musical. 5 fr.

H. Delacroix.
Etudes d'histoire et de psychologie du mysticisme. 10 fr.

Delbos.
Philos. pratique de Kant. 12 fr. 50

J. Delvaille.
La vie sociale et l'éducation. 3 fr. 75

J. Delvolve.
Religion, critique et philosophie positive chez Bayle. 7 fr. 50

Draghicesco.
L'individu dans le déterminisme social. 7 fr. 50
Le problème de la conscience. 3 fr. 75

L. Dugas.
Le problème de l'éducat. 2e éd. 5 fr.

G. Dumas.
St-Simon et Auguste Comte. 5 fr

G.-L. Duprat.
L'instabilité mentale. 5 fr.

Duproix.
Kant et Fichte. 2e édit. 5 fr.

Durand (de Gros).
Taxinomie générale. 5 fr.
Esthétique et morale. 5 fr.
Variétés philosophiques. 2e éd. 5 fr.

E. Durkheim.
De la div. du trav. soc. 2e éd. 7 fr. 50
Le suicide, étude sociolog. 7 fr. 50
L'année sociologique. 10 volumes : 1re à 5e années. Chacune. 10 fr. 6e à 10e. Chacune. 12 fr. 50

V. Egger.
La parole intérieure. 2e éd. 5 fr.

Dwelshauvers.
La synthèse mentale. 5 fr.

A. Espinas.
La philosophie sociale au XVIIIe siècle et la Révolution. 7 fr. 50

Enriques.
Les problèmes de la science et la logique. 3 fr. 75

F. Evellin.
La raison pure et les antinomies. 5 fr.

G. Ferrero.
Les lois psychologiques du symbolisme. 5 fr.

Enrico Ferri.
La sociologie criminelle. 10 fr.

Louis Ferri.
La psychologie de l'association, depuis Hobbes. 7 fr. 50

J. Finot.
Le préjugé des races. 3e éd. 7 fr. 50
Philos. de la longévité. 12e éd. 5 fr.

Fonsegrive.
Le libre arbitre. 2e éd. 10 fr.

M. Foucault.
La psychophysique. 7 fr. 50
Le rêve. 5 fr.

Alf. Fouillée.
Liberté et déterminisme. 5e éd. 7 fr. 50
Critique des systèmes de morale contemporains. 5e éd. 7 fr. 50
La morale, l'art et la religion, d'après Guyau. 6e éd. 3 fr. 75
L'avenir de la métaphys. 2e éd. 5 fr.
Évolutionnisme des idées-forces. 4e éd. 7 fr. 50
La psychologie des idées-forces. 2e édit. 2 vol. 15 fr.
Tempérament et caractère. 3e éd. 7 fr. 50
Le mouvement idéaliste. 2e éd. 7 fr. 50
Le mouvement positiviste. 2e éd. 7.50
Psych. du peuple français. 3e éd. 7.50
La France au point de vue moral. 3e édit. 7 fr. 50
Esquisse psychologique des peuples européens. 4e édit. 10 fr.
Nietzsche et l'immoralisme. 2e éd. 5 f.
Le moralisme de Kant et l'amoralisme contemporain. 2e éd. 7 fr. 50
Éléments sociol. de la morale. 2e édit. 7 fr. 50
La morale des idées-forces. 7 fr. 50
Le socialisme et la sociologie réformiste. 7 fr. 50

E. Fournière.
Théories social. au XIXe siècle. 7 fr. 50

G. Fulliquet.
L'obligation morale. 7 fr. 50

Garofalo.
La criminologie. 5e édit. 7 fr. 50
La superstition socialiste. 5 fr.

L. Gérard-Varet.
L'ignorance et l'irréflexion. 5 fr.

E. Gley.
Études de psycho-physiologie. 5 fr.

G. Gory.
L'immanence de la raison dans la connaissance sensible. 5 fr.

R. de la Grasserie.
De la psychologie des religions. 5 fr.

J. Grasset.
Demifous et demiresponsables. 5 fr.
Introduction physiologique à l'étude de la philosophie. 2e éd. 5 fr.

G. de Greef.
Le transformisme social. 2e éd. 7 fr. 50
La sociologie économique. 3 fr. 75

K. Groos.
Les jeux des animaux. 7 fr. 50

Gurney, Myers et Podmore
Les hallucin. télépath. 4e éd. 7 fr. 50

Guyau.
La morale angl. cont. 5e éd. 7 fr. 50
Les problèmes de l'esthétique contemporaine. 6e éd. 5 fr.
Esquisse d'une morale sans obligation ni sanction. 9e éd. 5 fr.
L'irréligion de l'avenir. 13e éd. 7 fr. 50
L'art au point de vue sociol. 8e éd. 7 fr. 50
Éducation et hérédité. 10e éd. 5 fr.

E. Halévy.
La form. du radicalisme philos.
I. *La jeunesse de Bentham.* 7 fr. 50
II. *Évol. de la doctr. utilitaire*, 1789-1815. 7 fr. 50
III. *Le radicalisme philos.* 7 fr. 50

O. Hamelin.
Les éléments de la représentation. 7 fr. 50

Hannequin.
L'hypoth. des atomes. 2e éd. 7 fr. 50
Études d'histoire des sciences et d'histoire de la philosophie. 2 vol. 15 fr.

P. Hartenberg.
Les timides et la timidité. 3e éd. 5 fr.
Physionomie et caractère. 5 fr.

Hébert.
Évolut. de la foi catholique. 5 fr.
Le divin. 5 fr.

C. Hémon.
Philos. de Sully Prudhomme. 7 fr. 50

Hermant et Van de Waele
Les principales théories de la logique contemporaine. 5 fr.

G. Hirth.
Physiologie de l'art. 5 fr.

H. Höffding.
Esquisse d'une psychologie fondée sur l'expérience. 4e édit. 7 fr. 50
Hist. de la philos. moderne. 2e édit. 2 vol. 20 fr.
Philosophie de la religion. 7 fr. 50

Hubert et Mauss.
Mélanges d'histoire des religions. 5 fr.

Ioteyko et Stefanowska.
Psycho-physiologie de la douleur. 5 fr.

Isambert.
Les idées socialistes en France (1815-1848). 7 fr. 50

Izoulet.
La cité moderne. 7e édit. 10 fr.

Jacoby.
La sélect. chez l'homme. 2e éd. 10 fr.

Paul Janet.
OEuvres philosophiques de Leibniz. 2e édition. 2 vol. 20 fr.

Pierre Janet.
L'automatisme psychol. 6e éd. 7 fr. 50

J. Jastrow.
La subconscience. 7 fr. 50

J. Jaurès.
Réalité du monde sensible. 2e édit. 7 fr. 50

Karppe.
Études d'hist. de la philos. 3 fr. 75

A. Keim.
Helvétius. 10 fr.

P. Lacombe.
Individus et sociétés selon Taine. 7 fr. 50

A. Lalande.
La dissolution opposée à l'évolution. 7 fr. 50

Ch. Lalo.
Esthétique musicale scientifique. 5 f.
L'esthétique expérim. cont. 3 fr. 75

A. Landry.
Principes de morale rationnelle. 5 fr.

De Lanessan.
La morale naturelle. 10 fr.
La morale des religions. 10 fr.

P. Lapie.
Logique de la volonté. 7 fr. 50

Lauvrière.
Philosophes contemporains. 2e édit. 3 fr. 75

E. de Laveleye.
De la propriété et de ses formes primitives. 5e édit. 10 fr.
Le gouvernement dans la démocratie. 3e éd. 2 vol. 15 fr.

M.-A. Leblond.
L'idéal du XIXe siècle. 5 fr.

Gustave Le Bon.
Psych. du socialisme. 6e éd. 7 fr. 50

G. Lechalas.
Études esthétiques. 5 fr.

Lechartier.
David Hume, moraliste et sociologue. 5 fr.

Leclère.
Le droit d'affirmer. 5 fr.

F. Le Dantec.
L'unité dans l'être vivant. 7 fr. 50
Limites du connaissable. 3e édit. 3 fr. 75

Xavier Léon.
La philosophie de Fichte. 10 fr.

Leroy (E.-B.).
Le langage. 5 fr.

A. Lévy.
La philosophie de Feuerbach. 10 fr.
Edgar Poë. Sa vie. Son œuvre. 10 fr.

L. Lévy-Bruhl.
La philosophie de Jacobi. 5 fr.
Lettres de Stuart Mill à Comte. 10 fr.
La philos. d'Aug. Comte. 2e éd. 7 fr. 50
La morale et la science des mœurs. 4e éd. 5 fr.

Liard.
Science positive et métaphysique. 4e édit. 7 fr. 50
Descartes. 2e édit. 5 fr.

H. Lichtenberger.
Richard Wagner, poète et penseur. 5e édit. 10 fr.
Henri Heine penseur. 3 fr. 75

Lombroso.
La femme criminelle et la prostituée 1 vol. avec planches. 15 fr.
Le crime polit. et les révol. 2 v. 15 f.
L'homme criminel. 3e édit. 2 vol., avec atlas. 36 fr.
Le crime. 2e éd. 10 fr.
L'homme de génie (avec planches). 4e édit. 10 fr.

E. Lubac.
Système de psychol. rationn. 3 fr. 75

G. Luquet.
Idées générales de psychol. 5 fr.

G. Lyon.
L'idéalisme en Angleterre au XVIIIe siècle. 7 fr. 50
Enseignement et religion. 3 fr. 75

P. Malapert.

Les éléments du caractère. 2e éd. 5 fr.

Marion.

La solidarité morale. 6e édit. 5 fr.

Fr. Martin.

La perception extérieure et la science positive. 5 fr.

J. Maxwell.

Les phénomènes psych. 4e éd. 5 fr.

E. Meyerson.

Identité et réalité. 7 fr. 50

Max Muller.

Nouv. études de mythol. 12 fr. 50

Myers.

La personnalité humaine. 3e éd. 7.50

E. Naville.

La logique de l'hypothèse. 2e éd. 5 fr.
La définition de la philosophie. 5 fr.
Les philosophies négatives. 5 fr.
Le libre arbitre. 2e édition. 5 fr.
Les philosophies affirmatives. 7 fr. 50

J.-P. Nayrac.

L'attention. 3 fr. 75

Max Nordau.

Dégénérescence. 2 v. 7e éd. 17 fr. 50
Les mensonges conventionnels de notre civilisation. 10e éd. 5 fr.
Vus du dehors. 5 fr.

Novicow.

Luttes entre soc. humaines. 2e éd. 10 f.
Gaspillages des soc. mod. 2e éd. 5 fr.
Justice et expansion de la vie. 7 fr. 50

H. Oldenberg.

Le Bouddha. 2e éd. 7 fr. 50
La religion du Véda. 10 fr.

Ossip-Lourié.

La philosophie russe contemp. 5 fr.
Psychol. des romanciers russes au XIXe siècle. 7 fr. 50

Ouvré.

Form. littér. de la pensée grecq. 10 fr.

G. Palante.

Combat pour l'individu. 3 fr. 75

Fr. Paulhan.

Les caractères. 3e édition. 5 fr.
Les mensonges du caractère. 5 fr.
Le mensonge de l'art. 5 fr.

Payot.

L'éducation de la volonté. 34e éd. 5 fr.
La croyance. 3e éd. 5 fr.

Jean Pérès.

L'art et le réel. 3 fr. 75

Bernard Perez.

Les trois premières années de l'enfant. 5e édit. 5 fr.
L'enfant de 3 à 7 ans. 4e éd. 5 fr.
L'éd. mor. dès le berceau. 4e éd. 5 fr.
L'éd. intell. dès le berceau. 2e éd. 5 fr.

C. Piat.

La personne humaine. 7 fr. 50
Destinée de l'homme. 5 fr.

Picavet.

Les idéologues. 10 fr.

Piderit.

La mimique et la physiognomonie, avec 95 fig. 5 fr.

Pillon.

L'année philos. 20 vol., chacun. 5 fr.

J. Pioger.

La vie et la pensée. 5 fr.
La vie sociale, la morale et le progrès. 5 fr.

L. Prat.

Le caractère empirique et la personne. 7 fr. 50

Preyer.

Éléments de physiologie. 5 fr.

L. Proal.

Le crime et la peine. 3e éd. 10 fr.
La criminalité politique. 2e éd. 5 fr.
Le crime et le suicide passionn. 10 f.

G. Rageot.

Le succès. 3 fr. 75

F. Rauh.

De la méthode dans la psychologie des sentiments. 2e éd. 5 fr.
L'expérience morale. 3 fr. 75

Récéjac.

La connaissance mystique. 5 fr.

G. Renard.

La méthode scientifique de l'histoire littéraire. 10 fr.

Renouvier.

Les dilem. de la métaph. pure. 5 fr.
Hist. et solut. des problèmes métaphysiques. 7 fr. 50
Le personnalisme. 10 fr.
Critique de la doctrine de Kant. 7.50
Science de la morale. Nouvelle édit. 2 vol. 15 fr.

G. Revault d'Allonnes.

Psychologie d'une religion. 5 fr.
Les inclinations. 3 fr. 75

A. Rey.

La théorie de la physique chez les physiciens contemp. 7 fr. 50

Ribéry.

Classification des caractères. 3 fr. 75

Th. Ribot.

L'hérédité psycholog. 9e éd. 7 fr. 50
La psychologie anglaise contemporaine. 3e éd. 7 fr. 50
La psychologie allemande contemporaine. 7e éd. 7 fr. 50
La psych. des sentim. 7e éd. 7 fr. 50
L'évol. des idées générales. 3e éd. 5 fr.
L'imagination créatrice. 3e éd. 5 fr.
Logique des sentiments. 2e éd. 3 f. 75
Essai sur les passions. 3e éd. 3 fr. 75

Ricardou.

De l'idéal. 5 fr.

G. Richard.

L'idée d'évolution dans la nature et dans l'histoire. 7 fr. 50

H. Riemann.

Elém. de l'esthétiq. musicale. 5 fr.

E. Rignano.

Transmissibilité des caractères acquis. 5 fr.

A. Rivaud.

Essence et existence chez Spinoza. 3 fr. 75

E. de Roberty.

Ancienne et nouvelle philos. 7 fr. 50
La philosophie du siècle. 5 fr.
Nouveau programme de sociol. 5 fr.
Sociologie de l'action. 3 fr. 75

G. Rodrigues.

Le problème de l'action. 3 fr. 75

F. Roussel-Despierres.

Liberté et beauté. 7 fr. 50

Romanes.

L'évol. ment. chez l'homme. 7 fr. 50

Russell.

La philosophie de Leibniz. 3 fr. 75

Ruyssen.

Évolut. psychol. du jugement. 5 fr.

A. Sabatier.

Philosophie de l'effort. 2e éd. 7 fr. 50

Emile Saigey.

La physique de Voltaire. 5 fr.

G. Saint-Paul.

Le langage intérieur. 5 fr.

E. Sanz y Escartin.

L'individu et la réforme sociale. 7.50

F. Schiller.

Etudes sur l'humanisme. 10 fr.

A. Schinz.

Anti-pragmatisme. 5 fr.

Schopenhauer.

Aphorismes sur la sagesse dans la vie. 9e éd. 5 fr.
Le monde comme volonté et représentation. 5e éd. 3 vol. 22 fr. 50

Séailles.

Ess. sur le génie dans l'art. 2e éd. 5 fr.
Philosoph. de Renouvier. 7 fr. 50

Sighele.

La foule criminelle. 2e édit. 5 fr.

Sollier.

Psychologie de l'idiot et de l'imbécile. 2e éd. 5 fr.
Le problème de la mémoire. 3 fr 75
Le mécanisme des émotions. 5 fr.
Le doute. 7 fr. 50

Souriau.

L'esthétique du mouvement. 5 fr.
La beauté rationnelle. 10 fr.
La suggestion dans l'art. 2e édit. 5 fr.

Spencer (Herbert).

Les premiers principes. 11e éd. 10 fr.
Principes de psychologie. 2 vol. 20 fr.
Princip. de biologie. 6e éd. 2 v. 20 fr.
Princip. de sociol. 5 vol. 43 fr. 75
I. *Données de la sociologie*, 10 fr. — II. *Inductions de la sociologie. Relations domestiques*, 7 fr. 50. — III. *Institutions cérémonielles et politiques*, 15 fr. — IV. *Institutions ecclésiastiques*, 3 fr. 75. — V. *Institutions professionnelles*, 7 fr. 50.
Justice. 3e éd. 7 fr. 50
Rôle moral de la bienfaisance. 7.50
Morale des différents peuples. 7.50
Problèmes de morale et de sociologie. 2e éd. 7 fr. 50
Essais sur le progrès. 5e éd. 7 fr. 50
Essais de politique. 4e éd. 7 fr. 50
Essais scientifiques. 3e éd. 7 fr. 50
De l'éducation. 13e édit. 5 fr.
Une autobiographie. 10 fr.

P. Stapfer.

Questions esthétiques et religieuses 3 fr. 75

Stein.

La question sociale au point de vue philosophique. 10 fr.

Stuart Mill.

Mes mémoires. 5e éd. 5 fr.
Système de logique. 2 vol. 20 fr.
Essais sur la religion. 4e édit. 5 fr.
Lettres à Auguste Comte.

James Sully.

Le pessimisme. 2e éd. 7 fr. 50
Essai sur le rire. 7 fr. 50

Sully Prudhomme.

La vraie religion selon Pascal. 7 f. 50
Le lien social. 3 fr. 75

G. Tarde.

La logique sociale. 3e édit. 7 fr. 50
Les lois de l'imitation. 5e éd. 7 fr. 50
L'opposition universelle. 7 fr. 50
L'opinion et la foule. 3e édit. 5 fr.

Em. Tardieu.

L'ennui. 5 fr.

P.-Félix Thomas.

L'éducation des sentiments. 5e éd. 5 fr.
Pierre Leroux. Sa philosophie. 5 fr.

P. Tisserand.

L'anthropologie de Maine de Biran. 10 fr.

Et. Vacherot.

Essais de philosophie critique. 7 f. 50
La religion. 7 fr. 50

I. Waynbaum

La physionomie humaine. 5 fr.

L. Weber.

Vers le positivisme absolu par l'idéalisme. 7 fr. 50

ÉCONOMIE POLITIQUE — SCIENCE FINANCIÈRE

COLLECTION DES PRINCIPAUX ÉCONOMISTES

Enrichie de commentaires, de notes explicatives et de notices historiques

(COLLECTION GUILLAUMIN.)

MÉLANGES (1re PARTIE)

David Hume. *Essai sur le commerce, le luxe, l'argent, les impôts, le crédit public, sur la balance du commerce, la jalousie commerciale, la population des nations anciennes.* — **V. de Forbonnais.** *Principes économiques.* — **Condillac.** *Le commerce et le gouvernement.* — **Condorcet.** *Lettres d'un laboureur de Picardie à M. N**** (Necker). — *Réflexions sur l'esclavage des nègres.* — *Réflexions sur la justice criminelle.* — *De l'influence de la révolution d'Amérique sur l'Europe.* — *De l'impôt progressif.* — **Lavoisier.** *De la richesse territoriale du royaume de France.* — **Franklin.** *La science du bonhomme Richard* et ses autres opuscules. 1 vol. grand in-8. . . . . 10 fr.

MÉLANGES (2e PARTIE)

Necker. *Sur la législation et le commerce des grains.* — L'abbé **Galiani.** *Dialogues sur le commerce des blés* avec la *Réfutation* de l'abbé **Morellet.** — **Montyon.** *Quelle influence ont les diverses espèces d'impôts sur la moralité, l'activité et l'industrie des peuples?* — **Bentham.** *Défense de l'usure.* 1 vol. gr. in-8. . . . . 10 fr.

RICARDO

Œuvres complètes. Les œuvres de Ricardo se composent : 1° des **Principes de l'économie politique et de l'impôt.** — 2° Des ouvrages ci-après : *De la protection accordée à l'agriculture.* — *Plan pour l'établissement d'une banque nationale.* — *Essai sur l'influence du bas prix des blés sur les profits du capital.* — *Proposition pour l'établissement d'une circulation monétaire économique et sûre.* — *Le haut prix des lingots est une preuve de la dépréciation des billets de banque.* — *Essai sur les emprunts publics*, avec des *notes*. 1 vol. in-8. . . . . 10 fr.

J.-B. SAY

Cours complet d'économie politique pratique. 2 vol. grand in-8. 20 fr.

J.-B. SAY

Œuvres diverses : *Catéchisme d'économie politique.* — *Lettres à Malthus et correspondance générale.* — *Olbie.* — *Petit volume.* — *Fragments et opuscules inédits.* 1 vol. grand in-8. . . . . 10 fr.

ADAM SMITH

Recherches sur la nature et les causes de la richesse des nations, traduction de G. GARNIER. 5e édition, augmentée. 2 vol. in-8. . . . 16 fr.

DICTIONNAIRE DU COMMERCE
DE L'INDUSTRIE ET DE LA BANQUE

DIRECTEURS :

MM. Yves GUYOT et Arthur RAFFALOVICH

2 volumes grand in-8. Prix, brochés. . . . . 50 fr.
— — reliés. . . . . 58 fr.

Cet ouvrage peut s'acquérir en envoyant un mandat-poste de 10 fr., au reçu duquel est faite l'expédition du livre, e en payant le reste, soit 40 fr., en quatre traites de 10 fr. chacune, de deux mois en deux mois. (*Pour recevoir l'ouvrage relié ajouter 8 fr. au premier paiement.*)

COLLECTION DES ÉCONOMISTES
ET PUBLICISTES CONTEMPORAINS

FORMAT IN-8.

VOLUMES RÉCEMMENT PUBLIÉS

ANTOINE (Ch.). **Cours d'économie sociale.** 4e édition, revue et augmentée. 1 vol. in-8. 9 fr.

ARNAUNÉ (Aug.), ancien directeur de la Monnaie, conseiller maître à la Cour des comptes. **La monnaie, le crédit et le change.** 1 vol. in-8. 4e édition, revue et augmentée. . . . . 8 fr.

COLSON (C.), del'Institut. **Cours d'économie politique,** professé à l'École nationale des ponts et chaussées.

Livre I. — *Théorie générale des phénomènes économiques.* 2e édition revue et augmentée. . . . . 6 fr.
— II. — *Le travail et les questions ouvrières.* 3e tirage. . . 6 fr.
— III. — *La propriété des biens corporels et incorporels.* 2e tirage. 6 fr.
— IV. — *Les entreprises, le commerce et la circulation.* 2e tirage. 6 fr.
— V. — *Les finances publiques et le budget de la France.* . 6 fr.
— VI. — *Les travaux publics et les transports.* . . . . 6 fr.
— SUPPLÉMENT ANNUEL (1910) aux *Livres IV, V et VI*, broch. in-8. 1 fr.

COURCELLE-SENEUIL, de l'Institut. **Traité théorique et pratique des opérations de banque.** *Dixième édition, revue et mise à jour*, par A. LIESSE, professeur au Conservatoire des arts et métiers. 1 vol. in-8. . 9 fr.

EICHTHAL (Eugène d'), de l'Institut. **La formation des richesses et ses conditions sociales actuelles,** *notes d'économie politique.* . . 7 fr. 50

LEROY-BEAULIEU (P.), de l'Institut. **Traité théorique et pratique d'économie politique.** 5e édition. 5 vol. in-8. . . . . 36 fr.

MARTIN SAINT-LÉON (E.), conservateur de la bibliothèque du Musée Social. **Histoire des corporations de métiers,** *depuis leurs origines jusqu'à leur suppression en 1791*, suivie d'une étude sur l'*Évolution de l'Idée corporative de 1791 à nos jours* et sur le *Mouvement syndical contemporain.* Deuxième édition, revue et mise au courant. 1 fort vol. in-8. (*Couronné par l'Académie française*) . . . . 10 fr.

NEYMARCK (A.). **Finances contemporaines.** — Tome I. *Trente années financières, 1872-1901.* 1 vol. in-8, 7 fr. 50. — Tome II. *Les budgets, 1872-1903.* 1 vol. in-8, 7 fr. 50. — Tome III. *Questions économiques et financières, 1872-1904.* 1 vol. in-8, 10 fr. — Tomes IV-V : *L'obsession fiscale, questions fiscales, propositions et projets relatifs aux impôts depuis 1871 jusqu'à nos jours.* 2 vol. in-8 (1907). . . . . 15 fr.

NOVICOW (J.). **Le problème de la misère et les phénomènes économiques naturels.** 1 vol. in-8. . . . . 7 fr. 50

PAUL-BONCOUR. **Le fédéralisme économique et le syndicalisme obligatoire,** préface de WALDECK-ROUSSEAU. 1 vol. in-8. 2e édit . . 6 fr.

RAFFALOVICH (A.). **Le marché financier.** France, Angleterre, Allemagne, Russie, Autriche, Japon, Suisse, Italie, Espagne, Etats-Unis. Questions monétaires. Métaux précieux. Années 1891. 1 vol. 5 fr. 1892. 1 vol. 5 fr. 1893 à 1894 1 vol. 6 fr. 1894-1895 à 1896-1897. Chacune 1 vol. 7 fr. 50; 1897-1898 à 1901-1902, chacune 1 vol. 10 fr.; 1902-1903 à 1909-1910, chacune 1 vol. . . . . 12 fr.

STOURM de l'Institut. *Cours de finances.* **Le budget, son histoire et son mécanisme.** 6e édition. 1 vol. in-8. . . . . 10 fr.

WEULERSSE (G.). **Le mouvement physiocratique en France de 1856 à 1770** 2 vol. in-8 (1910) . . . . 25 fr.

PRÉCÉDEMMENT PARUS

BANFIELD, Prof à l'Univ. de Cambridge. **Organisation de l'industrie,** traduit par M. EMILE THOMAS. 1 vol. in-8. . . . . 6 fr.

BAUDRILLART (H.), de l'Institut. **Philosophie de l'économie politique.** *Des rapports de l'économie politique et de la morale.* 2e éd. in-8. 9 fr.

BLANQUI, de l'Institut. **Histoire de l'économie politique en Europe,** *depuis les Anciens jusqu'à nos jours*, 5e édition. 1 vol. in-8. . . 8 fr.

BLOCK (M.), de l'Institut. **Les progrès de la science économique depuis** Adam Smith. 2e édit. augmentée. 2 vol. in-8 . . . . 16 fr.

BLUNTSCHLI. **Le droit international codifié.** Traduit de l'allemand par M. C. Lardy. 5e édition, revue et augmentée. 1 vol. in-8. . . . 10 fr.

— **Théorie générale de l'Etat,** traduit de l'allemand par M. de Riedmatten. 3e édition. 1 vol. in-8.. . . . . 9 fr.

COURCELLE-SENEUIL, de l'Institut. **Traité théorique et pratique d'économie politique.** 3e édition, revue et corrigée. 2 vol. in-18. 7 fr.

COURTOIS (A.). **Histoire des banques en France.** 2e édition. 1 v. in-8. 8 fr. 50

FAUCHER (L.), de l'Institut. **Études sur l'Angleterre.** 2 vol. in-8. 6 fr.

FIX (Th.). **Observations sur l'état des classes ouvrières.** in-8. . 5 fr.

GROTIUS. **Le droit de la guerre et de la paix.** 3 vol. in-8. . 12 fr. 50

HAUTEFEUILLE. **Des droits et des devoirs des nations neutres en temps de guerre maritime.** 3e édit. refondue. 3 forts vol. in-8. 22 fr. 50

— **Histoire des origines, des progrès et des variations du droit maritime international.** 2e édition. 1 vol. in-8. . . . . 7 fr. 50

LEROY-BEAULIEU (P.), de l'Institut. **Traité de la science des finances.** 7e édition, revue, corrigée et augmentée. 2 forts vol. in-8. . 25 fr.

— **Essai sur la répartition des richesses** et sur la tendance à une moindre inégalité des conditions. 3e édit., revue et corrigée. 1 vol. in-8. 9 fr.

— **L'Etat moderne et ses fonctions.** 3e édition. 1 vol. in-8. . . . 9 fr.

— **Le collectivisme,** *examen critique du nouveau socialisme. — L'Evolution du Socialisme depuis 1895. — Le syndicalisme.* 5e édit., revue et augmentée. 1 vol. in-8. . . . . 9 fr.

— **De la colonisation chez les peuples modernes.** 6e édition. 2 vol. in-8. 20 fr.

LIESSE (A.), professeur au Conservatoire national des arts et métiers. **Le travail** *aux points de vue scientifique, industriel et social.* 1 vol. in-8. . . . . 7 fr. 50

MORLEY (John). **La vie de Richard Cobden,** traduit par Sophie Raffalovich. 1 vol. in-8. 8 fr.

PASSY (H.), de l'Institut. **Des formes de gouvernement et des lois qui les régissent.** 2e édition. 1 vol. in-8. . . . . 7 fr. 50

PRADIER-FODERÉ. **Précis de droit administratif.** 7e édition, tenue au courant de la législation. 1 fort vol. in-8. . . . . 10 fr.

RICHARD (A.). **L'organisation collective du travail,** préface par Yves Guyot. 1 vol. grand in-8. . . . . 6 fr.

ROSSI (P.), de l'Institut. **Cours d'économie politique,** 5e édition. 4 vol. in-8. . . . . 15 fr.

— **Cours de droit constitutionnel,** 2e édition. 4 vol. in-8. . . . . 15 fr.

STOURM (R.), de l'Institut. **Les systèmes généraux d'impôts.** 3e édition revisée et mise au courant. 1 vol. in-8 . . . . . . *En préparation.*

VIGNES (Edouard). **Traité des impôts en France.** 4e édition, mise au courant de la législation, par M. Vergniaud. 2 vol. in-8. . . . 16 fr.

VILLEY (Ed.). **Principes d'Économie politique.** 3e édit. 1 vol. in-8. 10 fr.

BIBLIOTHÈQUE DES SCIENCES MORALES ET POLITIQUES

FORMAT IN-18 JÉSUS.

VOLUMES RÉCEMMENT PUBLIÉS.

BOURDEAU (J.). — **Entre deux servitudes.** *Démocratie, socialisme, syndicalisme, impérialisme, les étapes de l'internationale socialiste, opinions de sociologues.* 1 vol. in.16. . . . . 3 fr. 50

BROUILHET (Ch.). — **Le conflit des doctrines dans l'économie politique contemporaine.** 1 vol. in-16. . . . . 3 fr. 50

DEPUICHAULT. — **La Fraude successorale par le procédé du compte-joint.** Préface de M. Paul Leroy-Beaulieu. 1 vol. in-16 . . . 3 fr. 50

DUGUIT (L.) — **Le droit social, le droit individuel et la transformation de l'Etat.** 1 vol. in-16, 2e édit. . . . . 2 fr. 50

LESEINE (L.) et SURET (L.). — **Introduction mathématique à l'étude de l'économie politique.** 1 vol. in-16 avec figures. . . . . . . 3 fr.

NOUEL (R.). — **Les Sociétés par actions**, *leur réforme*, préface de P. BAUDIN. 1 vol. in-16. 3 fr. 50

PAWLOWSKI (A.). — **La Confédération générale du travail.** *Ses origines, son organisation, ses tendances, ses moyens d'action et son avenir.* Préface de J. BOURDEAU. 1 vol. in-16 . . . . 2 fr. 50

PETIT (Ed.). — **De l'Ecole à la Cité.** *Études sur l'éducation populaire.* 1 vol. in-16 . . . . 3 fr. 50

Politique budgétaire en Europe (La). — *Les tendances actuelles, Allemagne, France, Grande-Bretagne, Empire Ottoman, Russie,* par MM. EMILE LOUBET, S.-A. HUSSEIN, HILMI PACHA, ANDRÉ LEBON, GEORGES BLONDEL, RAPHAEL-GEORGES LÉVY, A. RAFFALOVICH, CHARLES LAURENT, CHARLES PICOT, HENRI GANS. 1 vol. in-16 . . . . . 3 fr. 50

PRÉCÉDEMMENT PARUS

AUCUY (M.). **Les systèmes socialistes d'échange.** Avant-propos de M. A. DESCHAMPS, prof. à la Faculté de Droit de Paris. 1 vol. in-16 3 fr. 50

BASTIAT (Frédéric). **Œuvres complètes,** précédées d'une *Notice* sur sa vie et ses écrits. 7 vol. in-18. . . . . 24 fr. 50

I. *Correspondance. — Premiers écrits.* 3e édition, 3 fr. 50; — II. *Le Libre-Echange.* 3e édition, 3 fr. 50; — III. *Cobden et la Ligue.* 4e édition, 2 fr. 50; — IV et V. *Sophismes économiques. — Petits pamphlets.* 6e édit. 2 vol., 7 fr.; — VI. *Harmonies économiques.* 9e édition, 3 fr. 50; — VII. *Essais. — Ébauches. — Correspondance.* . . . . 3 fr. 50

Les tomes IV et V seuls ne se vendent que réunis.

CHALLAYE. **Syndicalisme révolutionnaire et syndicalisme réformiste.** 1 vol. in-16. . . . . 2 fr. 50

CIESZKOWSKI (A.). **Du crédit et de la circulation.** 3e édit. in-18. 3 fr. 50

COURCELLE-SENEUIL (J.-G.). **Traité théorique et pratique d'économie politique.** 3e édit. 2 vol. in-18. . . . . 7 fr.

— **La société moderne.** 1 vol. in-18. . . . . 5 fr.

DOLLEANS. **Robert Owen (1771-1858).** Avant-propos de M. E. FAGUET, de l'Académie française. 1 vol. in-18, avec gravures. . . . . 3 fr. 50

EICHTHAL (E. d'), de l'Institut. **La liberté individuelle du travail et les menaces du législateur.** 1 vol. in-16. . . . . 2 fr. 50

Forces productives de la France (Les). Conférences organisées par la Société des anciens élèves de l'Ecole libre des sciences politiques, par MM. P. BAUDIN, P. LEROY-BAULIEU, MILLERAND, ROUME, J. THIERRY, E. ALLIX, J.-C. CHARPENTIER, H. DE PEYERIMHOFF, P. DE ROUSIERS, D. ZOLLA. 1 vol. in-16. . . . . 3 fr. 50

FREEMAN (E.-A.). **Le développement de la constitution anglaise,** depuis les temps les plus reculés jusqu'à nos jours. 1 vol. in-18. . . 3 fr. 50

GAUTHIER (A.-E.), sénateur, ancien ministre. **Le réforme fiscale par l'impôt sur le revenu.** 1 vol. in-18. . . . . 3 fr. 50

LIESSE, professeur au Conservatoire des arts et métiers. **La statistique, ses difficultés, ses procédés, ses résultats.** 1 vol. in-18. . . 2 fr. 50

— **Portraits de financiers.** OUVRARD, MOLLIEN, GAUDIN, BARON LOUIS, CORVETTO, LAFFITE, DE VILLÈLE. 1 vol. in-18. . . . . 3 fr. 50

MARGUERY (E.). **Le droit de propriété et le régime démocratique.** 1 vol. in-18. . . . . 2 fr. 50

MERLIN (R.), biblioth. archiviste du Musée social. **Le contrat de travail, les salaires, la participation aux bénéfices.** 1 v. in-18. . . . 2 fr. 50

MILHAUD (Mlle Caroline). **L'ouvrière en France,** *sa condition présente, réformes nécessaires.* 1 vol. in-18. . . . . 2 fr. 50

MILHAUD (Edg.), professeur d'économie politique à l'Université de Genève. **L'imposition de la rente.** *Les engagements de l'Etat, les intérêts du crédit public, l'égalité devant l'impôt.* 1 vol. in-16. . 3 fr. 50

MOLINARI (G. de), correspondant de l'Institut. **Questions économiques à l'ordre du jour.** 1 vol. in-18 . . . . 3 fr. 50

— **Les problèmes du XXe siècle.** 1 vol. in-18. . . . . 3 fr. 50

— **Théorie de l'Evolution.** *Economie de l'histoire.* 1 vol. in-16. 3 fr. 50

PIC (P.), professeur de législation industrielle à l'Université de Lyon. **La protection légale des travailleurs et le droit international ouvrier.** 1 vol. in-16 . . . . 2 fr. 50

STUART MILL (J.). **Le gouvernement représentatif.** Traduction et *Introduction,* par M. DUPONT-WHITE. 3e édition. 1 vol. in-18. 4 fr.

COLLECTION
D'AUTEURS ÉTRANGERS CONTEMPORAINS

Histoire — Morale — Économie politique — Sociologie

Format in-8. (Pour le cartonnage, **1 fr. 50** en plus.)

BAMBERGER. — **Le Métal argent au XIXe siècle.** Traduction par M. Raphael-Georges Lévy. 1 vol. Prix, broché . . . . . . 6 fr. 50

C. ELLIS STEVENS. — **Les Sources de la Constitution des États-Unis** *étudiées dans leurs rapports avec l'histoire de l'Angleterre et de ses Colonies*. Traduit par Louis Vossion. 1 vol. in-8. Prix, broché. 7 fr. 50

GOSCHEN. — **Théorie des Changes étrangers.** Traduction et préface de M. Léon Say. *Quatrième édition française* suivie du *Rapport de 1875 sur le paiement de l'indemnité de guerre*, par le même. 1 vol. Prix, broché . . . . 7 fr. 50

HERBERT SPENCER. — **Justice.** *3e édition.* Trad. de M. E. Castelot. 1 vol. Prix, broché . . . . 7 fr. 50

HERBERT SPENCER. — **La Morale des différents Peuples et la Morale personnelle.** Traduction de MM. Castelot et E. Martin Saint-Léon. 1 vol. Prix, broché . . . . 7 fr. 50

HERBERT SPENCER. — **Les institutions professionnelles et industrielles.** Traduit par Henri de Varigny. 1 vol. in-8. Prix, br. 7 fr. 50

HERBERT SPENCER. — **Problèmes de Morale et de Sociologie.** Traduction de M. H. de Varigny. 2e édit. 1 vol. Prix, broché. . 7 fr. 50

HERBERT SPENCER. — **Du Rôle moral de la Bienfaisance.** (*Dernière partie des principes de l'éthique*). Traduction de MM. E. Castelot et E. Martin Saint-Léon. 1 vol. Prix, broché . . . . 7 fr. 50

HOWELL. — **Le Passé et l'Avenir des Trade Unions.** *Questions sociales d'aujourd'hui.* Traduction et préface de M. Le Cour Grandmaison. 1 vol. Prix, broché . . . . 5 fr. 50

KIDD. — **L'évolution sociale.** Traduit par M. P. Le Monnier. 1 vol. in-8. Prix, broché. . . . . 7 fr. 50

NITTI. — **Le Socialisme catholique.** Traduit avec l'autorisation de l'auteur. 1 vol. Prix, broché . . . . 7 fr. 50

RUMELIN. — **Problèmes d'Économie politique et de Statistique.** Traduit par Ar. de Riedmatten. 1 vol. Prix, broché. . . . . . 7 fr. 50

SCHULZE GAVERNITZ. — **La grande Industrie.** Traduit de l'allemand. Préface par M. G. Guéroult. 1 vol. Prix, broché. . . . . . 7 fr. 50

W.-A. SHAW. — **Histoire de la Monnaie (1252-1894).** Traduit par M. Ar. Raffalovich. 1 vol. Prix, broché . . . . 7 fr. 50

THOROLD ROGERS. — **Histoire du Travail et des Salaires en Angleterre depuis la fin du XIIIe siècle.** Traduction avec notes par E. Castelot. 1 vol. in-8. Prix, broché . . . . 7 fr. 50

WESTERMARCK. — **Origine du Mariage dans l'espèce humaine.** Traduction de M. H. de Varigny. 1 vol. Prix broché. . . . . . . 11 fr.

A.-D. WHITE. — **Histoire de la Lutte entre la Science et la Théologie.** Traduit et adapté par MM. H. de Varigny et G. Adam. 1 vol. in-8. Prix, broché . . . . 7 fr. 50

PETITE BIBLIOTHÈQUE
ÉCONOMIQUE
FRANÇAISE ET ÉTRANGÈRE

PUBLIÉE SOUS LA DIRECTION DE M. J. CHAILLEY-BERT

PRIX DE CHAQUE VOLUME IN-32, ORNÉ D'UN PORTRAIT
Cartonné toile. . . . . **2** fr. **50**

XVIII VOLUMES PUBLIÉS

I. — VAUBAN. — **Dîme royale**, par G. Michel.
II. — BENTHAM. — **Principes de Législation**, par Mlle Raffalovich.
III. — HUME. — **Œuvre économique**, par Léon Say.
IV. — J.-B. SAY. — **Economie politique**, par H. Baudrillart, de l'Institut.
V. — ADAM SMITH. — **Richesse des Nations**, par Courcelle-Seneuil, de l'Institut. 2e édit.
VI. — SULLY. — **Économies royales**, par M. J. Chailley-Bert.
VII. — RICARDO. — **Rentes, Salaires et Profits**, par M. P. Beauregard, de l'Institut.
VIII. — TURGOT. — **Administration et Œuvres économiques**, par M. L. Robineau.
IX. — JOHN-STUART MILL. — **Principes d'économie politique**, par M. L. Roquet.
X. — MALTHUS. — **Essai sur le principe de population**, par M. G. de Molinari.
XI. — BASTIAT. — **Œuvres choisies**, par M. de Foville, de l'Institut. 2e édit.
XII. — FOURIER. — **Œuvres choisies**, par M. Ch. Gide.
XIII. — F. LE PLAY. — **Économie sociale**, par M. F. Auburtin. Nouvelle édit.
XIV. — COBDEN. — **Ligue contre les lois, Céréales et Discours politiques**, par Léon Say, de l'Académie française.
XV. — KARL MARX. — **Le Capital**, par M. Vilfredo Pareto. 3e édit.
XVI. — LAVOISIER. — **Statistique agricole et projets de réformes**, par MM. Schelle et Ed. Grimaux, de l'Institut.
XVII. — LÉON SAY. — **Liberté du Commerce, finances publiques** par M. J. Chailley-Bert.
XVIII. — QUESNAY. — **La Physiocratie**, par M. Yves Guyot.

Chaque volume est précédé d'une introduction et d'une étude biographique, bibliographique et critique sur chaque auteur.

NOUVEAU DICTIONNAIRE
D'ÉCONOMIE POLITIQUE

PUBLIÉ SOUS LA DIRECTION DE
M. LÉON SAY et de **M. JOSEPH CHAILLEY-BERT**
Deuxième édition.

2 vol. grand in-8 raisin et un Supplément : prix, brochés...... **60 fr.**
— — demi-reliure chagrin.................. **69 fr.**

COMPLÉTÉ PAR 3 TABLES : **Table des auteurs, table méthodique et table analytique.**

Cet ouvrage peut s'acquérir en envoyant un mandat-poste de 20 fr., au reçu duquel est faite l'expédition du livre, et en payant le reste, soit 40 fr., en quatre traites de 10 fr. chacune, de deux mois en deux mois. (*Pour recevoir l'ouvrage relié ajouter 9 fr. au premier paiement.*)

REVUE DU MOIS

DIRECTEUR : **Émile BOREL**, professeur à la Sorbonne.
SECRÉTAIRE DE LA RÉDACTION : A. BIANCONI, agrégé de l'Université.

Sixième année, 1911

Paraît le 10 de chaque mois par livraisons de 128 pages grand in-8° (25 × 16)

Chaque année forme deux volumes de 750 à 800 pages chacun.

La Revue du Mois, qui est entrée en janvier 1911 dans sa sixième année, suit avec attention dans toutes les parties du savoir le mouvement des idées. Rédigée par des spécialistes éminents, elle a pour objet de tenir sérieusement les esprits cultivés au courant de tous les progrès. Dans des articles de fond aussi nombreux que variés, elle dégage les résultats les plus généraux et les plus intéressants de chaque ordre de recherches, ceux qu'on ne peut ni ne doit ignorer. Dans des notes plus courtes, elle fait place aux discussions, elle signale et critique les articles de Revues, les livres qui méritent intérêt.

Abonnement :

Un an : Paris, 20 fr. — Départements, 22 fr. — Étranger, 25 fr.
Six mois : — 10 fr. — — 11 fr. — — 12 fr. 50

La livraison, 2 fr. 25

Les abonnements partent du dix de chaque mois.

REVUE DES SCIENCES POLITIQUES

Paraissant tous les deux mois

publiée avec la collaboration des professeurs et des anciens élèves de l'École libre des Sciences politiques.

et faisant suite aux *Annales des Sciences politiques.*

Rédacteur en chef : **M. Maurice ESCOFFIER**
Maître de Conférences à l'École.

Abonnement : du 1er janvier, Paris **18** fr.; Départ. et Étranger, **19** fr.
La livraison : **3** fr. **50**.

Abonnements sans frais à la Librairie Félix Alcan, chez tous les libraires et dans tous les bureaux de poste.

www.ingramcontent.com/pod-product-compliance
Ingram Content Group UK Ltd.
Pitfield, Milton Keynes, MK11 3LW, UK
UKHW020317230726
13925UKWH00002B/471

9 782013 613637